QIYE RONGZI QUDAO YU
JINRONG GONGJU

企业融资渠道与金融工具

袁永科◎著

知识产权出版社
全国百佳图书出版单位
—北京—

图书在版编目（CIP）数据

企业融资渠道与金融工具/袁永科著. —北京：知识产权出版社，2024.7. —ISBN 978-7-5130-9411-5

Ⅰ.F279.23；F832.5

中国国家版本馆 CIP 数据核字第 202470R3P0 号

内容提要

本书以《国家技术转移专业人员能力等级培训大纲（试行）》为依据，结合作者多年从事科技金融的经验，尝试从细节处突出融资渠道和金融工具的实务技能，在满足大纲要求的同时，力图给予读者理论上和实践上的解释。本书讲解了科技金融概念的产生过程和内涵、科技金融的发展现状与趋势、科技金融服务平台建设和运营模式，比较了直接融资和间接融资，梳理了科技金融的金融工具类型，分析了未来金融工具的发展趋势。本书适合作为培训教材，也可作为相关专业的学生学习公司金融的参考用书。

责任编辑：韩　冰　　　　　责任校对：王　岩
封面设计：邵建文　　　　　责任印制：孙婷婷

企业融资渠道与金融工具
袁永科　著

出版发行：知识产权出版社有限责任公司		网　　址：http://www.ipph.cn		
社　　址：北京市海淀区气象路 50 号院		邮　　编：100081		
责编电话：010-82000860 转 8126		责编邮箱：83930393@qq.com		
发行电话：010-82000860 转 8101/8102		发行传真：010-82000893/82005070/82000270		
印　　刷：北京建宏印刷有限公司		经　　销：新华书店、各大网上书店及相关专业书店		
开　　本：787mm×1092mm　1/16		印　　张：13.75		
版　　次：2024 年 7 月第 1 版		印　　次：2024 年 7 月第 1 次印刷		
字　　数：285 千字		定　　价：88.00 元		
ISBN 978-7-5130-9411-5				

出版权专有　侵权必究
如有印装质量问题，本社负责调换。

前言 FOREWORD

为贯彻落实《中华人民共和国促进科技成果转化法》及其若干规定，深入实施《国家技术转移体系建设方案》，壮大专业化技术转移人才队伍，加快构建"基地、大纲、教材、师资"四位一体的国家技术转移人才培养体系，规范技术转移从业人员能力等级培训内容和培训要求，提高技术转移人才培养的科学性、系统性和实用性，原科学技术部火炬高技术产业开发中心编制完成《国家技术转移专业人员能力等级培训大纲（试行）》（以下简称《大纲》）。

《大纲》以我国科技创新和科技成果转移转化需求为导向，以提高技术转移从业人员专业素质和实践能力为目标，在总结各地技术转移人才培养经验的基础上，融合新形势下技术转移的新模式、新特点，注重理论与实践、国内与国际相结合，所列培训课程包括技术转移从业人员应知应会的法律法规、经纪实务、公共知识、实操案例等内容，是各级地方科技管理部门、国家技术转移人才培养基地、技术转移服务机构等开展科技管理和技术转移从业人员培训考试的重要依据。

在《大纲》的实务技能模块里明确列出融资渠道与金融工具，具体学习内容有：科技金融概述，我国科技金融发展现状与趋势；直接融资，间接融资，金融工具的选择及其作用，科技金融服务平台建设与运营模式；发达国家金融工具的运用等。

本书主要针对《大纲》的要求，结合作者多年从事科技金融的经验，尝试从细节处突出企业融资渠道和金融工具的实务技能，在满足《大纲》要求的同时，力图给予读者理论上和系统上的解释，从而有利于提升培训效果。具体来说，本书主要论述了科技金融、融资渠道和金融工具三大方面内容。其中在科技金融方面，介绍了科技金融概念的产生过程和内涵、科技金融的发展现状与趋势、科技金融服务平台建设和运营模式，其中科技金融服务平台是重点内容。在融资渠道方面，主要论述了直接融资和间接融资，并比较了以直接融资为主的美国和以间接融资为主的日本的差异，以及我国可借鉴的方面。在金融工具方面，首先详细讲解了金融工具和科技金融的金融工具，然后对金融工具的选择进行了介绍，最后分析了企业的金融化、供应链资产证券化和碳期权等未来金融工具。同时本书内容也可为公司金融的研究者提供一些借鉴，为相关专业的学生提供学习参考。

作者尽可能地对所引用的相关文献进行了标注，但恐仍有疏漏，在此向所有文献作者表示感谢。

最后感谢北京工业大学提供的机会和资金让作者重新审视科技金融，并能够将成果出版。感谢在本书的撰写过程中给予作者支持的硕士生徐璨、王俊琪、林婧和赵轶琳等。

目录 CONTENTS

第1章　科技金融概述　　001

　　1.1　背景与意义 / 003
　　　　1.1.1　背景 / 003
　　　　1.1.2　意义 / 004
　　1.2　文献综述 / 004
　　　　1.2.1　国外文献综述 / 004
　　　　1.2.2　国内文献综述 / 005
　　1.3　科技金融概念的产生过程与内涵 / 006
　　　　1.3.1　科技金融概念的产生过程 / 006
　　　　1.3.2　科技金融概念的内涵 / 007
　　1.4　高新科技型企业生命周期与主要资金来源 / 008
　　　　1.4.1　种子期 / 008
　　　　1.4.2　初创期 / 010
　　　　1.4.3　成长期 / 011
　　　　1.4.4　成熟期 / 012

第2章　我国科技金融发展现状与趋势　　013

　　2.1　我国科技金融发展现状 / 015
　　2.2　我国科技金融发展趋势 / 017

第3章　直接融资　　021

　　3.1　企业融资种类 / 023

i

3.1.1　内源融资与外源融资 / 023
3.1.2　短期融资与长期融资 / 023
3.1.3　股权融资与债权融资 / 024
3.1.4　直接融资与间接融资 / 025

3.2　直接融资概述 / 025
　　3.2.1　直接融资的种类 / 026
　　3.2.2　直接融资的特征 / 028
　　3.2.3　直接融资的优点与缺点 / 029
　　3.2.4　直接融资的工具 / 029

3.3　科技金融的直接融资 / 031
　　3.3.1　科技融资的企业生命周期与资本市场 / 031
　　3.3.2　创业风险投资 / 032
　　3.3.3　多层次资本市场 / 041

3.4　科技金融直接融资案例
　　——大族激光科技产业集团股份有限公司的直接融资 / 044
　　3.4.1　企业概况 / 044
　　3.4.2　大族激光成长中的直接融资历程分析 / 045
　　3.4.3　对我国科技型中小企业直接融资的启示 / 046

第 4 章　间接融资　049

4.1　间接融资概述 / 051
　　4.1.1　间接融资的种类 / 052
　　4.1.2　间接融资的特征 / 052
　　4.1.3　间接融资的优点与缺点 / 053
　　4.1.4　直接融资与间接融资的区别 / 055

4.2　科技金融的间接融资 / 055
　　4.2.1　科技信贷 / 055
　　4.2.2　科技保险 / 059

4.3　科技金融间接融资的案例 / 062
　　4.3.1　间接融资主导的科技金融面临的核心矛盾 / 062
　　4.3.2　杭州银行科技金融的实践经验 / 063

第5章　金融工具概述　067

5.1　金融工具的含义与特点 / 069
　　5.1.1　金融工具的含义 / 069
　　5.1.2　金融工具的特点 / 069

5.2　金融衍生工具的含义、特点与作用 / 070
　　5.2.1　金融衍生工具的含义 / 070
　　5.2.2　金融衍生工具的特点 / 071
　　5.2.3　金融衍生工具的作用 / 072

5.3　科技金融工具 / 072
　　5.3.1　科技金融工具概述 / 072
　　5.3.2　混合型金融工具 / 074
　　5.3.3　天使资本 / 075
　　5.3.4　创业投资资本 / 076
　　5.3.5　海外学人创业投资基金 / 077

5.4　债权融资类工具 / 077
　　5.4.1　债权融资方式及其优势与风险 / 078
　　5.4.2　资产证券化融资过程中的法律问题 / 078

第6章　金融工具的选择——债券与股票　081

6.1　债券价值分析 / 083
　　6.1.1　到期收益率 / 084
　　6.1.2　即期利率：零息债券的收益率 / 085
　　6.1.3　远期利率 / 086
　　6.1.4　久期 / 087

6.2　股票价值分析 / 088
　　6.2.1　股利贴现模型 / 089
　　6.2.2　股票市盈率 / 090
　　6.2.3　股份公司的经营决策 / 091

6.3　道德风险与信贷配给 / 094
　　6.3.1　信贷配给 / 094
　　6.3.2　面粉配给 / 095
　　6.3.3　模型设定 / 096

6.3.4 模型分析 / 096

   6.3.5 模型讨论 / 097

   6.3.6 信贷配给的解决方法 / 097

   6.3.7 示例 / 098

6.4 逆向选择与资本结构 / 099

   6.4.1 逆向选择 / 099

   6.4.2 MM 理论 / 101

   6.4.3 无税条件下的 MM 理论 / 102

   6.4.4 有税条件下的 MM 理论 / 104

   6.4.5 信息对称下的投资者投资分析 / 104

   6.4.6 信息不对称下的市场崩溃与交叉补贴 / 106

   6.4.7 优序融资理论 / 107

第 7 章 科技金融服务平台建设与运营模式　　109

7.1 科技金融服务平台的建设 / 111

   7.1.1 科技金融服务平台建设的必要性 / 111

   7.1.2 科技金融服务平台的传统模式 / 112

   7.1.3 科技金融服务平台的互联网模式 / 115

   7.1.4 政府主导型科技金融服务平台的构成要素 / 117

   7.1.5 政府主导型科技金融服务平台的构建 / 118

   7.1.6 政府主导型科技金融服务平台的运营模式 / 119

7.2 科技金融服务平台的模式比较 / 120

   7.2.1 科技金融服务平台模式的异同 / 120

   7.2.2 科技金融服务平台模式的优劣 / 122

   7.2.3 科技金融服务平台模式的选择与方向 / 122

7.3 高科技园区的科技金融服务及运营 / 124

   7.3.1 科技金融试点城市的重心 / 124

   7.3.2 高科技园区的发展模式及其特点 / 125

   7.3.3 北京市中关村国家自主创新示范区的科技金融服务平台建设 / 125

7.4 科技金融服务平台存在的主要问题及优化建议 / 127

   7.4.1 科技金融服务平台存在的主要问题 / 128

   7.4.2 科技金融服务平台发展及优化建议 / 129

   7.4.3 区域性科技金融服务平台构建及运行模式分析 / 131

7.5 国外政府促进模式 / 131
    7.5.1 资本市场主导下的政府促进模式 / 132
    7.5.2 银行主导下的政府促进模式 / 132
    7.5.3 政府主导下的政府促进模式 / 133

第8章 发达国家科技金融的经验与金融工具的运用　　135

8.1 发达国家科技金融的经验 / 137
    8.1.1 美国科技金融的经验 / 137
    8.1.2 日本科技金融的经验 / 140
    8.1.3 美国与日本的比较分析及对我国的启示 / 142
8.2 美国：直接融资为主的科技金融模式 / 144
    8.2.1 美国的投资选择 / 144
    8.2.2 美国金融市场 / 146
    8.2.3 美国金融工具的使用 / 147
8.3 日本：间接融资为主的科技金融模式 / 148
    8.3.1 日本科技金融发展的特点 / 149
    8.3.2 日本金融市场体系 / 150

第9章 科技金融风险与策略　　153

9.1 融资风险概述 / 155
    9.1.1 融资风险产生的原因 / 156
    9.1.2 融资风险的分类 / 156
9.2 科技金融风险 / 157
    9.2.1 科技金融风险的来源 / 157
    9.2.2 科技金融风险的特点 / 158
    9.2.3 科技金融风险的分类 / 159
    9.2.4 科技金融风险的防范措施 / 159

第10章 企业的金融化与创新　　161

10.1 文献综述 / 163
    10.1.1 融资约束对企业创新的影响研究 / 163
    10.1.2 企业金融化对企业创新的影响研究 / 163

10.1.3　企业金融化的界定 / 164

10.2　中小企业的技术创新与金融化现状 / 165

10.2.1　中小企业的技术创新现状 / 165

10.2.2　中小企业的金融化现状 / 167

10.3　融资约束对企业创新的影响 / 169

第 11 章　"双碳"目标下的碳期权定价　　171

11.1　文献综述 / 173

11.1.1　国内研究现状 / 173

11.1.2　国外研究现状 / 176

11.1.3　文献述评 / 177

11.2　碳交易市场发展现状及影响因素冲击分析 / 177

11.2.1　碳交易市场发展现状 / 177

11.2.2　"双碳"目标背景下的影响因素分析 / 178

11.2.3　实现碳达峰目标后的冲击分析 / 182

11.3　碳期权定价实证分析 / 185

11.3.1　GARCH 模型估计波动率 / 186

11.3.2　未来碳价趋势预测及分析 / 191

第 12 章　供应链资产证券化　　195

12.1　国内外研究现状 / 197

12.1.1　供应链金融与资产证券化 / 197

12.1.2　资产证券化定价与发行利率的影响因素 / 198

12.2　资产证券化与供应链资产证券化 / 199

12.2.1　资产证券化概述 / 199

12.2.2　供应链资产证券化概述 / 200

12.3　我国资产证券化市场现状 / 201

12.3.1　我国资产证券化市场规模分析 / 201

12.3.2　我国资产证券化基础条件与交易市场结构分析 / 203

参考文献　　204

第 1 章
科技金融概述

1.1 背景与意义

科技型中小企业，在技术创新、创造就业、促进经济增长方面都发挥着越来越重要的作用。国家的发展和崛起离不开科技型企业的成长，但科技型中小企业的经营发展却面临越来越多的困难，其中最大的问题之一就是融资问题。

科技金融力图在科技与金融之间架起一座桥梁，既满足科技的需要，又满足金融的需要。具体地说，科技金融是指科技与金融行业的结合，借助科技创新和数字化技术来改变金融服务的方式和模式。它涵盖了多个领域，包括但不限于金融科技、数字支付、在线借贷、区块链、人工智能、大数据分析等。科技金融的兴起源于对传统金融业务进行创新和改进的需求。随着科技的发展，越来越多的金融机构和创业企业开始利用技术手段来优化金融服务的效率和用户体验。科技金融的发展也得益于数字化时代的到来，人们对于便捷、高效的金融服务的需求日益增长。科技金融在很多方面都有着积极的影响。它可以提供更快捷、安全和便利的支付方式，如移动支付和数字货币。同时，科技金融也能够提供更智能化和个性化的金融产品和服务，通过大数据分析和人工智能技术，帮助金融机构更好地了解和满足客户需求。然而，科技金融也面临一些挑战和风险，如数据安全和隐私保护、技术风险和监管挑战等。

1.1.1 背景

现代社会中，科学技术已成为财富创造的重要源泉。科学技术的进步和发展及其在生产中的推广和应用，成为经济增长的重要推动力。

近年来，我国科技事业发生了历史性、整体性、格局性的重大变化。"蛟龙"深潜、"嫦娥"揽月、"羲和"探日，云计算、人工智能、大数据等数字技术发挥积极作用，C919大型客机交付用户，载人航天创造多个"首次"……一系列重大创新成果竞相涌现，一些前沿领域开始进入并跑、领跑阶段，我国科技实力正在从量的积累迈向质的飞跃、从点的突破迈向系统能力提升。我国全球创新指数排名从2012年的第34位跃升至2022年的第11位，科技进步贡献率从2012年的52.2%提升到2021年的60%以上，迈进创新型国家的行列。

金融决定了企业的资本来源、资本成本，同时决定了居民的投资收益、消费能力，通过提高企业投资和居民消费的积极性，金融创新提高了社会资本积累，助推了经济增长的实现。

美国金融的崛起在很大程度上依托于科技创新和技术进步。而过去十数年，我国在住房按揭贷款和汽车贷款上的金融创新也对房地产和汽车产业产生了巨大的推动作用，促进了经济增长。纵观不同国家的发展历史，可以看到金融体制及其特征对科技发展和经济增长都起到了重要作用。

综上所述，金融作为经济的血脉，通过资金调配、风险管理、货币流通与支付、投资和资本市场等方面的功能，对经济的运行和发展起到了重要的支持和促进作用。

1.1.2 意义

现阶段科技的竞争已不单纯是科技创新能力的竞争，还是科技与金融的融合程度的竞争。金融创新在现代高科技的发展中发挥着越来越大的作用。世界范围内的实践表明，提高科技创新能力与完善金融环境是实施创新驱动发展战略、建设创新型国家的重要支柱，二者相辅相成，缺一不可。

我国经济经历了三十多年的快速发展，积累了以外汇储备和居民存款为代表的大量金融资源，但将这些金融资源有效地投入科技创新中，还存在一些亟须解决的问题。例如，科技企业融资难问题长期存在，尤其是有些科技成果得不到资金支持，难以转化为现实生产力；资本市场缺乏投资退出渠道等。这些问题都体现出科技金融的融合机制不够灵活、不能够很好地适应科技发展要求。通过对我国科技金融发展进行深入分析，探讨科技金融的形成机制和融合路径，提出完善科技金融融合机制的对策建议，有利于解决科技创新和金融发展的深层次问题，有利于促进科技金融事业的发展。因此，对于科技金融的融合机制与对策研究有着很重要的现实意义。

1.2 文献综述

1.2.1 国外文献综述

（1）金融对科技创新的支持。Jeong 等（2007）通过将全要素生产率的增长率分解为金融深化效应、资本异质效应和人力资本变动效应，发现金融的深化对技术创新有巨大的推动作用。Haire（1959）提出企业成长周期理论，将企业的成长过程分为五个阶段：种子期、初创期、初步发展期、高速发展期和成熟期，每个周期都有不同的融资需求。股利信号理论（信号假说）（Myers et al.，1984）认为，企业进行新的权益性融资会向投资者传递消极信号，使投资者对企业的盈利能力持怀疑态度，而信贷融资能传递积极信号，表明企业有能力偿还债务，因此，企业倾向于先借贷后发行股票。

代理成本理论（Jensen et al.，1976）认为，由于道德风险和逆向选择的存在，致使企业的代理成本增加，从而降低竞争力。啄食顺序理论（Myers，1984）认为，科技型企业的融资主要来源于企业的自有资金，当自有资金不充裕时才向银行借贷，最后进行股权融资。关于技术与金融的研究，Perez（2002）在《技术革命与金融资本》中，揭示了技术创新与金融资本的基本范式：新技术诞生早期是一个爆炸性增长时期，会导致经济出现极大的波动和不确定性。风险资本家为获取高额利润，迅速投资于新技术领域，产生金融资本与技术创新的高度耦合，从而出现技术创新的繁荣和金融资产的迅速增长。在实证研究方面，Becchetti（1995）通过对一些国家进行研究，说明了中小型科技企业在融资能力方面弱于大型科技企业，导致中小企业不易获得金融支持。Beck 等（2000）对金融中介和全要素生产率的作用进行了研究，发现银行部门对全要素生产率的提高有很大的影响，而对个人储蓄和资本积累影响较小。

（2）各金融子行业对科技创新的支持。银行体系对科技创新有较大的推动作用。King 等（1993）认为，银行基于对企业或项目的全面考察，选择其中盈利可能性最大的企业或项目进行授信，必要时会进一步加大支持力度，从而推动科技创新的发展。Stulz（2000）认为，银行在向科技企业和创业机构进行贷款后，会实施一系列监控行为，从而较为准确地把握项目的进展与授信对象的状况。资本市场对科技创新的促进作用与银行体系有所不同。Levine 等（1998）采用实证分析的方法，对资本市场与全要素生产率、经济增长的相关性进行检验，发现资本市场与二者存在显著的正相关性。Bencivenga 等（1995）认为，二级市场的交易流动速率和成本变化与创新活动有一定的相关性。Hyytinen 等（2005）则证明不完善的资本市场会严重影响创新活力，对经济发展造成影响。Rin 等（2006）认为，完善的二板市场能够吸引资本流向新成立的高科技企业。Aianassov 等（2007）对直接融资和间接融资对比研究得出，专利发明的产生对直接融资更加敏感，因而，直接融资能够更有效地促进专利发明转化为现实生产力。

关于风险投资在科技金融中的作用，Kortum 等（1998）的实证表明，创业资本的增加会带来专利发明数量的增加。Hall（2002）指出创业投资更好地解决了科技创新中的信息不对称、道德风险以及高额的融资成本问题。Casamatta（2003）认为，企业能否通过技术创新发展壮大的一个关键因素是风险资本介入企业的程度。Keuschnigg（2004）采用一般均衡法证明，当风险投资机构的数量足够多时，会在很大程度上提高企业创新的成功率。

1.2.2 国内文献综述

科技金融这一概念从提出开始就具有鲜明的中国特色。发达资本主义国家的体制和市场相对完善，科技和金融资源通常可以实现自由配置，因此并没有将科技金融作为一个专业术语，相关论述主要集中在技术创新和金融发展方面。国内关于科技金融的研究从 20 世纪 90 年代开始，尚处于起步阶段，存在一定的局部性和片段性。学术界对于科技金融的概念初步有了轮廓，但并没有达成共识。"科技金融"一词最早出现在 1993 年深圳市科学技术局发表的题为《科技金融携手合作扶持高新技术企业》一文。该文将金融作为推动科技与经济共同发展的重要媒介。同时，《中华人民共和国科学技术进步法》的颁布和中国科技金融促进会的成立，标志着科技金融正式登上舞台。

赵昌文等（2009）首次明确定义了"科技金融"，即"科技金融是促进科技开发、成果转化和高新技术产业发展的一系列金融工具、金融制度、金融政策与金融服务的系统性、创新型安排，是由向科学和技术创新活动提供金融资源的政府、企业、市场、社会中介机构等各种主体及其在科技创新融资过程中的行为活动共同组成的一个体系，是国家科技创新体系和金融体系的重要组成部分"。房汉廷（2010a）将科技金融的本质概括为四点：一种创新活动，即科学知识和技术发明被企业家转化为商业活动的融资行为总和；一种技术—经济范式，即技术革命是新经济模式的引擎，金融是新经济模式的燃料，二者合起来就是新经济模式的动力所在；一种科学技术资本化过程，即科学技术被金融资本孵化为一种财富创造工具的过程；一种金融资本有机构成提高的过程，即同质化的金融资本通过科学技术异质化的配置，获取高附加回报的过程。

1.3 科技金融概念的产生过程与内涵

1.3.1 科技金融概念的产生过程

据赵昌文教授考证，"科技金融"一词最早出现在 1993 年。随着我国改革开放后科技体制改革和金融体制改革的推进以及二者的相互融合，为科技创新提供金融支持的实践促使"科技金融"一词被提出和应用。

1985 年 10 月，中国人民银行、国务院科技领导小组办公室联合发布了《关于积极开展科技信贷的联合通知》，要求"各专业银行和其他金融机构，要在其核定的信贷计划总量范围内，调剂一部分贷款，积极支持科技事业的发展"，并指出"为了搞好科技信贷工作，银行和其他金融机构与科技管理部门应密切合作"。文件中明确使用了"金融机构支持科技事业发展"以及"金融机构与科技管理部门密切合作"的文字表述，第一次将"金融支持科技"的科技金融内涵用具体的语句表达出来，也表明科技开发贷款成为当时科技金融体系中的新金融工具。

这一时期，虽然经济体制改革已经进入有计划的商品经济阶段，但金融体制改革尚未深入开展，"科技金融"的专有词汇仍未出现，但关于"科技与金融相结合"的讨论却开始盛行。其中具有代表性的是 1987 年发表在《科技日报》上的一篇文章。该文章认为，现行科技体制的主要弊端是"科技工作沿袭一套过时的、落后的行政管理办法，忽视科技规律和经济规律，不重视经济杠杆和市场机制的作用"，还提出了应该由金融业的支撑改变这种现状，认为除了向科研企业联合体优先发放贷款，还应"从保险方面推进"，"开办科技开发保险业务"。这些对金融工具单调性的讨论表明了人们对科技金融体系的工具构成有了更为完整的认识。

此后，金融机构对科技发展的支持力度不断加大。1990年，中国人民银行在国家综合信贷计划中，正式设立了科技开发贷款科目。这一阶段关于"金融支持科技"的讨论中开始出现了"科技型金融"一词，并认为"科技型金融"是"科技体制改革与金融体制改革的产物"。这一认识不仅明确地把"为科技发展提供金融支持"直接表述为"科技型金融"，还将其从传统的金融体系中剥离出来，使科技金融在理论上以一个新的、独立的事物开始出现。

1991年年初，邓小平同志在上海视察时明确指出："金融很重要，是现代经济的核心。金融搞好了，一着棋活，全盘皆活。"这段话精辟地表明了金融在现代经济生活中的重要地位，也揭示了金融应该在促进科技发展中发挥更重要的作用。1992年，邓小平同志在南方谈话中强调"改革开放胆子要大一些，敢于试验……看准了的，就大胆地试，大胆地闯"。1993年，深圳市科学技术局首次提出了"科技金融"的词汇，科技金融携手合作扶持高新技术发展，但其本意仍然是"科技与金融"的缩写。同年，《中共中央关于建立社会主义市场经济体制若干问题的决定》使中国经济体制改革正式进入市场化深入阶段，而《国务院关于金融体制改革的决定》也使中国金融体制改革进入一个全新的阶段。1993年7月，全国人民代表大会常务委员会第二次会议通过了我国第一部科学技术基本法——《中华人民共和国科学技术进步法》，把推动科学技术进步的事业提升到一个前所未有的高度。在经济体制、金融体制和科技体制改革的这一历史交汇点，中国科技金融促进会也顺势成立。从中国科技金融促进会的设立宗旨"促进科技与金融的结合"的角度看，虽然这里的"科技金融"似乎仍有"科技与金融"的含义，但此时，"科技金融"已经开始作为一个独立的词汇正式出现。

1994年4月中国科技金融促进会在广西南宁召开首届理事扩大年会，会议认为，我国科技金融事业是根据科技进步与经济建设结合的需要，适应社会经济的发展，在科技和金融体制改革的形势推动下成长发展起来的。由此，科技金融事业被认为是一个有别于传统金融的新的实践领域，"科技金融"一词开始在报纸、期刊、政府通知、工作报告中频繁出现。

1.3.2 科技金融概念的内涵

科技型企业与传统企业不同，其所研制和生产的产品或者其所处的行业未必已经发展成熟，因此常常具有高风险、高收益与动态性的特征。支持科技型企业发展的投融资体系可能要建立有效的"收益共享、风险共担"的激励机制，同时需要有多层次的金融支持，以匹配科技型企业不同发展阶段的特点和融资需求。

科技金融是指科技与金融的结合，利用科技创新和数字化技术来改变和提升传统金融服务的方式、流程和效率。它涵盖了以下几个方面的内容。

（1）金融科技（FinTech）。金融科技是科技金融的核心领域之一，它利用技术手段如人工智能、区块链、大数据分析等，来创新和改进金融服务。例如，移动支付、电子钱包、线上借贷平台等都属于金融科技的应用领域。

（2）数据驱动的智能金融服务。科技金融以大数据分析和人工智能技术为基础，通过对海量数据的整合和分析，提供个性化、精准的金融产品和服务。例如，根据用户的消费记录和风险评估，提供定制化的投资建议和风险管理策略。

（3）金融创新和数字化转型。科技金融推动金融机构进行创新和数字化转型，以提高效率和用户体验。例如，利用自动化流程、机器学习和智能算法，简化开户流程、贷款审批等操作，加速金融服务的响应速度。

（4）开放银行和 API 经济。科技金融鼓励金融机构采用开放银行模式，通过开放应用程序接口（API）与合作伙伴共享数据和服务，促进创新、合作和竞争。开放银行可以让用户更方便地管理不同金融机构的账户和资产。

（5）金融安全和监管科技。科技金融也关注金融安全和监管的问题。利用区块链等技术确保数据的安全和真实性，加强反欺诈和防范金融风险的能力。同时，监管科技也得到发展，通过监测和分析数据，提升金融监管的效能。

总的来说，科技金融是指利用科技手段和数字化技术来创新和改进金融服务的领域。它包括金融科技、数据驱动的智能金融服务、金融创新和数字化转型、开放银行和 API 经济以及金融安全和监管科技等方面的内容。它的目标是提升金融服务的效率、便利性和安全性，推动金融行业的发展和进步。

1.4 高新科技型企业生命周期与主要资金来源

高新科技型企业从创办到成熟大致会经历如下四个阶段：种子期、初创期、成长期和成熟期。各个阶段的特点与资金来源具体如图 1-1 所示。

1.4.1 种子期

在此阶段，高新科技型企业尚未正式成立或处于拟创立阶段，资金与技术还没有紧密结合。在这一阶段，大部分的金融机构都不愿冒险进入企业，企业非常容易形成"融资缺口"。企业需要大量且稳定的资本投资，主要资金来源还是企业内源性融资、民间借贷和少量种子资金，其中以企业自有资金和借贷为主。在种子期，企业通常还处于创业的初期阶段，创始团队可能只有几个人，并且处于企业组建、技术验证和产品开发的阶段。

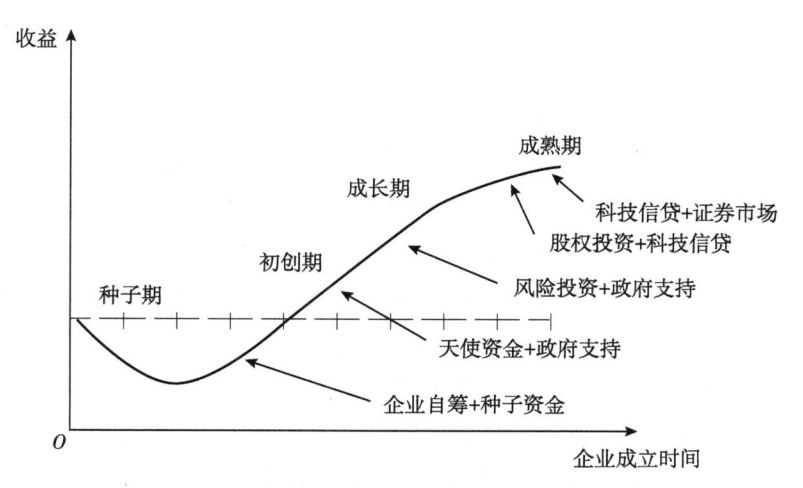

图 1-1　高新科技型企业生命周期与主要资金来源

资料来源：杨正平，王淼，华秀萍，2017. 科技金融：创新与发展［M］. 北京：北京大学出版社.

在高新科技型企业种子期，以下几个方面是关键的。

（1）创业团队。种子期的企业非常依赖创业团队。创业团队的核心成员通常是来自技术领域的专业人士，他们拥有创新的科技理念和技术能力。团队的组建和协作能力对于企业的成功至关重要。

（2）技术验证与产品开发。在种子期，企业需要进行技术验证，确保其技术理念和创新方案的可行性和可靠性。同时，企业也需要进行产品开发，将科技成果转化为实际可用的产品或解决方案。

（3）资金支持。对于处于种子期的企业来说，获得资金支持是至关重要的一环。企业需要寻找投资人、天使投资者或风险投资基金等，以资金支持保证企业的运营和发展。

（4）市场调研与商业模式。在种子期，企业需要进行市场调研，了解市场需求和竞争情况。同时，企业也需要逐渐完善商业模式，找到商业化和盈利的路径，从而在市场中取得竞争优势。

（5）寻求合作与伙伴关系。在种子期，合作伙伴的支持和资源共享对企业的发展至关重要。与大型企业、研究机构、孵化器、加速器等建立合作关系，可以为企业提供各种资源和支持，推动企业的成长。

需要注意的是，种子期的高新科技型企业面临着创新风险和市场风险，企业家需要具备坚定的信念和执着的创业精神，同时也需要灵活应对市场的变化和不确定性。成功的种子期企业通常能够迅速适应市场需求，不断推进技术创新，并建立稳定的商业模式，为企业的成长打下坚实的基础。

1.4.2 初创期

处于初创期的企业非常脆弱，技术不成熟，是否有产品能够产出、产品能否被市场接受都不确定，项目失败率较高。同时，初创期企业的管理和战略都不成熟，因此，一般创业投资企业不敢轻易注资，仅有专门针对企业早期发展阶段的天使投资机构可能会考虑介入。银行出于对风险、资产规模和现金流的担忧，一般只会为少数高新科技型企业提供信贷支持。而在这一阶段，企业需要能够长期使用的资金，因此，资金主要来自创业者的自有资金、合伙人的资本投入、企业内源性融资（如亲友借款、企业内部职工借贷）、民间借贷等。在此阶段，政府支持尤为重要，用于中小企业创业的政策性资金虽然数额不大，但可以有效刺激高新科技型企业的创立和初步发展。在初创期，企业通常还处于探索和建立基础的阶段，面临着多方面的挑战和机遇。

在高新科技型企业初创期，以下几个方面是关键的。

（1）商业模式和市场定位。在初创期，企业需要明确自己的商业模式和市场定位。这包括明确目标客户群体，确定产品或服务的核心卖点，以及设计盈利模式等。企业需要对市场需求进行深入分析，以确保自身的产品或服务能够满足市场需求并具有竞争力。

（2）资金支持。初创期的高新科技型企业通常面临资金短缺的问题，需要积极寻求资金支持。这包括通过投资者、风险投资基金、政府创业扶持机构等渠道寻求投资或融资。同时，企业也需要有效管理和利用有限的资金资源，以支持企业的运营和发展。

（3）团队建设。初创期的企业需要注重团队建设。创业团队的构建和培养对于企业的成功至关重要。构建具有专业知识、创新思维和合作能力的团队，可以为企业的技术研发、市场拓展和运营管理等方面提供有力支持。

（4）技术研发和产品创新。初创期的高新科技型企业需要不断进行技术研发和产品创新。这包括优化现有技术、扩展产品线，以及探索新的科技应用等。企业需要建立有效的研发流程和创新机制，以不断推动企业的技术进步和产品升级。

（5）市场推广和用户获取。一旦企业有了产品或服务，初创期的重点便是将其推向市场并吸引用户。市场推广和用户获取需要通过市场营销、品牌建设、渠道拓展和用户反馈等手段来实现。同时，初创期的企业通常需要建立用户群体，积累用户基数，以验证产品的市场需求和商业模式的可行性。

高新科技型企业初创期是企业成长过程中的关键阶段，需要创业者具备坚定的信念和远见，并且能够灵活应对市场的挑战。通过明确商业模式、寻求资金支持、构建优秀团队、推动技术研发和产品创新，以及积极推广市场和吸引用户，初创期企业可以为后续发展打下坚实的基础。

1.4.3 成长期

创新型中小企业在成长初期，急需外部资金，但由于有形资产少、无形资产多、不确定程度高及信息不对称等障碍，传统金融体系很难支持，通过缓慢的自我积累方式，又无法适应现代竞争的要求。创新型中小企业要求与之相适应的资本投入形式，这种要求表现在两个方面：一方面，由于企业的不确定性及激烈的竞争，因而要求低财务杠杆的融资制度，权益性的融资是其首选；另一方面，由于创新型中小企业信息不对称问题比一般企业更加突出，因而需要专业人士对市场潜力进行评估，对投资进行积极监管。风险投资正是以创新的投资方式适应了这种要求。创新型中小企业在创业和扩张的关键阶段，由于生产和管理风险大，传统金融体系提供的信贷有限，因此风险资本成为其资本需求的主要来源。风险投资家不仅为创新型中小企业提供了股本支持，而且还运用其丰富的管理经验、专业能力及社会网络，向创新企业家提供其所缺乏的管理服务，促进创新型中小企业快速成长。风险投资的这一独特作用，使其成为推动创新型中小企业发展的不可替代的力量。

在成长期，企业通常已经建立了稳定的产品或服务，获得了一定的用户基础，同时也面临新的挑战和机遇。

在高新科技型企业的成长期，以下几个方面是关键的。

（1）**市场拓展和用户增长**。成长期的企业需要进一步加大市场拓展力度，扩大用户基础。这可以通过深入发掘市场需求、制定市场推广策略、拓展销售渠道以及强化品牌建设等手段来实现。

（2）**技术创新和持续研发**。在成长期，企业需要不断进行技术创新和持续研发，以保持竞争优势并满足不断变化的市场需求。企业应该密切关注科技发展趋势，积极应用新技术，提升产品或服务的技术含量和附加值。

（3）**领导团队和组织架构**。随着企业规模的扩大，成长期的企业需要考虑建立健全的领导团队和组织架构，以有效管理企业的各个方面。这包括明确分工和职责，搭建有效的沟通和协作机制，确保企业运营的高效性和协调性。

（4）**资金管理和投资**。成长期的企业需要注重资金管理和投资，以支持企业的扩张和发展。企业需要管理好现有的资金资源，积极寻求新的融资渠道，如股权融资、债券融资或贷款等，以满足企业在市场拓展、技术研发和人才引进等方面的资金需求。

（5）**自我调整和转型**。随着市场竞争和行业环境的变化，成长期的企业需要具备自我调整和转型的能力。企业需要时刻关注市场动态和竞争形势，灵活调整经营策略，探索新的商业模式和合作机会，以持续保持竞争优势和实现长远可持续发展。

高新科技型企业的成长期是企业发展过程中的关键时期，需要领导层具备战略思维和执行能力，并注重市场拓展、技术创新、团队建设、资金管理和自我调整等方面。

通过持续推进创新和发展，积极应对挑战和变化，企业可以不断壮大自己，实现更高水平的发展。

1.4.4 成熟期

在此阶段，高新科技型企业已基本形成具有自身特色的商业模式和核心竞争力，管理也开始规范，银行一般愿意为其提供贷款。企业此时开始考虑进入资本市场，特别是进入证券市场进行融资。首先，上市直接融资可以获得大量资金，对企业的跨越式发展提供资本支持；其次，证券市场融资不需要支付资金利息，可以降低企业的财务成本和资产负债率；最后，高新科技型企业上市可以实现企业价值和股东权益的大幅提升。因此，当企业进入成熟期之后，更希望以上市的方式实现融资和资本增值的双重目的。

在成熟期，企业通常已经树立了较大的品牌影响力，积累了丰富的经验和资源，并且在市场上具备了相对稳定的竞争力。

在高新科技型企业的成熟期，以下几个方面是关键的。

（1）持续创新和技术领先。成熟期的企业需要继续保持创新能力和技术领先地位，以应对市场的竞争和变化。通过不断改进和升级现有产品或服务，开发新的技术和解决方案，满足市场需求，并在科技领域保持领先地位。

（2）开拓新市场和拓展产品线。成熟期的高新科技型企业可以通过开拓新市场和拓展产品线来实现进一步增长。企业可以寻找新的客户群体、巩固现有市场份额，或者扩大业务范围，推出新的产品或服务，以满足不同市场需求。

（3）市场营销和品牌建设。成熟期企业需要继续加大市场营销投入，提升品牌形象和知名度。通过有效的市场策略和品牌建设，扩大市场份额，提高产品或服务的销售量和市场占有率。

（4）强化企业文化和员工发展。成熟期的企业需要注重企业文化的建设和员工发展。建立积极、开放和创新的企业文化，激励员工的创造力和团队合作精神，吸引和留住优秀的人才，为企业的持续发展提供有力支持。

（5）持续的财务管理和资本布局。在成熟期，企业需要加强财务管理和资本布局，保持合理的盈利能力和资金运作。企业需要注重资金的投资和运营，谨慎管理风险，并寻求能够支持企业长期发展的投资和融资机会。

高新科技型企业的成熟期是企业发展的重要阶段，需要在技术创新、市场拓展、品牌建设、员工发展和财务管理等方面进行有效的管理和调整。通过不断推动创新、提升市场竞争力，并注重企业文化和员工发展，成熟期的企业可以不断壮大自己，实现长期稳定的发展，获得持续的成功。

第 2 章
我国科技金融发展现状与趋势

2.1 我国科技金融发展现状

1. 总体状况

近年来,我国科技金融发展迅猛,科技金融生态体系日趋完善,在诸多领域的新探索取得了较好的效果。第一,科技金融概念广泛传播:科技金融概念已经深入人心,并在金融机构和科技企业中得到广泛关注和重视。第二,创新型金融机构崛起:在科技金融领域,一些创新型金融机构脱颖而出,如互联网支付、P2P 借贷、股权众筹等,改变了传统金融业态。第三,政策支持力度加大:政府出台一系列政策和措施,以促进科技金融的发展,如支持科技创新创业的资金扶持政策、鼓励金融科技创新的立法等。

2. 创业投资

自 2000 年起,我国创业投资以高增速快速发展。到 2015 年,我国创业投资市场已经成为仅次于美国的第二大市场,机构数量和管理规模都与美国接近,但在投资效率和投资环境方面还有一定差距。

3. 资本市场

近年来,我国多层次资本市场不断完善发展,上海证券交易所(以下简称"上交所")建设科创板并推行注册制、创业板借壳上市、新三板公开发行等里程碑式改革有利于科技型企业直接融资。

我国资本市场的发展状况在过去几十年里取得了长足的进步。随着我国经济的快速增长,我国资本市场规模不断扩大,A 股市场是全球规模最大的新兴市场之一。融资渠道日益多样化,除了传统的股票市场和债券市场,股权众筹、私募股权基金等新型融资方式也在不断发展壮大。政府部门一直在推进资本市场的改革,以提高市场的效率、公正性和透明度,例如,推进注册制改革、简化上市流程、深化市场监管等。投资者结构也在逐步优化,机构投资者的比例逐渐增加。机构投资者包括保险公司、养老基金和证券公司等,为市场提供稳定的长期资金。资本市场的监管和投资者保护措施得到加强，监管机构对企业信息披露进行严格监管，加大对内幕交易和市场操纵的打击力度，并建立投资者教育和仲裁机制。科技创新得到应用，如人工智能、区块链等技术，提高了市场交易效率、风险管理等方面的能力。

总的来说，我国资本市场发展状况在不断改善，成为金融体系的重要组成部分，为企业融资、投资者参与和经济发展提供了更加多样化和有效的渠道。随着资本市场改革的不断推进和市场的进一步开放，我国资本市场的发展前景仍然非常广阔。

4. 银行保险

银行和保险领域在坚持对外开放的背景下，持续加大对科技企业和创新的支持，中央和地方出台了一系列指导政策，地方政府和商业银行、保险机构各自或合作推出了多种形式的支持措施。

尽管我国银行保险行业的发展已经取得了显著成绩，但在风险管控、服务质量和创新能力等方面仍面临挑战。监管机构将继续加强监管，推动银行保险行业高质量发展，推进金融体系稳定、健康和可持续发展。

5. 财税政策

财税政策是指国家在财政和税收领域所采取的政策措施，旨在实现经济社会发展的目标，促进资源配置的合理化和社会公平。

在财税政策方面，我国持续推行减税降费政策。仅在2019年我国就新增减税1.93万亿元，为小微企业减税2832亿元。小微企业减税、增值税率普遍下调等普惠性减税措施对企业科技创新起到了积极推动作用；固定资产加速折旧扩大至所有制造业，集成电路和软件行业等扩围或延期政策直接有利于相关行业发展；创业投资企业个人合伙人、粤港澳大湾区境外高端和紧缺人才适用的个人所得税新政，有利于激励个人发挥相应创新要素的积极作用。

6. 金融科技

我国金融科技的发展现状呈现出以下几个方面的特点。移动支付市场相当发达，支付宝和微信支付等移动支付平台成为人们日常生活中常用的支付工具，涵盖了线上线下各类支付场景。互联网金融在我国得到迅猛发展，网贷平台、第三方支付、众筹、互联网保险等新型互联网金融模式不断涌现，推动了金融服务的创新和普惠金融的发展。区块链技术是近年来我国金融科技领域的热点之一，我国积极推动区块链技术的应用，包括数字货币研发、供应链金融、交易结算等领域，以提高金融交易的安全性和效率。人工智能在金融领域的应用日益广泛，通过大数据分析和机器学习算法，金融机构能够提供智能化的风险管理、投资决策、信贷评估等服务，提高了金融业务效率和客户体验。云计算和大数据技术的快速发展为金融机构提供了更高效的数据存储和处理能力，金融机构可以根据大数据分析结果设计定制化的产品和服务，提供更精准的风险评估和投资建议。由于金融科技的快速发展，金融科技监管也变得尤为重要，监管部门积极跟进金融科技发展的步伐，制定了一系列监管规范和政策，保护消费者权益和金融稳定。我国金融科技行业逐渐形成了一个合作与创新的生态系统，金融机构、科技企业、初创企业和投资机构之间的合作与交流不断增多，推动了金融科技的创新和发展。

总体而言，我国金融科技的发展取得了显著成就，已经成为推动金融业转型升级和实现普惠金融的重要力量。未来，随着技术创新的推进和监管政策的支持，金融科技有望实现进一步发展和应用，为金融行业带来更多的机遇和变革。

2.2 我国科技金融发展趋势

加大力度支持科技型企业融资，以注册制改革为牵引，资本市场的包容性和成长性进一步增强，直接融资支持科技型企业的作用越发明显。得益于产品持续多元化创新、发行便利度不断提升，我国多层次债券市场对科技型企业融资覆盖面明显拓宽。在支持初创期科技型企业作为重中之重的背景下，后续支持私募股权投资基金和创业投资基金发展的政策措施有望出台。

1. 直接融资支持作用明显

资本市场在服务高水平科技自立自强方面具有先天优势，是"科技—产业—金融"良性循环的重要枢纽。

从上市板块和企业所属行业来看，资金"活水"进一步流向科技创新企业。Wind数据显示，截至2023年6月20日，2023年以来科创板募资规模以811.14亿元在各板块中居首，创业板以553.34亿元的募资额位居第二，科创板和创业板占A股募资总额的比重超七成。

从2023年首次公开募股（IPO）企业所属的行业来看，电子、机械装备、生物医药、汽车等战略性新兴产业融资额排名靠前，一批先导产业集聚效应显著。资本市场正在引导资本更加精准、高效地支持科技创新，助推产业转型升级，助力现代化产业体系建设。

在资本市场"活水"的滋润下，一批打破国外垄断、自主创新能力强的龙头企业成功上市。在5000余家A股上市企业中，战略性新兴产业上市企业超过一半，高科技行业市值占比由2017年年初的约20%增长至近40%。

资本精准、高效地支持科技创新，得益于多层次资本市场体系更加完善，科创板、创业板、北京证券交易所（以下简称"北交所"）定位面向科技创新服务功能更加清晰；得益于制度更加包容，以全面注册制改革为牵引，允许符合一定条件的未营利企业在科创板、创业板上市，优化红筹架构、特殊股权结构企业上市制度等，在不同维度满足高科技企业的发展需求。

2. 债券市场覆盖面拓宽

从双创专项债务融资工具到科创票据，从创新创业公司债券到科技创新公司债券（以下简称"科创债"），得益于产品持续多元化创新、发行便利度不断提升，我国多层次债券市场对科创企业融资覆盖面明显拓宽。

科创债为科技创新企业提供了一个重要的融资渠道。科创债精准支持科创领域，有助于推动我国经济转型升级，提高技术创新能力和产业竞争力，为我国在全球科技领域的发展做出积极贡献。

为支持科创债申报发行，2023年4月28日，证监会发布的《推动科技创新公司债券高质量发展工作方案》中提出，实行科创企业"即报即审、审过即发"的"绿色通道"政策。

上交所将加大服务推广力度，形成激励机制，激发市场主体活力。一方面，持续提高服务质效，建立科创债全链条服务机制，持续跟踪项目落地，为承销机构拓展科创债发行提供专业支持与指导；另一方面，强化市场参与主体激励，在发行人和中介机构评价体系中设置专项奖项，鼓励相关主体积极发行科创债。未来，科创债发行规模有望稳步提升，发行主体更加多元化，投资者参与度将随之提升，进一步支持科技创新和高水平科技自立自强。

3. 加大私募股权投资支持力度

2023年6月16日召开的国务院常务会议审议通过了《加大力度支持科技型企业融资行动方案》（以下简称《行动方案》），提出要把支持初创期科技型企业作为重中之重，加快形成以股权投资为主、"股贷债保"联动的金融服务支撑体系。要引导金融机构根据不同发展阶段的科技型企业的不同需求，进一步优化产品、市场和服务体系，为科技型企业提供全生命周期的多元化接力式金融服务。

《行动方案》的出台，不仅标志着国家对科技型企业融资问题的重视，更是对党的二十大报告提出的"加快实施创新驱动发展战略"的贯彻和落实。

我国股权市场将迎来创投新生态。2023年以来，金融周期转换利于降低中长期融资成本，经济复苏、政策支持助力投资标的大量涌现，产融结合新模式在投后环节赋能实体企业，全面注册制促进"投资—退出—再投资"良性循环，二级市场估值扩张周期带动股权市场走向繁荣，股权市场迎来创投新生态。

虽然当前我国在科技创新领域取得了一些成就，开发了一些创新产品，但是在诸多原创环节依然薄弱，亟须金融政策支持。《行动方案》提出的一系列具体措施，有望为科技型企业提供更加全面、多元化的融资服务和支持，有助于促进科技创新和经济发展。

《行动方案》的出台对于解决科技型企业融资难、融资贵的问题具有重要意义。要加快实施创新驱动发展战略,就必须大力培育科技型企业这种创新主体。与一般工商企业相比,科技型企业具有"轻资产,经营不确定性更高"的特点,融资难、融资贵的问题相对突出,因此需要对科技型企业融资提供必要的政策支持。

4. 支持初创期科技型企业作为重中之重

科技型企业与传统企业不同,其在前期的研发投入较多,技术突破及应用、盈利的不确定性较高,传统的融资模式很难匹配科技型企业的发展模式。要引导金融机构为科技型企业提供全生命周期的多元化接力式金融服务。

全生命周期意味着,要鼓励金融机构基于自身特点,为处于不同阶段的科技型企业提供与之相适应的金融支持。多元化则意味着,需要引导各个类型的金融机构基于自身的风险偏好、负债结构来对科技型企业进行融资方面的支持,避免科技型企业过度依赖某个单一的融资渠道。接力式则与全生命周期的融资服务相匹配。科技型企业不同的发展阶段,其对资金的需求并不完全相同。在技术探索的初创阶段,需要引导风险偏好最高的风险投资、天使投资等提供最初的资金支持;在技术初步成型、从研发到应用的阶段,需要风险偏好相对较高的股权投资进行接力;在技术应用基本成熟、能够产生稳定现金流的阶段,则需要风险偏好相对较低的银行、债券基金、保险机构通过债权融资提供相对稳定的资金支持。

5. 科技金融技术发展趋势

(1) 物联网和大数据发展。随着5G技术和物联网技术的发展,科技金融将可以收集、处理、分析大量的数据,并且将其转换为有价值的信息,以期更好地满足客户需求,给客户带来更多更优质的服务,例如网上征信、客户关系管理以及数据分析等。

(2) 云计算的发展。云计算的发展将为科技金融提供更多的存储能力和处理能力,能够满足对数据安全的要求。此外,云计算也可以提高企业的运维效率,减少硬件成本,提高系统的可用性,为科技金融的发展提供技术支持。

(3) 智能化技术的发展。智能化技术的发展有助于科技金融更加自动化,例如通过机器学习技术进行数据分析,智能客服系统、虚拟助理机器人等,能够为用户提供更加快捷的服务,让用户更快更好地享受服务。

(4) 区块链技术的发展。区块链技术是一种分布式、去中心化的账本记录技术,能够记录所有的交易,而且不易被破坏,具有良好的安全性,能够有效防范金融犯罪,同时还能够提高金融转账的安全性,为科技金融的发展提供技术支持。

第 3 章
直接融资

3.1 企业融资种类

企业融资按照不同的标准分为不同的类别。

3.1.1 内源融资与外源融资

这种分类方式是按照资金是否来自企业内部来进行划分的。

（1）内源融资（Internal Financing），是指企业通过内部资金积累和利润再投资来满足资金需求的方式。具体包括以下几种形式：①利润留存：企业将一部分利润用于再投资，以满足企业的成长和发展需求；②内部融资：企业通过内部转移资金的方式满足资金需求，如企业内部的借款、股东借款等；③资产处置：企业出售或转让部分资产，获得现金流来满足资金需求。

内源融资的优点包括灵活性较高、成本较低、对外部环境的依赖度较低等。然而，内源融资也可能面临资金规模有限、无法满足大规模投资需求等局限性。

（2）外源融资（External Financing），是指企业通过外部渠道来筹集资金的方式。主要形式包括：①债务融资：企业通过发行债券或向金融机构借款等方式筹集资金，以满足企业资金需求；②股权融资：企业通过发行新股或向投资者募集资金持股，以获取资金支持；③外部投资：企业吸引风险投资或私募股权基金等外部投资者参与，获得资金和资源支持。

外源融资的优点包括可以获得大额资金、满足企业扩张和创新的需要、分担风险等。但相应地，外源融资也常伴随着更高的成本、金融风险和外部监管的压力。

在实际应用中，企业会根据自身情况和具体项目需求的不同，综合考虑内源融资和外源融资的优势，选择适合的资金筹集方式来满足资金需求。

3.1.2 短期融资与长期融资

这种分类方式是按照资金使用及归还年限进行划分的。

（1）短期融资（Short-Term Financing），是指企业获取短期资金以应对短期经营和运营资金需求的一种融资方式。具体包括以下几种形式：①短期银行贷款：企业向银行借款以满足短期流动资金需求，通常会以一年或更短期限进行贷款；②商业票据：企业通过签发商业票据向金融机构或供应商获得短期资金支持；③应收账款融资：企业将应收账款转让给金融机构或第三方来获取短期资金，以提前收回销售所得。

短期融资通常用于弥补企业短期经营资金缺口、应对临时经营需求和支付短期债务等。因为期限较短，所以利息成本相对较低，但需要频繁还款并面临较高的偿还压力。

（2）长期融资（Long-Term Financing），是指企业为满足长期资本投资和项目发展需求而获取较长期限融资的方式。具体包括以下几种形式：①长期银行贷款：企业向银行借款，通常期限较长，用于大额项目投资和资本支出；②债券发行：企业通过发行债券来筹集长期资金，可以是公司债、可转换债等；③股权融资：企业通过发行新股或增发股权向投资者筹集长期资金，以换取股权。

长期融资通常用于企业的扩张和发展计划，如新设备购置、升级技术、开拓新市场等项目。由于期限较长，利息成本相对较高，但相对于短期融资，企业拥有更长的偿还期限和更大的资金回报空间。企业在选择短期融资和长期融资时需要综合考虑资金需求、还款能力、项目周期和成本等因素，在灵活性、成本、风险管理和资金安全方面进行合理配置。

3.1.3 股权融资与债权融资

这种分类方式主要是按照企业融入资金后是否需要归还来划分的。股权融资和债权融资是企业筹集资金的两种主要方式，它们在资本结构、风险承担和权益分配等方面有所不同。

（1）股权融资（Equity Financing），是指企业通过发行股票或股权转让的方式向投资者募集资金。具体形式包括以下几种：①发行新股：企业可以通过 IPO 或增发股票的方式，发行新的股份来吸引投资者并筹集资金；②股权转让：企业股东之间或企业与投资者之间进行股权转让，以换取投资资金。

股权融资使投资者成为企业的股东。股东享有投票权和分享企业分红的权益，但也要承担企业经营风险和业绩波动的风险。此外，企业通过股权融资所筹集的资金一般没有偿还期限，股东投资的回报与企业经营业绩相关。

（2）债权融资（Debt Financing），是指企业通过向债权人（如银行、债券持有人）借款或发行债券来筹集资金。具体形式包括以下几种：①银行借款：企业与银行签订借款合同，按照约定的利率和还款期限获得资金；②债券发行：企业向市场发行债券，以筹集资金，债券持有人在一定期限内按照利率获得固定的利息和偿还本金。

债权融资带来的是债务关系，企业承诺在一定期限内按照约定偿还本金和支付利息。债权人在债务融资中享有优先权,但不享有股东的权益,不参与企业的经营决策。与股权融资相比,债权融资有较明确的还款义务和期限,且债权人的权益风险相对较低。企业在债权融资中需要按时履行还款义务,需要承担利息支出和偿还压力。在实际应用中,企业根据自身需求、风险承受能力和市场条件等综合因素,可以选择股权融资或债权融资,或两者结合的方式来满足资金需求。同时,还需要考虑资金成本、资本结构和对企业经营的影响等因素。

3.1.4 直接融资与间接融资

这种分类方式主要是按照企业融资时是否借助于金融中介机构的交易活动来进行划分的。

直接融资和间接融资是两种不同的资金融通方式,涉及企业和资金供给方之间的直接或间接联系。

(1)直接融资(Direct Financing),是指企业直接向资金供给方(如个人投资者、机构投资者)筹集资金的方式。具体形式包括以下几种:①发行股票:企业通过发行股票向投资者筹集资金,投资者成为股东并共享企业的经济收益;②发行债券:企业直接向投资者发行债券,投资者成为债权人,获得利息和偿还本金的回报;③私募股权:企业与特定的投资者进行私下协商,发行非公开的股权。

在直接融资中,企业和投资者直接进行资金交流,无须通过金融中介机构。企业可以根据自身需求和市场条件,与投资者直接协商定价、期限和其他融资条款。

(2)间接融资(Indirect Financing),是指企业通过金融中介机构来进行资金融通的方式。具体形式包括以下几种:①银行贷款:企业向银行申请贷款,银行作为中介向资金需求方提供资金,并由企业向银行支付利息和偿还贷款;②信用借款:企业通过信用卡、消费信贷等途径获得银行或非银行金融机构的借款;③金融市场融资:企业通过发行债券、商业票据等在金融市场上筹集资金,并由投资者购买这些金融产品。

在间接融资中,资金流通通过金融机构作为中介进行,使得资金供给方和资金需求方之间的联系间接化。金融机构在间接融资过程中发挥着信用评价、风险管理和资金分配等重要的角色。在实际应用中,企业可以根据自身需求、资金规模、风险承受能力以及市场条件等因素,选择直接融资或间接融资的方式来获取资金。同时,也需考虑资金成本、融资条件、融资效率和对企业经营的影响等因素。

3.2 直接融资概述

直接融资是间接融资的对称,是指没有金融中介机构介入的资金融通方式。在这种融资方式下,在一定时期内,资金盈余单位通过直接与资金需求单位协商,或在金融市场上购买资金需求单位所发行的有价证券,将货币资金提供给需求单位使用。商业信用、企业发行股票和债券,以及企业之间、个人之间的直接借贷,均属于直接融资。直接融资是资金直供方式,与间接融资相比,投融资双方都有较多的选择自由。而且,对投资者来说收益较高,对筹资者来说成本较低。但由于筹资人资信程度不同,债权人承担的风险程度不同,且部分直接融资具有不可逆性。

直接融资是以股票、债券为主要金融工具的一种融资机制,这种资金供给者与资金需求者通过股票、债券等金融工具直接融通资金的场所,即直接融资市场,也称为证券市场。直接融资可以最大可能地吸收社会游资,直接投资于企业的生产经营活动,从而弥补了间接融资的不足。直接融资是资金供求双方通过一定的金融工具直接形成债权债务关系的融资形式。

3.2.1 直接融资的种类

直接融资包括商业信用、国家信用、消费信用和民间个人信用等。

(1) 商业信用。商业信用是指企业与企业之间互相提供的,和商品交易直接相联系的资金融通形式。其主要表现为两类:一类是提供商品的商业信用,如企业间的商品赊销、分期付款等,这类信用主要是通过提供商品实现资金融通;另一类是提供货币的商业信用,如在商品交易基础上发生的预付定金、预付货款等,这类信用主要是提供与商品交易有关的货币,以实现资金融通。伴随着商业信用,出现了商业票据,作为债权债务关系的证明。

商业信用涉及的主要内容包括:①信用期限方面:商业交易中的延期付款条件,即按约定时间延期付款。②信用额度方面:供应商或金融机构为企业提供的授信额度,即企业可以在一定期限内获得的最大信用融资额度。③信用评估方面:对企业信用状况、还款能力、经营状况等进行评估,以确定信用额度和利率等条件。

商业信用的优点包括:①优先采购:商业信用良好的企业可以享受供应商提供的优先供货和优惠条件。②赊销融资:商业信用可以支持企业实现赊销业务,延期付款可以减轻企业的经营压力。③扩大市场份额:商业信用有助于企业建立良好的声誉和品牌形象,吸引更多客户和合作伙伴,进一步扩大市场份额。④获得更多融资机会:商业信用可以作为获取银行贷款和其他融资渠道的参考依据,提高企业融资的能力。

企业应确保建立和维护良好的商业信用,包括准时支付账款、履行合同义务、与合作伙伴建立稳定的合作关系、维护良好的声誉和信誉等。企业充分利用自身的商业信用,可以获得更多的商业机会和资金支持,促进企业的发展和成功。

(2) 国家信用。国家信用是以国家为主体的资金融通活动。其主要表现形式为:国家通过发行政府债券来筹措资金,如发行国库券或公债等。国家发行国库券或公债筹措的资金形成国家财政的债务收入,但是它属于一种借贷行为,具有偿还和付息的基本特征。

国家信用受到一系列因素的影响，其中包括：①经济状况：一个国家的经济表现和发展前景对其信用评价起着重要的作用。稳定的经济增长、低通货膨胀率、较低的债务水平等都有助于提升国家信用。②政治稳定：政治稳定对国家信用具有重要影响。政治稳定可以为投资者和国际伙伴提供信心，有利于吸引外资和促进经济发展。③政策可靠性：一个国家的政策连贯性、透明度、执行力等方面的表现，对国家信用评级也会产生影响。政策的一致性和可预测性有助于建立良好的信用。④债务偿还能力：一个国家能否按时偿还债务和承担财政责任，是国家信用评级的重要因素。一个国家的债务水平、财政健康状况以及债务还款能力都会影响国家信用评级。⑤国际声誉：一个国家在国际上的合作和努力，是否遵守国际法律和规则，以及参与国际合作的积极性，都会对国家信用产生影响。

国家信用的评级通常由国际评价机构、国际组织和投资者等进行。这些评价机构会根据一系列的指标和数据，对国家的信用进行评级和排名。

较高的国家信用评级能够吸引外资、降低借款成本、加强国际合作和提高国家形象等。而较低的国家信用评级可能导致投资外流、高借款成本、国际合作受阻等问题。因此，一个国家应该致力于维护和提升国家信用，通过开放、加强经济建设、提高政府治理能力、加强国际合作等方面的努力，以获得更高的国家信用评级和国际社会的认可。

（3）消费信用。消费信用指的是企业、金融机构对于个人以商品或货币形式提供的信用，包括：企业以分期付款的形式向消费者个人提供房屋或者高档耐用消费品，金融机构对消费者提供的住房贷款、汽车贷款、助学贷款等。

消费信用的主要形式包括：①信用卡：消费者通过信用卡向发卡银行借款，用于购买商品和支付服务。消费者可根据信用额度在一定期限内偿还借款。②分期付款：消费者在购买大额商品时，与商家或金融机构达成分期付款协议，按照约定的分期金额和期限进行还款。③消费贷款：个人向银行或其他金融机构申请贷款，用于消费支出，按照约定的还款计划偿还贷款。

消费信用的建立和评估通常依赖于信用记录和信用评分。信用记录包括个人的还款记录、借款历史、信用卡使用情况等，而信用评分则综合考虑这些因素来评估个人的信用状况和信用风险。

消费信用的优点包括：①赊销购买：通过消费信用，消费者可以选择赊销购买商品或享受服务，无须一次性支付全部款项，减轻了经济负担。②提供紧急资金：在出现意外开支或紧急情况下，消费信用可以提供临时的资金支持，满足紧急需求。③建立信用记录：通过按时支付信用卡账单或消费贷款，消费者可以建立良好的信用记录，有助于提高个人信用评分和信用额度。④提升购买能力：消费信用可以提升消费者的购买能力，允许他们在一定期限内支付商品和服务的费用。

然而，消费信用也存在一定的风险和责任。消费者应按时还款，并避免过度借贷，以免陷入违约和债务困境。在实际应用中，消费者应根据自身的财务状况和还款能力谨慎使用消费信用，合理规划消费计划，并确保按时履行还款义务，以建立和维护良好的消费信用记录。

（4）民间个人信用。民间个人信用是指个人在社会生活中形成的信用关系和信用记录，以及在该信用基础上获得的对个人信任和支持的程度。

民间个人信用通常涉及以下几个方面：①借贷信用：个人与亲友或其他非金融机构进行的借贷交易。这种信用关系往往基于信任，根据双方达成的协议约定还款方式和期限。②商业信用：个人在商业活动中的信用表现，如付款期限、债务偿还能力等。商业信用可以影响个人与商家、供应商之间的合作和交易条件。③社交信用：个人在社交网络中塑造起来的信用形象，如守信、守约、诚信等。这种信用评价通常由社交群体、社区或朋友圈互动来形成。④征信记录：个人在金融机构、征信机构等注册、借贷和还款等方面的记录，包括银行账户、信用卡记录、贷款还款记录等。这些记录对个人信用评估和借贷能力有重要影响。

民间个人信用的优点包括：①方便获得借贷支持：良好的民间个人信用记录可以提高个人借贷的可获得性和便利性，获得更好的贷款条件和额度。②促进商业合作：良好的民间个人信用有助于建立长期合作关系，加强个人与商家、供应商之间的信任度，提高交易的效率和顺畅性。③社会认可与声誉提升：诚信和守信的行为会提升个人在社会中的声誉和认可度，对日常生活、社交活动和职业发展等带来积极影响。

个人应该注意维护良好的民间个人信用，包括履行债务和还款责任、遵守交易协议和合同、避免不良行为和法律纠纷等。此外，及时了解和管理个人的征信记录，确保记录准确无误。总之，良好的民间个人信用有助于增强个人的金融活动能力、商业合作机会和社会声誉，进而促进个人的发展和成功。

3.2.2 直接融资的特征

直接融资的基本特点是，拥有暂时闲置资金的单位和需要资金的单位直接进行资金融通，不经过任何中介环节。具体地说，具有直接性、分散性、差异性、部分不可逆性和相对较强的自主性等特征。

（1）直接性。在直接融资中，资金的需求者直接从资金的供应者手中获得资金，并在资金的供应者和资金的需求者之间建立直接的债权债务关系。

（2）分散性。直接融资是在企业之间、企业与个人之间、个人之间等进行的，因此，融资活动分散于各种场合，具有一定的分散性。

（3）差异性。由于直接融资是在企业之间、个人之间，或者企业与个人之间进行的，而不同的企业或者个人，其信誉好坏有较大的差异，债权人往往难以全面、深入地了解债务人的信誉状况，从而带来融资信誉的较大差异性和风险性。

（4）部分不可逆性。例如，在直接融资中，通过发行股票所取得的资金，是不需要返还的。投资者无权中途要求退回股金，而只能到市场上去出售股票，股票只能够在不同的投资者之间互相转让。

（5）相对较强的自主性。在直接融资中，在法律允许的范围内，融资者可以自己决定融资的对象和数量。例如，在商业信用中，赊买者和赊卖者可以在双方自愿的前提下，决定赊买或赊卖的品种、数量和对象；在股票融资中，股票投资者可以随时决定买卖股票的品种和数量等。

3.2.3 直接融资的优点与缺点

直接融资具有以下优点。

（1）资金供求双方直接发生债权债务关系，在融资时间、数量和期限等方面比较自由，有较多的选择。

（2）资金供求双方联系紧密，有利于合理配置资金，提高资源使用效率。

（3）筹资的成本较低，不受金融中介机构的约束。

（4）发行长期债券和发行股票，有利于筹集稳定的、可以长期使用的资金。

（5）企业信息具有较强的公开性，有利于提高企业的公众认知度。

直接融资具有以下缺点。

（1）直接融资双方在资金数量、期限、利率等方面受到的限制比间接融资多。

（2）对资金供给者来说，直接融资由于缺乏中介的缓冲，风险比间接融资大。

（3）直接融资工具的流动性和变现能力受到金融市场的发育程度及资金供给流动性的影响。

3.2.4 直接融资的工具

直接融资的工具主要有商业票据和直接借贷凭证、股票、债券等。

（1）商业票据。商业票据是商业信用的融资工具，它是在信用买卖时证明债权债务关系的书面凭证。商业票据有商业汇票和商业本票两种。

商业汇票这种融资方式是由债权人发给债务人，命令他在一定时期内向指定的收款人或持票人支付一定款项的支付命令书。它一般有三个当事人：一是出票人（债权人），二是付款人（债务人），三是持票人或收款人（债权人或债权人的债权人）。商业汇票必须经过付款人承兑才能生效。承兑是指汇票的付款人在汇票上签名，用以表示到期付款的意愿的行为。凡是由商业企业承兑的称为商业汇票，凡是由银行承兑的称为银行承兑汇票。

企业融资渠道与金融工具

商业本票又称为商业期票，是由债务人向债权人发出的，承诺在一定时期内支付一定款项的债务凭证。

商业票据的持有人可用未到期的票据向银行办理贴现。贴现是银行办理放款业务的一种方式。当商业票据的持有人需要现金时，可将未到期的票据卖给银行，银行则按市场贴现率扣除自贴现日至票据到期日的利息后，将票面余额支付给持票人。

（2）银行票据。银行票据是在银行信用基础上产生的，由银行承担付款义务的信用流通工具。

银行汇票是由银行签发的汇款凭证，它由银行发出，交由汇款人自带或由银行寄给异地收款人，凭此向指定银行兑取款项。

（3）支票。支票是指在金融机构有活期存款的存户，委托其存款银行于见票时无条件按票面金额支付给收款人或持票人的支付凭证。

支票有多种形式，可以是记名支票，也可以是不记名支票；可以是现金支票，也可以是转账支票，还可以是银行保付支票。

支票是在银行信用基础上产生的，它的付款人是银行，比商业票据有更大的信用保证，因而它的流通范围比较广泛。支票的流通产生了非现金结算，减少了现金流通量，节约了流通费用。

（4）债券。债券是由债务人按照法定程序发行的融资工具，证明债权人有按约定的条件取得利息和收回本金的权利凭证。债券可以流通，是现代经济中一种十分重要的融资工具，按发行主体的不同可分为政府债券、企业债券和金融债券。

政府债券的发行主体是政府，可分为中央政府债券和地方政府债券。中央政府发行的债券称为国债。一般将一年以内的中央政府债券称为国库券，是政府为解决财政收支季节性和临时性的资金需要，调节国库收支而发行的短期融资工具。国库券是流动性很强、安全性很高的信用工具，可以作为中央银行实施货币政策的有效工具。一年期以上的中央政府债券称为公债券，是国家为弥补财政赤字和筹集公共设施或建设项目资金而发行的。地方政府债券是地方政府为地方性建设项目筹集资金而发行的债券，一般为中长期债券。

企业债券的发行主体是企业，是企业为筹集经营所需的资金而向社会发行的借款凭证。企业债券以中长期居多。由于企业债券的发行主要靠企业的信誉和实力，所以企业债券的风险相对较大，而且有不同的信用等级。

金融债券是银行和其他非银行金融机构为了筹集资金而发行的债券。银行和非银行金融机构可以通过发行金融债券来改变资产负债结构，增加资金来源，相对于存款来说是一种主动负债。金融债券以中长期为主，风险比一般企业债券的风险小，这是因为金融机构具有较高的信用水平。

（5）股票。股票是股份公司发给股东的，证明其所拥有的股权，并取得股息收入的凭证。

股票的发行主体是股份公司，股票持有者是股份公司的股东。股票是股份公司通过资本市场筹集资金的信用工具。股票一经购买就不能退还本金，而且股息和红利也会随企业经营状况而变动，这一点是股票同其他融资工具的主要区别。由于股票可以在证券市场上转让流通，因此流动性很强。股票的收益包括两个方面：一是股息收入，取决于公司的利润；二是资本利得，即投资者通过股票市场的买卖获得差价的收入。由于公司的经营受多方面因素的影响，股票的市场价格也受多方面因素的影响，所以对投资者来说，股票是一种高风险、高收益的金融工具。

按股东权益的不同，股票可分为普通股和优先股两种。普通股是最普遍和最主要的股票类型，持有者享有对公司经营的参与权、盈余分配权、资产分配权、优先认股权等，其收益在发行时不限定，而是按公司经营业绩来确定。优先股是指股东拥有优先于普通股股东进行分红和资产清偿的权利，其股息一般是事先固定的，但对公司没有经营参与权和投票权。

3.3 科技金融的直接融资

3.3.1 科技融资的企业生命周期与资本市场

科技融资是指科技企业为了筹集资金以支持其研发、创新和业务扩展等活动，向投资者或资本市场寻求投资或融资的过程。科技融资通常包括风险投资、私募股权、公开市场融资和债务融资等多种方式。这些资金可以用于研发新产品、拓展市场、提高生产能力、购买设备等，以促进科技企业的发展。科技融资在推动创新、培育科技企业以及推动经济发展方面可以起到非常重要的作用。

就高新科技型企业的生命周期与资本市场的结合来看（见图3-1），种子期是企业将创造性思维转变为商业技术的研发阶段，一般以团队自有资金为主，涉及资本市场的融资较少。当企业发展至初创期时，企业内的资金难以满足资本需要，创业风险投资是其主要来源之一；同时，企业最有可能开始接触低层资本市场，如产权交易市场、三板市场等筹集外部资金。也有企业运用规范化的资本市场运作机制，进行知识产权评估，或通过知识产权融资募集资本。随着企业进一步发展到高速增长的扩张期，其对资金的需求进一步膨胀，仅靠内部融资难以彻底解决资金的匮乏与企业快速发展的矛盾，初具规模、有能力的企业在这时可以选择从低层次的创业板市场进入较高层次的资本市场进行股权融资，即在创业板市场首次公开募股进行融资。当企业进入成熟期时，如果规模及盈利等一系列指标达到标准，就可以充分利用创业板市场甚至主板市场进行融资。当企业进入扩张期时，风险资本也可以选择利用各种渠道退出。

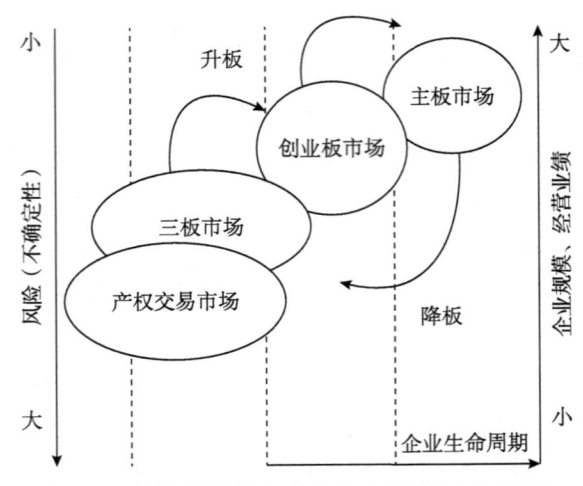

图 3-1 高新科技型企业的生命周期与资本市场

3.3.2 创业风险投资

创业风险投资是专业投资机构在承担高风险并积极控制风险的前提下，将权益性金融资本投入高成长性创业企业，特别是高科技企业，并积极追求高额收益的高附加值的投资行为。这是一种高风险与高收益机会并存的投资。创业风险投资家以获得红利或出售股权获取利益为目的，其特点在于甘冒风险来追求高额的投资报酬，并在实现退出后将回收资金循环投入类似的高风险事业中。创业风险投资家不仅投入资金，而且还用他们长期积累的经验、知识和信息网络帮助创业企业家更好地经营企业。因为这是一种主动的投资方式，所以由创业风险资本支持而发展起来的企业成长速度远远高于其他企业。通过将增值后的企业以上市、并购等形式退出，创业风险投资家得到高额的投资回报。创业风险投资的退出方式有：①通过 IPO 出售股权退出；②通过风险企业的兼并而转移股权；③通过内部回购，即企业的创业者回购创业风险投资者的股权；④通过破产清算退出。创业风险投资的对象主要是那些力图开辟新的技术领域、新的商业模式、新的市场以获取超高额利润但又缺乏大量资金的新兴企业。

1. 创业风险投资的概念

创业风险投资源于英文 Venture Capital，也有学者将其翻译为创业风险资本或创业资本。Venture Capital 这个舶来品在我国首先被译为"风险投资"，且一直沿用到 20 世纪末期，这方面的代表性人物是成思危。20 世纪 90 年代中后期，一些研究者开始从词源和语境出发，他们认为 Venture Capital 一词翻译成"创业投资"更为确切，也有利于国人接受这样一种新型的投资形式和企业组织形式，其中比较有代表性的是刘健钧博士。他认为，Venture 的核心含义是"冒险创建企业"，Venture Capital 的本质特征在于通过支持"创建企业"来获得投资收益，所以把 Venture Capital 一词理解为"创业投资"更准确。这种理解并没有简单地停留在一般的学术争论上,而是直接反映在了许多有关Venture Capital的一系列重要文件中,如2006年起施行的《创业投资企业管理暂行办法》以及国家发展和改革委员会出台的一系列文件都开始使用"创业投资"这个中文译名。

国际上不同的机构、学者对创业风险投资给予了不同的定义。美国风险投资协会(NVCA)将创业风险资本定义为由职业金融家投入新兴的、迅速发展的、有巨大竞争潜力的企业(特别是中小型企业)中的一种股权资本。经济合作与发展组织(OECD)认为,凡是投资于以高科技与知识为基础,生产与经营技术密集的创新产品或服务的资本,都可视为创业风险资本。创业风险资本是一种实行专业化管理的资金,其目的在于将资金作为直接的权益资本投入快速增长的高科技企业,并对其进行积极的管理,而且有明确的退出策略,它常常与创业、整合资源以抓住商机的能力紧密相连。哈佛大学研究创业风险资本的著名教授Paul Gompers认为,所谓创业风险资本,是指由专业从业人员管理、专门投资于私人的高增长企业的资本。Douglas Greenwood认为,创业风险投资是准备冒险的投资,它是准备为一个有迅速发展潜力的新公司或新开发的产品经受最初风险的投资,而不是用来购置与这一公司或产品有关的各种资产的投资。欧洲风险资本协会(EVCA)认为,创业风险投资是指一种由专门的投资公司向有巨大发展潜力的成长型、扩张型或重组型的未上市企业提供资金支持并辅之以管理参与的投资行为。

以下是创业风险投资的一些关键概念。

(1)初创企业。创业风险投资主要聚焦于初创企业,也被称为创业公司或独角兽企业。这些企业通常处于早期或初创阶段,正在开发并验证新的商业模式、产品或服务。

(2)股权投资。创业风险投资者通常通过购买初创企业的股权来进行投资。他们成为企业的股东,并分享企业未来的增值或利润。

(3)投资组合。创业风险投资者通常会将资金分散投资于多个初创企业,以分散风险和提高回报潜力。这样的投资组合被称为风险投资组合。

(4)附加价值。创业风险投资者不仅提供资金支持,还可以为初创企业提供战略指导、行业资源、业务拓展机会和管理经验等附加价值。他们通常在企业的董事会或顾问团队中发挥重要作用。

(5)退出策略。创业风险投资者通常通过企业的退出事件来实现投资回报。常见的退出方式包括企业的公开上市或被收购。

创业风险投资为初创企业提供了资金和资源支持,帮助它们实现快速成长和发展。同时,创业风险投资也为投资者提供了机会,以期望在成功的企业中获得高回报。这种投资模式在推动创新、促进经济发展和培育创业精神方面发挥着重要作用。

2. 创业风险投资的特征

(1) 高风险高回报。创业风险投资是高风险的投资形式,由于初创企业的商业模式和市场前景尚未得到验证,投资者面临较高的失败风险。但如果成功,可能会获得较高的回报。

(2) 长期投资。创业风险投资通常需要长期投资,因为初创企业需要时间来发展和实现商业目标。投资者需要有耐心并愿意在较长的时间周期内等待回报。

(3) 共同成长。创业风险投资的投资者通常不仅提供资金,还提供经验、资源和行业网络等支持。投资者与企业创始人形成合作关系,共同努力推动企业的成长。

(4) 高度专业化。创业风险投资通常由经验丰富的投资团队管理,他们对创业公司的评估和管理具有专业知识和经验。他们会对潜在投资项目进行尽职调查,并与创业者合作进行业务管理和决策。

(5) 创新导向。创业风险投资通常关注创新和新兴领域的企业,如科技、生物技术、清洁能源等。这些领域具有较大的增长潜力和较多的商业机会。

3. 创业风险资本

创业风险资本是一种权益资本。创业风险资本与传统的借贷资本不同,它的投资对象首先是产业领域的企业创业行为;投资过程不以谋求对企业的控制为主,也不在于长期拥有所投资的企业;投资方式以权益资本为主;投资目标不在于获取利息的回报和企业利润分红,不在于所投资企业当前的盈亏,或者在某个行业获得强有力的竞争地位,而在于它们的发展前景和资产的增值,以便通过上市、出售、清算等方式退出所投资的企业并实现所投权益资本的资本利得。

(1) 创业风险资本是一种无担保的资本。创业风险资本主要投资于新兴的高新技术企业或高新技术产品,而这些新兴企业通常拥有的是知识产权等无形资产,没有固定实物资产或资金作为贷款的抵押和担保。同时也因为这些企业的未来充满不确定性、缺乏运营业绩记录,许多高科技企业要经历多年的亏损才会盈利。银行往往缺乏向起步阶段的高科技企业贷款的专业知识与经验,因此,高科技企业往往无法从传统融资渠道获取资金。从这个意义上讲,创业风险资本是对科技型中小企业资本市场融资缺口的一种补充。

(2) 创业风险资本是一种流动性较小的资本。创业风险资本作为一种权益资本投入企业后,通常在相对较长的时期内不会在市场上进行流通,除非所投资企业经营出现较大的问题,一般不会撤回。所以,其流动性较小,也有人因此称其为"呆滞资金"。

(3) 创业风险资本是一种中长期投资资本。将一项科研成果转化为高新技术产品,要经历研究与开发、产品试制、正式生产、扩大生产到盈利规模、进一步扩大生产和销售等阶段。以创业技术经济价值的特性发现为原点,以创业技术经济价值得到实现为标志，周期一般为 3~7 年，而生物医药的技术创业周期一般为 9~14 年，然后才能通过上市、出售、清算等方式退出所投资的企业并获得收益，而且在此期间风险资本家不但不能要求被投资的企业在短期内（如两三年内）有任何的偿还或分红，还要不断地对有市场前景的企业进行增资。从企业的生命周期来看，风险资本家关注具有高成长性的中小企业，有巨大潜在商业价值的技术创新产品、创新市场、创新服务。也就是说，风险资本家更多地关注企业生命周期的较前端。

（4）创业风险资本是一种主动追求高风险并以获取超额利润为主要目的的资本。创业风险投资选择的主要投资对象是处于发展早期阶段的中小型高新科技企业，由于高新科技企业或高新技术产品在技术、市场、管理、宏观政策等方面都存在很大的不确定性，而且一项新的科研成果转化为一种新产品，中间要经过工艺技术研究、产品试制、中间试验和扩大生产、上市销售等很多环节，每个环节都存在失败的风险，因此，创业风险资本所投资的企业所属的市场往往存在较大的变化。另外，流动性小、投入周期长的特点更增加了创业风险资本所面临的风险。许多企业在实现利润之前往往有若干年的负增长。因此，创业风险资本面临很大的风险，即使在发达国家，高新科技企业或产品的成功率也只有 20%~30%。但是，由于成功的项目回报率往往很高，所以创业风险投资吸引了一批追求高风险、高回报的投资者。第一，创业风险投资项目是由非常专业的创业风险投资家经过严格的评估、筛选而获得的。这些项目往往具有潜在市场规模大、高风险、高成长等特点，其中，大多数项目属于通信、信息技术、生物工程等高增长领域的高技术企业。这些项目一旦获得成功，便会带来几倍、几十倍甚至上百倍的投资收益。第二，处于发展初期的小企业很难从传统金融机构获得急需的资金，创业风险资本的注入无疑是雪中送炭，因而创业企业家往往也愿意向风险资本家让渡更多的股份，从而使风险资本家能够获得比传统金融机构多得多的收益。第三，风险资本家向创业企业提供丰富的管理咨询意见，弥补了后者管理经验的不足，保证了企业能够迅速地取得成功。第四，将创业企业出售、上市、清算可以使风险资本家获得比传统的借贷方式多得多的超额收益。

4. 我国创业风险投资的特点

（1）大规模投资市场。我国拥有庞大的市场规模和快速增长的经济，为投资者提供了丰富的投资机会。我国创业风险投资市场规模庞大，吸引了国内外大量投资者和资金。大规模投资市场发展是指在过去几十年中，我国政府和企业大量投资于基础设施建设、房地产开发和制造业等领域，以推动经济增长和改善人民生活水平。

（2）投资市场改革。为了吸引更多的国内外投资，并提升资本市场的效率和透明度，我国进行了一系列的改革，包括扩大开放、放宽外资准入限制、提升投资便利化水平、改进法律和监管环境等。这些改革措施对于投资市场的发展和吸引更多投资具有积极意义。

（3）"一带一路"倡议。我国提出的"一带一路"倡议为"一带一路"合作伙伴带来了大量的投资机会。这一倡议涵盖了基础设施建设、能源开发、产业合作等领域，为我国的大规模投资市场提供了新的发展机遇。

（4）政策支持。政府一直致力于推动创新创业，相关政策和措施包括设立投资基金、提供税收优惠政策和减少创业难度等，为创业风险投资提供了良好的政策环境。以下是一些常见的政策支持措施。

创业基金：政府设立了各类创业投资基金，提供资金支持和投资机会，帮助初创企业获得启动资金和成长资本。

税收优惠：政府对创业投资提供了一系列税收优惠政策。例如，对投资创业企业的收益减免或减半征收企业所得税，对长期投资创新型中小企业的个人所得税享受优惠等。

汇金计划：政府推出了汇金计划，旨在支持和引导国家重大科技创新项目。该计划提供风险投资资金支持、技术和产业资源对接等支持措施，帮助创新企业实现战略转型和高速发展。

双创示范基地：政府在全国范围内设立了一批双创示范基地，以促进创新创业。这些基地为企业提供场地、人才、政策等多方面的支持，并成为创业者和投资者之间的交流合作平台。

创新创业载体建设：政府投资建设各类创新创业载体，如孵化器、科技园区、创客空间等。这些载体提供孵化、加速、培训等创业服务，帮助创业者降低成本、共享资源，促进创新创业生态的形成。

减轻创业负担：为了减轻创业者的负担，政府采取了一系列措施，如简化注册流程、降低创业登记费用、减免企业社会保险费等。这些举措降低了创业的主要成本，提高了创业的便利性。

（5）科技创新驱动。我国正在加大对科技创新的投入和支持。创业风险投资在高科技领域（如人工智能、生物科技、新能源等）发展迅速，并且受到政府和市场的高度关注。我国对创业风险投资的科技创新驱动主要体现在以下几个方面。

创新驱动发展战略：政府制定了创新驱动发展战略，将创新作为推动经济发展的核心驱动力。政府通过重点支持科技创新、加大研发投入、优化创新环境等措施，促进科技创新和创新型企业的发展。

科技金融创新：政府鼓励金融机构创新金融产品和服务，为创业者和创新企业提供多样化的融资渠道。例如，发展股权投资市场、创业板市场等，并推动金融科技的应用，提高融资效率和便利度。

创新创业载体建设：政府积极推动创新创业载体的建设，如创业孵化器、科技园区、科技企业加速器等，提供创业园区和场地、技术支持、人才培养等一系列服务，为创新创业提供良好的生态环境。

多元化创新创业资金支持：政府通过基金向创新创业企业提供风险投资和股权投资支持，推动科技创新的落地和商业化。

创新创业政策扶持：政府出台了一系列创新创业政策，如减税降费、科技型中小企业认定、知识产权保护等，为创新创业提供支持和保护，在政策环境上给予创新创业者更多的优惠和便利。

通过上述政策和措施的支持，我国为创业风险投资提供了科技创新驱动的政策环境和创业生态，为创新创业企业提供了更好的机遇和支持平台，推动了创新创业的持续发展。同时，也吸引了更多的风险投资机构和资本加入科技创新的投资领域。

（6）投资重点转向新兴产业。我国创业风险投资正逐渐从传统行业转向新兴产业，如互联网、电子商务、智能制造等。这些新兴产业的高增长潜力和创新性吸引了众多投资者。政府在将投资重点转向新兴产业方面采取了多项措施，以促进创业风险投资在新兴产业的发展。以下是一些主要的政策和举措。

宏观政策导向：政府将新兴产业确定为经济发展的重点领域，并将其纳入国家发展战略。政府发布相关政策、规划和指导意见，明确了对新兴产业的支持和鼓励，为创业风险投资提供了良好的发展方向。

投资政策和基金支持：政府设立了一系列投资基金和创业投资引导基金，专门用于支持新兴产业的创业风险投资。这些基金通过提供资金支持、投资渠道等方式，为新兴产业的创新企业提供必要的启动和成长资金。

产业政策扶持：政府出台了一系列支持新兴产业的政策措施。这些政策包括税收优惠、用地政策、购买政策等，旨在提供良好的政策环境和营商环境，吸引创新创业者和风险投资机构投资新兴产业。

创新创业载体建设：政府积极推动创新创业载体的建设，特别是针对新兴产业的创新创业载体。政府投资建设了一批新兴产业园区和孵化器，提供场地、技术支持、资金支持等，为新兴产业的创新创业提供良好的创业环境与平台。

高新技术企业认定和支持：政府设立了高新技术企业认定制度，并针对认定的高新技术企业提供多项扶持政策和支持措施。这些措施包括优惠税收政策、科研项目资助、知识产权保护等，鼓励新兴产业中的高新技术企业发展和创新创业。

总体而言，政府通过宏观政策导向、投资政策和基金支持、产业政策扶持、创新创业载体建设以及高新技术企业认定和支持等多个方面，将投资重点逐渐转向新兴产业。这些政策和措施为创业风险投资者提供了更多的机会，推动了新兴产业的发展和创新创业的持续壮大。

（7）区域差异。我国创业风险投资市场在不同地区存在差异。较发达的地区，如北京、上海和深圳等，聚集了大量的投资机构和初创企业。中西部地区正逐渐发展起来，吸引了越来越多的创业风险投资。这种区域差异主要表现在以下几个方面。

资源分布差异：我国的创业投资资源在不同地区分布不均。一些发达地区和创新中心，如北京、上海、深圳等，具有丰富的科技创新资源、投资资本和创业服务机构，吸引了大量的创新创业项目和风险投资。而一些经济相对欠发达或资源相对匮乏的地区，由于缺乏上述资源的支持，创业风险投资则相对较少。

创业环境差异：不同地区的创业环境和创新氛围也存在差异。一些城市和地区积极推动创新创业政策的落地和实施，鼓励企业和创业者创新创业。同时，一些地方政府提供的创新创业载体、孵化器、科技园区等创业服务设施也具有一定的区域差异，对创业风险投资有一定的影响。

产业布局差异：不同地区的产业布局存在差异，影响了创业风险投资的方向和倾向。一些地区相对集中发展某些特定的产业，如高新技术、互联网、人工智能等，相应地，创业风险投资也聚焦于这些产业。而一些资源型地区或传统产业基础较强的地区，创业风险投资的重点可能不同。

政策差异：政府的支持政策在不同地区也存在差异。一些地方政府出台了一系列创新创业支持政策，如税收优惠、创业奖励等。这些政策对于创业者和风险投资机构的吸引力和影响程度也会有所不同。

综上所述，我国的创业风险投资在不同地区存在着一定的区域差异，主要表现在资源分布、创业环境、产业布局和政策等方面。这些差异影响和塑造着各个地区的创业投资发展格局。然而，国家政策对创业风险投资的支持力度不断加大，逐步缩小了区域差异，鼓励了优质资源的流动与配置。

（8）人民币基金兴起。我国的创业风险投资市场以人民币基金为主导，这是因为政策环境对于国内投资者更加友好。近年来，国外投资者在我国创业风险投资市场的参与程度也在不断增加。人民币基金的兴起在我国的创业风险投资中有以下几个方面的影响。

投资机会扩大：人民币基金的兴起为我国创业者提供了更多的投资机会。由于人民币基金主要以人民币作为投资主要货币，相对于外资基金更容易与本土创业项目对接，降低了企业融资的门槛，为更多的创业者提供了资金支持和发展机会。

本土市场支持：人民币基金对我国本土市场有更深入的了解和洞察力，更容易捕捉到本土市场的机会。这使得投资者能够更好地评估和把握本土创业项目的潜力，为创业者提供更准确的投资决策和支持，在本土市场推动创新创业的发展。

促进产业升级：人民币基金往往专注于支持涉及科技创新、新兴产业和高成长性的项目。这有助于促进我国产业结构的升级和创新创业活动的发展。通过支持创新企业和高科技产业的发展，人民币基金推动着科技创新和经济转型。

地方创新创业生态发展：人民币基金的兴起也与地方政府的支持和政策导向密切

相关。地方政府为吸引人民币基金支持本地创新创业，提供了资金和政策支持。这有助于推动地方创新创业生态系统的发展和协调，激发创新创业活动的活力。

区域投资布局扩展：由于人民币基金更容易获取本土投资机会，投资者更倾向于在二线、三线城市及中西部地区进行投资。这扩大了创业风险投资的地域范围，促进了创新创业活动在全国范围内的传播和发展。

5. 我国创业风险投资的发展与现状

我国创业风险投资市场的发展正受到广泛关注，并在推动创新创业、经济增长和技术进步方面发挥着重要作用。随着我国经济的不断发展和创新创业环境的进一步完善，创业风险投资在我国的前景仍然广阔。

我国创业风险投资起步较晚，发端于20世纪80年代，2000年以后，伴随着我国市场经济与金融市场的逐步完善，得到快速发展。从2015年起，我国创业风险投资在市场规模方面已超过欧洲各国和日本等，成为仅次于美国的创业投资大国。

创业风险资本属于一种权益资本，一般以股权投资方式进行投资，因此，在相对较长的时期内不能变现，需要一个相对稳定的资金来源。我国的创投资本来源具有明显的中国特色，2000年以前，主要以国有创投为主，约占资本总量的80%。近年来，随着行业的发展，创投资本来源日益多元化，但国有资本仍是其主要资金来源。2019年，来源于国有独资投资机构（15.1%）、政府引导基金（8.7%）和其他政府财政资金（7.6%）的创投资本合计占比为31.4%（见图3-2）。受近期相关政策影响，来自银行、保险、证券等金融机构的投资大幅下跌，合计仅占总资本来源的3.1%。此外，2019年高净值个人投资占比为6.2%。

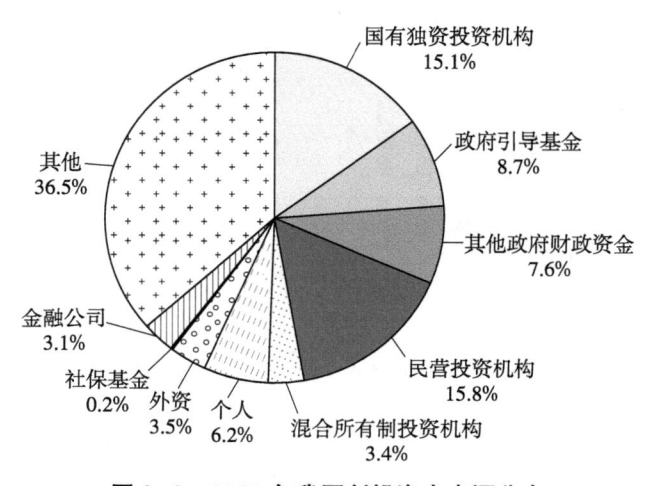

图3-2　2019年我国创投资本来源分布

注：由于进行了四舍五入计算，各部分百分比之和可能不为100%，后同。

从投资效率与投资强度来看，尽管我国创业投资行业募集了大量的创投资本，但投资额不到资本总量的 1/10，投资强度与国外相比还有较大差距。统计显示，2019 年我国创投市场披露的投资项目为 3015 项，披露的项目投资金额为 866.8 亿元人民币，占全国 GDP 总量的 0.09%，项目平均投资额为 2875 万元人民币。

从投资的行业来看，我国在高新技术领域的投资占比（约 60%）小于美国（约 80%），且行业分布较为分散，热点变化更为频繁。2019 年，我国创投机构对以芯片为代表的高端制造业加速布局，当年投资最多的行业集中在半导体（8.5%）、传统制造（8.1%），以及医药保健（8.1%），IT 服务业的投资金额和投资项目数量出现了明显下滑。

创业风险投资是一项长期投资，为一些最具创意和成功可能性的企业提供资本和培育，通常以早期项目投资为主。研究表明，尽管投资于早期阶段的项目面临的风险可能更高，但由于介入期更早，企业的增值空间可能更大，因而获得的实际回报率更高。我国的创业投资经过多年的发展，投资者日趋理性，早期投资逐年增长，2019 年投资于种子期和初创期的项目占比为 61.7%，金额占比为 50.4%，平均投资时间为 4.8 年。但我国的创业投资与美国相比仍然偏后端，对早期项目的挖掘能力有待增强。美国的创业投资者一直坚持长期投资，项目平均投资年限为 5~8 年，且投资于天使/种子期和初创期的项目合计占比在 80% 左右（见图 3-3）。

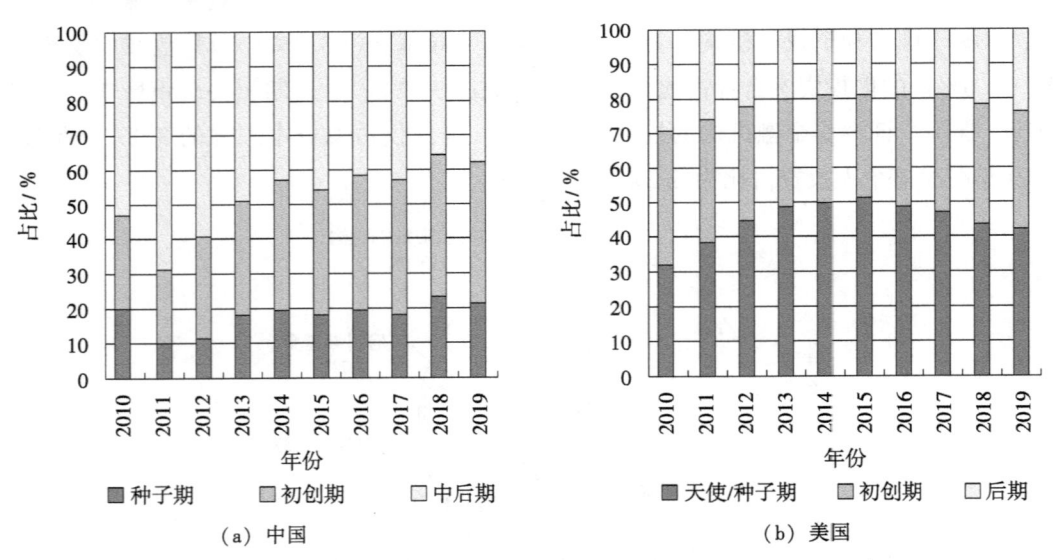

图 3-3 中美创业投资阶段对比：投资项目占比（2010—2019 年）

退出是创投获得收益的主要方式。2019 年，受益于我国资本市场的逐步完善与科创板的设立，我国创投业披露 IPO 退出项目 125 项（占全年 IPO 的 61.6%），占全部退出项目的 16.8%；并购退出交易 262 项，占比为 27.4%；回购和清算的项目占比为 53.3%。总体而言，我国创投业以追求 IPO 高回报项目为目标，项目投资较为靠后，并购退出交易项目数量有限,且整体投资成功率偏低,回购和清算项目占比超过半数。

3.3.3 多层次资本市场

多层次资本市场是指在一个国家或地区建立起不同层次、不同规模的资本市场体系,以满足不同类型企业的融资需求和投资者的风险偏好。

多层次资本市场主要包括以下特点。

(1)分层次。多层次资本市场将企业划分为不同层次,根据企业的规模、发展阶段和风险等级进行分类,分别设立不同的市场板块或交易平台。通常包括主板市场、中小板市场、创业板市场等。

(2)服务对象多样化。不同层次的资本市场面向不同类型的企业提供融资渠道。主板市场通常适合规模较大、运营成熟的企业,中小板市场和创业板市场则更多地关注中小微企业和创新创业企业。

(3)风险和回报水平不同。不同层次的资本市场对企业的审核标准、信息披露要求和投资者适当性要求等存在差异。市场层次越高,企业的准入门槛和信息披露要求通常越高,因而投资风险和回报水平也相应调整。

(4)投资者选择多样性。多层次资本市场为投资者提供了更多的选择机会。投资者可以根据自身的风险承受能力和收益预期,在不同层次的市场中选择适合自己的投资标的,并根据自身情况进行合理的风险分散和配置。

多层次资本市场的建立和发展对一个国家或地区的经济发展具有重要意义。它为不同阶段和类型的企业提供了多样化的融资渠道,促进了企业发展和创新创业的活力。同时,通过给予投资者更多选择的机会,提高了市场的效率和流动性,增强了整个资本市场的稳定性和竞争力。在多层次资本市场的支持下,企业和投资者都能享受到更全面、更灵活的融资和投资环境,推动经济的可持续发展。

现代资本市场是由多个市场共同组成的综合性、一体化系统,由不同层次的市场组合而成。其发展丰富了科技型企业的融资渠道,加快了企业的发展速度,同时也为创业风险投资退出提供了更多选择。

对于多层次的资本市场的理解也有很多不同的意见。有学者提出,多层次是指证券交易所市场和场外交易市场(OTC)(包括代办股份转让和产权市场等)。也有学者认为多层次是指资本市场由交易所市场、场外市场、区域市场、无形市场等多个层次的市场组合而成。还有学者认为,多层次资本市场是指满足不同投融资主体的要求而建立的、富有层次感的资本配置型资源市场;成熟的资本市场不仅应该有发达的股票市场,也应该有完善的公司债券市场。资本市场各层次之间不是孤立存在的,而是以企业成长的生命周期为内在纽带,相互配套协调,形成一个系统的有机整体。企业在不同生命周期对金融服务有着不同的需求,不同层次的资本市场也存在持续演进的性质，与企业发展的不断演进相呼应。

随着科创板的推出和北交所的成立，我国的资本市场形成了包括主板、中小板、创业板、科创板、北交所、新三板和区域性股权市场在内的多个板块，市场分层更加清晰。上交所和深圳证券交易所（以下简称"深交所"）包含的五个板块均具备公开发行股票的功能，但是服务对象有所不同。主板为第一层次，主要服务于成熟企业；中小板、创业板、科创板为第二层次，主要服务于高成长企业；新三板和区域性股权市场为第三层次，属于场外交易市场。此外，北交所由原新三板精选层发展而来，为优质的中小企业提供更多的融资支持。与美国相比，我国资本市场分层日趋细致，但在对科技型企业风险投资的发现、筛选机制和一整套的融资服务方式等方面仍有进一步发展的空间。

1. 主板市场

我国的主板市场是指在我国证券市场体系中，面向规模较大、运营成熟的企业进行股票发行和交易的市场板块。我国的主板市场包括上交所的主板和深交所的主板。这两个主板市场是我国证券市场中最具代表性和最重要的股票交易市场，也是国内外投资者参与我国股票市场的主要通道之一。

我国主板市场的特点如下。

（1）上市条件。企业需要满足一系列上市条件，包括实施良好的公司治理、连续盈利能力、财务状况稳定、有较强的核心竞争力等。此外，还需要通过证券监管机构的审核，并公开披露相关信息。

（2）投资者参与。我国主板市场对境内外不同类型的投资者开放。境内投资者包括机构投资者和个人投资者，境外投资者主要指合格境外机构投资者等。

（3）交易方式。主板市场采用集中竞价交易方式，即通过集中竞价撮合买卖双方的交易。投资者可以通过证券交易所认可的证券公司进行股票交易。

（4）法律监管。主板市场的参与和运行受到我国证券法律法规和监管机构的严格监管。监管机构负责审核企业上市申请、监督市场交易行为、维护市场秩序等，以确保市场的透明、公平和有序。

我国的主板市场为符合条件的企业提供了一个广阔的融资平台，为投资者提供了参与企业股票市场投资的机会。同时，主板市场也是我国资本市场的核心板块，对提升市场的流动性、增强市场功能和吸引国内外投资具有重要意义。需要注意的是，我国的主板市场也面临着一些挑战和问题，如信息披露不完善、市场波动性较大等。为了进一步完善市场治理和规范市场行为，中国证券监督管理委员会（以下简称"证监会"）和证券交易所一直在加强市场监管和改革，并推动市场的健康发展。

2. 深交所中小板

深交所中小板是我国证券市场的一个重要板块，是专门为中小规模、成长性较高的企业提供融资和股票交易的场所。深交所中小板的主要特点如下。

（1）上市条件。企业需要满足一系列上市条件，包括企业规模、连续盈利能力、财务状况、公司治理结构、新品种或新技术研发能力等方面的要求。与主板相比，中小板上市条件相对较低，更适合中小规模、成长性强的企业。

（2）投资者参与。中小板市场对合格投资者开放，包括机构投资者和个人投资者。投资者可以通过证券公司进行交易，并对有相应要求的投资者进行适当性评估。

（3）交易方式。中小板市场采用集中竞价交易方式，与主板市场相同。投资者可以通过认可的证券公司进行股票交易。

（4）监管和准入协议。企业在进入中小板市场前需要经过深交所的审核和批准。深交所负责监督市场交易行为、维护市场秩序，并与上市企业签署监管准入协议，明确责任和义务。

深交所中小板是我国资本市场的重要组成部分。它提供了一个门槛较低、灵活性较高的融资平台，有助于中小企业融资和发展。同时，中小板市场也为投资者提供了更多的选择机会，可以参与中小企业的成长和发展，获得较高的投资回报。需要注意的是，中小板市场相对于主板市场来说，风险相对较高。投资者在参与中小板市场投资时应谨慎评估企业的财务状况和盈利能力，并根据自身的风险承受能力和投资目标进行合理的资产配置。同时，监管机构也需加强监管，确保市场的透明、公正和稳定运行。

3. 深交所创业板

深交所创业板是我国资本市场中主要的创新创业板块，旨在支持具有高成长性和创新能力的企业进行融资和股票交易。深交所创业板的主要特点如下。

（1）上市条件。创业板对企业的上市条件相对宽松，适合于拥有创新能力和成长潜力的企业。具体条件包括企业规模、盈利能力、股权结构、产品技术等方面的要求。相比于主板市场和中小板市场，创业板允许更多的亏损企业和高成长性企业进入市场。

（2）投资者参与。与深交所中小板的投资者参与特点一样。

（3）交易方式。创业板市场同样采用集中竞价交易方式，与主板市场和中小板市场一致。投资者可以通过证券公司进行股票交易。

（4）监管和准入协议。企业进入创业板市场前需要经过深交所的审核和批准。

深交所创业板对于我国的创新创业企业发展起到了积极的推动作用。它提供了一个相对灵活的融资平台，为高成长性、高风险的企业提供了融资机会。创业板市场的发展也带动了我国创新创业生态系统的繁荣，吸引了更多投资者和创业者的关注。

需要注意的是，创业板市场风险相对较高，投资者在参与创业板市场投资时应注意科学评估企业的实力和可持续发展能力，并根据自身的风险承受能力和投资目标进行合理的资产配置。同时，监管机构也需加强监管和风险防范，保障市场的稳定运行和公正交易。

4. 上交所科创板

2019年，上交所推出科创板，这是上交所建立以来首次推出新的上市企业板块，也是我国资本市场首次实行注册制。

5. 北交所与新三板

2021年9月，为深化新三板改革，设立了北交所，旨在打造服务创新型中小企业主阵地。北交所正式运行以来，创新型中小企业快速集聚，市场功能稳步发挥。

与第一、第二层次资本市场不同，新三板主要是为非上市企业股权交易提供合法的交易场所。新三板从最早的中关村股权代办转让系统，逐步向国家自主创新示范区推广，后推广至全国，是目前我国唯一的全国性非上市公司股份代办转让系统。

6. 区域性股权市场

区域性股权市场是较新三板层次更低的场外交易市场，其主要功能是为区域内企业提供股权交易和挂牌展示服务。我国主要省份和计划单列市均设立了区域性股权市场，挂牌企业数万家。区域性股权市场挂牌企业规模远远小于普通上市公司，也普遍小于新三板挂牌公司。

7. 产权市场

作为我国多层次资本市场的重要组成部分，产权市场是现代产权制度的重要一环，也是要素市场化配置的重要平台。我国产权市场业务范围已由传统的国有资产交易扩展至资产股权类、金融资产类、自然资源类、环境权类和阳光采购类等五大类。

统计显示，2022年我国产权市场开展企业产权转让、企业增资、资产转让、资产租赁、特许经营权出让等资产股权类业务交易额合计1.88万亿元，金融资产类业务全年交易额14.86万亿元，全年完成自然资源类项目交易额6497亿元。

3.4 科技金融直接融资案例——大族激光科技产业集团股份有限公司的直接融资

3.4.1 企业概况

大族激光科技产业集团股份有限公司（以下简称"大族激光"）成立于1996年，是国内最大的激光加工设备生产厂商之一，科技研发实力雄厚，有多项核心技术处于世界领先水平，企业被认定为国家高新技术产业标准化试点示范项目单位和国家科技成果推广示范基地重点示范企业。

3.4.2 大族激光成长中的直接融资历程分析

1. 初创期融资分析

1996年,大族激光的创始人高云峰成立了注册资金仅100万元的大族实业有限公司,开始进入激光打标机产业。当时我国的激光打标机完全依赖进口,价格在10万美元以上,大族激光的产品技术成熟又具有明显的价格优势,在市场上受到欢迎,收到了不少订单。但大族激光却严重缺乏流动资金,无奈之下只能采取预收客户货款的方式来维持企业的运转,客户支付预付款之后要等几个月才能提货,这种依靠预付款的融资方式成为大族激光初创期主要的融资途径。

2. 成长期融资分析

1998年,资金极度匮乏的大族激光依然处于小批量作坊式生产状态,企业生产难以上规模。苦于缺乏资金支持的高云峰想到了寻找风险投资,并与深圳市高新技术产业投资服务有限公司(以下简称"高新投")进行了接洽。高新投经过充分的调研后认为,大族激光主要产品的市场前景较好,并且企业拥有产品核心技术的自主知识产权,企业的创业团队务实、团结、奋进,适宜对其进行风险投资。但高新投也提出条件:以净资产作为作价的依据,同时高新投必须控股。高云峰对于失去控股权一时难以接受,那将意味着大族激光不再在他的掌握之下。但对于科技型中小企业而言,融资的时效性是影响企业能否抓住发展机遇的重要因素,渴求资金的高云峰不得不对控股权做出让步。在经历了长达9个月的艰苦谈判之后,1999年3月,高云峰与高新投共同成立了大族激光科技有限公司,高新投出资438.6万元获得51%的控股权,高云峰本人拥有20%的股权,高云峰的大族实业有限公司拥有29%的股权。高新投的这笔资金为大族激光带来了新的活力,2000年大族激光销售了249台激光打标机,收入达5000多万元。在设立合资公司的协议中,高云峰为今后重新拿回控股权与高新投做了约定:如果大族激光在一年半的时间内净资产增加到2000万元,高云峰就有权以净资产价格回购股权。到了2000年9月,大族激光的净资产已经可以满足高云峰的回购条件,他以2470万元买回了高新投手中的46%的企业股权,其在大族激光的持股量增至66%,高新投则在一年半的时间内获得了丰厚的回报。

高云峰虽然重新实现了对大族激光的控股,但高新投的大部分资金也退出了大族激光,企业的快速发展依然需要外源性融资的支持,大族激光不得不考虑进行第二轮的直接融资。2001年9月,红塔创新投资、华菱科技、深圳东盛创业投资、大连市正源企业与大族激光签署投资协议,大族激光同时进行股份制改造,此时的大族激光注册资本扩大到了5000万元,紧接着在2003年2月,大族激光再次增资扩股,注册资本扩大到8000万元。在第二轮直接融资中,大族激光融入资金1920万元,并且出资协议规定新的出资方不参与大族激光的具体经营管理，而是采用出资方出任企业董事并定期审核企业财务的运作模式，这为大族激光不受干扰地沿着高云峰规划好的发展宏图继续前进提供了坚实的资金和制度保障。2003 年，大族激光实现营业收入 2.8 亿元，净利润达 3676 万元。

3. 成熟期融资分析

2004 年 6 月 25 日对于大族激光来说是具有里程碑意义的一天，大族激光作为中小企业板首批上市的 8 只新股之一在深交所挂牌交易。大族激光此次以每股 9.2 元的价格公开发行了 2700 万股新股，募集的近 2.5 亿元资金主要用于激光产品的技术研发和企业的设备投入。大族激光的成功上市，为企业的长期发展提供了强有力的资金支持，使得企业的行业领先地位得到巩固，并且成为上市公司的大族激光信息公开透明，现代企业制度日益完善。2008 年 7 月，大族激光又成功进行了公开增发，融资 9.559 亿元，募集的资金用于激光焊接和激光标记设备的产能扩大以及配套机加生产基地的建设，企业资金实力进一步增强。大族激光在资本市场上获得资金后，通过生产项目的建设将资金转化为企业的固定资产，使大族激光可向银行抵押申请贷款的固定资产增多，还起到了促进企业从银行贷款融资的作用。

3.4.3　对我国科技型中小企业直接融资的启示

新融资结构理论是指对传统融资结构理论的扩展和完善，以适应经济发展和金融市场变化的需要。它主要关注以下几个方面的创新。

（1）非传统融资工具。传统融资结构理论通常侧重于债务融资和股权融资，而新融资结构理论则将目光扩展到更多的非传统融资工具，如风险投资、债券、债务证券化、股权众筹等。这些工具的兴起为企业和个人提供了更多的融资渠道和方式。

（2）新的融资主体和模式。新融资结构理论关注创新型企业和新兴行业的融资需求。它提出了针对这些主体和行业的特定融资模式，如创业孵化器、风险投资基金、科技股权交易所等。这些模式旨在弥补传统融资结构的不足，更好地满足创新型企业的融资需求。

（3）金融科技应用。新融资结构理论对金融科技的应用给予了重要关注。通过创新的科技手段，如区块链、人工智能、大数据分析等，可以改变融资过程和方式，降低融资成本，提高融资效率。这为新融资结构的建立和实施提供了技术支持。

（4）社会化融资。新融资结构理论倡导社会化融资，即通过大众的力量来进行融资。例如，股权众筹平台的兴起使普通投资者能够直接参与创业项目的投资。社会化融资可以促进资源的共享和优化配置，降低融资门槛，激发创新活力。

总体来说，新融资结构理论试图扩展传统融资结构理论的边界，探索更多新的融资方式和工具，以满足不同类型企业和个人的融资需求。它倡导创新、灵活和可持续的融资模式,适应经济和金融的发展变化,并借助科技的力量提高融资效率和质量。

根据控制权理论,企业采取内源性融资方式有利于企业的管理者掌握企业的控制权,但却不利于企业的发展壮大和治理结构的优化,而外源性融资方式的利弊则正好相反,企业正是通过两种利弊的平衡来确定企业的融资结构。高云峰在引入高新投的风险投资时对于失去控股权一时难以接受,但最终做出让步并对日后重新拿回控股权做出约定就正好体现了控制权理论的这一论断。融资契约理论指出,如果将企业的控制权掌握在企业经理人手中对于企业的发展是最有利的,那么企业就应该以发行无投票权的股票进行融资。高云峰在大族激光的第二轮直接融资中的融资策略就是对融资契约理论很好的验证,在第二轮直接融资中,出资协议规定新的出资方不参与大族激光的具体经营管理,而是采用出资方出任企业董事并定期审核企业财务的运作模式。大族激光的直接融资历程同样充分验证了企业金融生命周期理论。在初创期,大族激光主要依靠的是创业者高云峰的自筹资金;进入成长期后,高新投作为风险投资的资金注入对大族激光的早期成长起到了关键性的作用,在高新投成功退出之后,红塔创新投资等新的社会资本的进入继续推动着大族激光高速成长,为其日后进入资本市场融资奠定了良好的发展基础;进入成熟期后,通过 IPO 和公开增发,大族激光从资本市场上获取了较为充足的资金供给,企业获得了长期稳定的资金支持。同时,大族激光每一次直接融资转化为企业实际资产也为企业通过银行贷款等间接融资途径进行融资创造了有利条件。

科技革命的风起云涌为我国科技型中小企业的发展提供了重要的历史机遇,正是工业和计算机技术的快速发展使得激光产品创造出了新的强大的市场需求,巨大的商业机会吸引了科技人员高云峰去构建自己的企业战略。科技革命创造出的市场机会使大族激光具备了高速成长的潜力,但如果没有风险投资、社会资本、证券市场资金的陆续注入和接力,而仅仅依靠企业的内源性融资的话,大族激光就极可能与这一历史发展机遇失之交臂,我们就会失去一家极其优秀的科技型企业。直接融资资金的注入为大族激光的科技研发提供了充足的"弹药",并使大族激光迸发出令人赞叹的活力。大族激光 2007 年的科技研发投入为 8125.55 万元,2011 年增长到 18770.52 万元,4 年时间增长了 131%;大族激光的主营业务收入更是从上市首年 2004 年的 4.085 亿元增长到 2011 年的 36.2796 亿元,7 年间增长了 788%,可见大族激光以直接融资渠道为主的外源性资金支持成为企业高速成长的催化剂和助推器。在我国建设创新型国家的战略背景下,我们需要积极鼓励一大批像高云峰一样有眼光、敢创业的科技人员将自己的科研成果转化为生产力,并为他们创造便捷合理的包括直接融资在内的融资体系,通过市场化的融资机制筛选出像大族激光这样真正具有良好发展潜力的科技型企业,实现其与直接融资资金的适时对接,助推我国科技型企业又好又快地发展。

第4章

间接融资

4.1 间接融资概述

间接融资是指资金盈余单位与资金短缺单位之间不发生直接关系，而是分别与金融机构发生一笔独立的交易，即资金盈余单位通过存款或者购买银行、信托、保险等金融机构发行的有价证券，将其暂时闲置的资金先行提供给这些金融机构，然后再由这些金融机构以贷款、贴现等形式，或通过购买需要资金的单位发行的有价证券，把资金提供给资金短缺的单位使用，从而实现资金融通的过程。

间接融资的基本过程如下。

（1）借款人申请贷款。借款人向金融机构（如银行、信托公司、保险公司等）提交贷款申请，并提供所需的贷款材料，包括财务报表、营业执照等。

（2）金融机构风险评估。金融机构对借款人的信用风险进行评估，综合考虑借款人的还款能力、还款意愿、抵押物价值等因素，对贷款申请进行审批和定价。

（3）贷款发放。经过风险评估后，金融机构会与借款人达成贷款合同，并将贷款金额发放给借款人。贷款金额可以一次性支付，也可以分期支付。

（4）还款。借款人按照合同约定的还款方式和期限偿还贷款。还款可以包括本金和利息，还款金额根据合同约定和利率确定。

间接融资的优势在于金融机构作为中介，能够提供更丰富的融资产品和服务，同时可通过对借款人的风险评估，内部分散风险并提供更灵活的还款方式。此外，借款人可以更方便地获得融资机会，可根据自身需求选择适当的贷款产品。

然而，间接融资也存在一些局限性，如可能面临更严格的审批流程、较高的利率和抵押要求，以及受限于金融机构的资金供给能力。此外，金融机构在决策过程中可能更注重借款人的信用评级和抵押品，对于初创企业等风险较高的借款人，获得贷款可能较为困难。

总体而言，间接融资是一种常见的融资方式，通过金融机构提供的中介服务，为借款人提供了获得资金的途径，同时也为金融机构提供了经济回报和风险管理的机会。

4.1.1 间接融资的种类

间接融资有银行信用融资、消费信用融资、租赁融资等。

银行信用融资是银行以及其他金融机构以货币形式向客户提供的资金融通形式。

消费信用融资是个人利用企业或金融机构提供的资金垫付，以提前获得高额消费为目的而进行的资金融通。

租赁融资是企业利用设备提供商或金融机构提供的资金垫付，以支付租金的方式取得贵重机器设备的使用权，以减少设备购置资金占用的一种资金融通方式。

具体地说，间接融资方式包括以下几种。

（1）商业银行贷款。企业可以向商业银行申请贷款，借以获得所需的资金。借款人与银行签订合同，约定还款期限、利率等条件，并提供相应的抵押品或担保来保证贷款的安全性。

（2）融资租赁。企业可以与金融机构签订融资租赁合同，通过租赁设备或资产来获取资金。在融资租赁中，企业租赁资产，支付租金作为融资成本，而不需要购买这些资产。

（3）信托贷款。企业可以通过设立信托来获得融资支持。信托公司作为资金的受托人，从投资者募集资金，并向企业提供贷款。

（4）转让应收账款。企业可以将其已经产生、尚未到期的应收账款转让给金融机构或第三方，以获取资金。金融机构或第三方向企业支付一定比例的账款金额，然后负责收取和催收这些应收账款。

不同的间接融资方式适用于不同的企业情况和需求。企业在选择适当的间接融资方式时，需要综合考虑自身的融资需求、偿债能力、市场状况以及各种融资方式的优缺点，并与相关金融机构或专业机构进行沟通和协商。

4.1.2 间接融资的特征

间接融资的基本特征是资金融通通过金融机构来进行，由金融机构筹集资金和运用资金两个环节构成。

（1）间接性。在间接融资中，资金需求者和资金初始供应者之间不发生直接借贷关系；资金需求者和初始供应者之间由金融机构发挥桥梁作用。资金初始供应者与资金需求者只是与金融机构发生融资关系。

（2）相对集中性。在多数情况下，金融机构并不是对某一个资金供应者与某一个资金需求者之间一对一的对应性中介，而是既面对资金供应者群体，又面对资金需求者群体的综合性中介。由此可以看出，在间接融资中，金融机构具有融资中心的地位和作用。

（3）信誉的差异性较小。由于间接融资相对集中于金融机构，世界各国对于金融机构的管理一般都较严格，金融机构自身的经营也多受到相应稳健性经营管理原则的约束，加上一些国家还实行了存款保险制度，因此，相对于直接融资来说，间接融资的信誉程度较高，风险性也相对较小，融资的稳定性较强。

（4）全部具有可逆性。通过金融机构的间接融资均属于借贷性融资，到期均必须返还，并支付利息，具有可逆性。

（5）融资的主动权主要掌握在金融机构手中。在间接融资中，资金主要集中于金融机构，资金贷给谁不贷给谁由金融机构决定。

（6）风险分散。通过间接融资，投资者可以将投资分散在多个借款人之间，降低了投资风险。同时，借款人也可以通过间接融资获得更多的融资渠道，提高了融资的成功率。

（7）信息不对称。在间接融资中，金融机构扮演了信息中介的角色，通过对借款人和投资者的信息进行收集和分析，减少了信息不对称对融资活动的影响。

（8）成本较高。相比直接融资，间接融资的成本较高。这是因为金融机构在提供融资服务的过程中需要承担风险评估、信息收集、监管等多项服务，这些服务费用最终会传递给投资者和借款人。

总而言之，间接融资通过金融机构将投资者与借款人联系起来，具有风险分散和成本较高等特征。它为投资者提供了多样化的投资选择，同时也为借款人提供了更广泛的融资渠道。

4.1.3 间接融资的优点与缺点

1. 间接融资的优点

（1）银行等金融机构网点多，吸收存款的起点低，能够广泛筹集社会各方面的闲散资金，积少成多，形成巨额资金。

（2）在直接融资中，融资的风险由债权人独自承担。而在间接融资中，由于金融机构的资产、负债是多样化的，融资风险便可由多样化的资产和负债结构分散承担，从而安全性较高。

（3）降低社会融资成本。因为金融机构的出现是专业化分工协作的结果，它具有了解和掌握借款人有关信息的专长，而不需要每个资金盈余者自己去搜集资金赤字者的有关信息，因而降低了整个社会的融资成本。

（4）有助于解决由于信息不对称所引起的逆向选择和道德风险问题。

（5）丰富的融资产品和服务。金融机构作为间接融资的提供方，可以为借款人提供多样化的贷款产品和融资服务。借款人可以根据自身需求选择合适的融资方式，如短期贷款、长期贷款、信用贷款、商业贷款等。

（6）风险管理和分散。作为中介机构，金融机构能够通过对借款人的信用风险评估、抵押物评估等手段，降低个体借款人和投资者的风险。借款人也能够分散风险，不需要依赖于少数投资者或金融市场。

（7）专业知识和经验支持。金融机构通常拥有专业的团队和经验，可以为借款人提供融资咨询、风险管理和其他相关支持，能够帮助借款人分析财务状况、优化资金结构，并在贷款审批和资金使用过程中提供指导。

（8）灵活的还款方式。间接融资通常具有灵活的还款方式，可以根据借款人的现金流情况和财务状况进行调整。借款人可以选择按月还款、按季度还款、等额本息还款或利随本清等还款方式，以更好地与企业的经营情况相匹配。

（9）便利性和市场准入。相对于直接融资，间接融资通常更为便利，借款人可以通过金融机构更容易地获得融资机会。金融机构作为金融市场的参与者，能够提供更广泛的市场准入机会，将借款人与投资者进行匹配。

2. 间接融资的缺点

间接融资的最大限制在于其局限性，这种局限性主要是由于资金供给者与需求者之间加入了金融机构为中介，隔断了资金供求双方的直接联系，在一定程度上减少了投资者对投资对象经营状况的关注和筹资者在资金使用方面的压力。

（1）严格的审批流程。相比于直接融资，间接融资往往需要通过金融机构的严格审批流程。这可能需要较长的时间和大量的文件和材料，增加了融资过程的复杂性和时间成本。

（2）较高的利率和费用。金融机构往往会收取一定的利率和手续费用作为融资的成本。这些成本可能会比直接融资更高，增加了企业的负担。

（3）严格的抵押要求。金融机构通常要求借款人提供担保或抵押物来减少贷款风险。这对于某些小型企业或初创企业来说，可能会具有较高的门槛和成本。

（4）依赖金融机构。间接融资将借款人与金融机构联系在一起，借款人在融资过程中高度依赖金融机构的决策和资金供给能力。这可能受到金融机构的限制，特别是在金融市场不稳定或金融机构风险管理较为谨慎时。

（5）信息不对称。在间接融资中，金融机构作为投资者和借款人之间的中介，可能掌握更多的信息和资源。这可能导致信息不对称问题，使借款人在利率和贷款条款方面处于相对劣势。

（6）限制资金用途。金融机构对贷款资金的使用通常有限制和要求，例如需要用于特定的投资项目或支持特定的业务目标。这可能限制了借款人对资金的自由使用。

综上所述，间接融资作为一种融资方式，虽然能够提供丰富的融资产品和专业支持，但也存在一些缺点和限制。借款人在选择融资方式时需要全面考虑自身的情况和需求，权衡直接融资和间接融资的优缺点，从而做出合理的决策。

4.1.4 直接融资与间接融资的区别

直接融资和间接融资是两种不同的融资方式,主要区别如下。

(1) 借款关系。直接融资是企业直接从投资者处获取资金,而间接融资是企业通过金融机构作为中介来获取资金。

(2) 接触方式。直接融资中,企业与投资者直接进行资金募集和交易,没有中间人介入。而在间接融资中,企业需要通过金融机构作为中间人来连接和协调资金的募集和分配。

(3) 市场参与。直接融资更多地涉及股权融资,企业通过发行股票或股权转让等方式向投资者募集资金。而间接融资更多地与债权融资相关,企业通过发行债券、贷款或租赁等方式向金融机构募集资金。

(4) 风险分担。在直接融资中,投资者成为企业的股东,与企业共享风险和收益。而在间接融资中,金融机构通常担任放贷方的角色,企业通过与金融机构签订合同和协议来约定还款和利息支付等条件。

(5) 监管和成本。直接融资通常不需要经过金融机构的审核,但可能需要符合证券交易所的上市条件和披露要求。而在间接融资中,金融机构在资金募集、风险管理和信用评估等方面起着重要的监管和中介作用,但企业也需要承担相关的融资成本和手续费用。

需要注意的是,直接融资和间接融资并不是互斥的,企业可以根据自身需求和市场环境选择合适的融资方式。在实际操作中,许多企业会采用直接融资和间接融资相结合的方式来满足不同层次和类型的资金需求。

4.2 科技金融的间接融资

4.2.1 科技信贷

科技信贷主要是针对科技型企业,是高新技术企业重要的债务融资工具。科技型中小企业日益成为提高一国整体经济实力和推动技术创新的主要力量,但是由于科技型中小企业的高风险性和不确定性以及"轻资产"的特点,其很难获得传统融资体系下运行的商业银行提供的融资。因此,科技信贷以及专门为科技型中小企业服务的专业性和职能性的科技银行应运而生,弥补了现有商业银行贷款体系的缺陷,对有效解决科技型中小企业的科技贷款问题具有十分重要的意义,缓解了科技型中小企业的融资困难问题,促进了科技型中小企业的发展。

科技信贷的基本定义有狭义和广义之分。狭义的科技信贷是指高新技术企业获得的贷款；广义的科技信贷除了包括高新技术企业获得的贷款，还包括科研院所、科技中介机构等事业单位获得的贷款，以及非高新技术企业获得的用于技术改造、设备更新的专项贷款。

科技信贷是指金融机构专门为科技创新型企业提供的一种特殊类型的信贷服务。它是结合科技创新特点和需求的信贷产品，旨在支持科技企业的研发、创新和发展。

1. 科技信贷的特点

（1）高风险高回报。由于科技创新具有较高的不确定性和风险，科技信贷往往要求投入更多的资金和资源，并承担相应的风险。与传统信贷相比，科技信贷通常具有更高的利率和更严格的风险控制措施。

（2）知识产权抵押。由于科技创新涉及大量的知识产权，包括专利、商标、版权等，金融机构在提供科技信贷时通常需要对企业的知识产权进行评估，以确保借款人的还款能力。

（3）宽松的还款期限。考虑到科技创新需要相对较长的研发周期和商业化进程，科技信贷常常会提供相对宽松的还款期限，以给企业更多的时间来实现商业价值并还款。

（4）高度定制化。科技信贷根据不同的科技企业的需求和特点进行量身定制，包括贷款金额、利率、抵押物要求、还款方式等。金融机构通常会对企业的研发能力、市场前景、商业模式等进行充分评估，从而制订适合企业的信贷方案。

科技信贷对科技创新型企业来说具有重要的意义，它可以帮助企业解决融资难题，支持其研发创新和商业化发展。同时，科技信贷也促进了金融机构与科技企业之间的合作与互动，提升了金融服务的专业化和定制化水平。需要注意的是，科技信贷的具体政策和规定可能因地区和国家而异，企业在申请科技信贷时应了解当地的政策和要求，并与金融机构进行具体的协商和沟通。

2. 我国科技信贷萌芽阶段的特点

（1）创新创业借贷。我国政府鼓励创新创业，为创新型科技企业提供贷款支持。科技创业者和初创企业可以通过银行等金融机构申请创新创业贷款，满足项目研发、技术转化、产品推广等方面的资金需求。

（2）风险投资基金。为了支持科技创新，我国政府设立了一系列风险投资基金，通过向科技企业提供风险投资和股权投资来支持其发展。这些基金不仅提供资金，还提供专业的指导和咨询服务，帮助科技企业实现技术创新和商业化转化。

（3）政府担保和承诺。为了降低科技信贷的风险，我国政府向金融机构提供担保和承诺，鼓励银行增加对科技企业的贷款额度和加快审批速度。政府还出台了一系列政策和措施，鼓励银行放宽对科技信贷的监管要求，提升贷款准入门槛的灵活性。

（4）创新金融工具。在科技信贷萌芽阶段，一些金融机构开始探索创新的金融工具，如科技产业信托、科技股权质押贷款等。这些金融工具将科技企业的技术和知识产权作为抵押物，为其提供贷款支持。

3. 我国科技信贷的主要资金来源

（1）商业银行。商业银行是我国科技信贷的主要资金来源，按照规模和股权结构的不同，有国有商业银行、股份制商业银行、城市商业银行、农村商业银行、农村合作社和外资银行等。实践证明，不同类型的商业银行在运作过程中有不同的优势。国有商业银行的资金量大，城市商业银行和股份制商业银行类的中小型金融机构灵活性强，外资银行因国外金融系统更为成熟、理论经验完备而在风险控制方面具有优势。

（2）政策性银行。遵从国家产业政策，政策性银行向对应企业及科研单位发放贷款。1994年，我国组建了国家开发银行、中国农业发展银行、中国进出口银行三家政策性银行，直属国务院领导。政策性银行为支持对应部门而成立，设立目的一是为国家重点建设融通资金，二是集中当时分散管理的国家投资基金，建立投资贷款审查制度，赋予国家开发银行一定的投资贷款决策权。发展到现在，国家开发银行主要为科技型中小企业、科技开发项目发放贷款，中国农业发展银行可为农业科技企业提供服务，中国进出口银行可为外向型科技企业提供贷款支持。

银行通常是大中型企业进行间接融资的主要途径，但随着金融环境的多样化和复杂化，银行正不断探索，积极参与化解科技型中小企业融资难的问题。为促进科技型中小企业的发展，银行积极开发针对科技型中小企业的金融产品，结合科技型中小企业还贷能力不足、信息不对称、担保机构不够、贷款成本高等特性，专门成立了科技支行或中小企业信贷部、科技企业信贷部，从业务管理、机构设计、审批流程等方面与其他贷款业务区分开来，并设立独立的科技企业客户认定标准、评审系统，从专业上树立科技信贷品牌。

（3）民间金融。民间金融科技信贷是企业从民间机构获得的贷款。由于民间机构广泛存在，因此在中小企业融资困难时，民间金融为科技型中小企业融资发挥了不小的作用，是科技信贷的重要来源。

（4）国家及地方政府机构。政府在促进科技创新和发展方面起着重要作用，为了支持科技企业的发展，政府机构经常通过贷款支持项目来提供融资。例如，国家开发银行和地方发展基金等政府机构可以提供科技贷款，特别是面向创新型企业和高新技术企业。

（5）科技创投基金。科技创投基金是由风险投资机构或专业投资基金设立，针对科技企业提供资金支持。这些基金会投资于有潜力的科技创新项目，并提供贷款、股权投资或其他形式的资金支持。

（6）科技金融平台。随着科技金融的兴起，一些科技金融平台如互联网金融平台、科技众筹平台等也开始提供科技信贷服务。这些平台通过线上渠道连接科技企业和投资者，提供快速的贷款审批和融资服务。

需要注意的是，不同渠道提供的科技贷款可能有不同的申请条件、利率和还款方式。企业在选择贷款渠道时，应对自身情况和需求进行评估，并对不同渠道的风险和收益进行仔细比较。同时，科技企业在申请贷款时可能需要提供相关的技术和商业信息，并满足相应的准入标准。

4. 科技信贷的运行方式

（1）设立科技信贷专营机构。机构设在科技园内或其附近，更多的接触机会有助于解决金融机构与企业的信息不对称问题，而且规模经济规范了运作模式，也让机构有了生存的动力。专营机构包含商业银行科技支行、科技信贷事业部及科技小额贷款公司。值得提倡的是，机构并不以利润作为单一的考核指标，而是在服务过程中，允许一定范围内的盈亏浮动，尽可能地提高信贷风险容忍度，在风险控制范围内，增大业务弹性、扩展服务内容，切实满足企业个性化的融资需求。

（2）开发适应性的科技信贷产品。在保证风险与收益相匹配的情况下，向科技型中小企业提供更多的融资选择，拓展融资方式。目前已有的信贷产品，如内部收益率计息贷款，以一个较长的时间段（如8年）为基础，考核贷款在这个时段的平均收益，实质上是将企业的付息支出延迟到成熟且盈利后。又如科技项目贷款，企业发展到一定阶段得到主管部门的认可后，会得到项目资金的支持，同时金融机构可以借助科技主管部门的立项扶持，提高对科技企业的识别能力，据以发放贷款给予支持。再如企业履约保证保险贷款，将科技信贷与科技保险相结合，通过引入保险公司的保险机制解决科技企业普遍面临的轻资产、担保难的问题。科技企业在与保险公司达成保险协议后，可在保险期限内，根据自身的用款需求随时向金融机构申请贷款。此外还有可转股贷款，当科技企业的贷款到期时，如果企业确实没有还本付息的能力，可以将尚未归还的贷款本息按事前约定的价格计算方式转为对企业的股权投资，以期在企业生产经营好转时再把股权转让出去。从科技企业的特性看，尽管在孵化期、初创期缺乏还本付息的能力，但一旦实现关键技术突破，就可能快速成长并实现较高的收益，从而也能够为股权投资者带来一定的回报。

（3）知识产权质押融资。知识产权质押融资是指企业或个人以其所有的知识产权（无形资产）作为质押物，从银行获取贷款的一种信贷产品。对于处于初创期、成长期的科技型中小企业来说，知识产权质押融资是解决融资困难的有效途径之一。但是由于知识产权质押融资具有高风险性，因此目前我国大多数商业银行对这一创新业务的开展依然处于探索阶段，持谨慎的态度。其中的原因，主要是考虑到知识产权本身的价值衡量存在一定的风险和难度，该风险包括法律风险、评估理论风险、经营风险、处置风险。此外，考虑到知识产权的评估和监管成本比有形资产高，再加上知识产权自身价值的波动性较大，与有形资产质押融资相比，银行对知识产权质押融资的接受度相对较小。在实际操作中，目前国内外知识产权质押融资基本形成了一些固定的模式，但是考虑到实际的可操作性和地区差异，融资模式仍存在一定的差异。

5. 科技信贷的运营模式

（1）直接贷款模式。金融机构向科技企业直接提供贷款，根据企业的信用状况、财务情况和项目前景等因素进行风险评估。贷款可以用于企业的研发、生产、运营等方面的资金需求。

（2）创业投资模式。金融机构通过对科技企业进行投资的方式提供资金支持。与传统的贷款不同，创业投资通常会以股权投资的形式进行，金融机构从中获取投资回报。这种模式通常适用于早期创业阶段的科技企业，有助于推动创业项目的发展。

（3）担保贷款模式。金融机构向科技企业提供贷款，但要求企业提供担保物或第三方担保。这种模式可以降低金融机构面临的风险，提高贷款的获批概率，并扩大科技企业获得贷款的机会。

（4）政府支持模式。政府通过设立科技创新基金、科技贷款担保、财政补贴等方式，向科技企业提供资金支持。这样的模式可以减小科技企业融资的难度，促进科技创新和产业发展。

（5）科技债券模式。金融机构发行面向科技企业的债券，从投资者那里筹集资金，再将这些资金提供给科技企业。债券通常有一定的利率和期限，科技企业需要按时付息和还本。

这些运营模式可以根据市场需求、金融机构的特点和科技企业的需求进行灵活组合和定制化。企业在选择科技信贷的运营模式时，应根据自身的情况和目标进行评估，并与相关金融机构或平台进行沟通，找到最适合的模式以获取贷款支持。

4.2.2 科技保险

科技保险指的是专门为科技行业提供的保险产品和服务，以应对科技领域特有的风险和挑战。科技保险的目标是为科技企业和创新者提供全面的风险管理和保护，以保障其创新活动和业务运营的安全与稳定。

我国科技保险的范围涵盖了多个方面，如网络安全保险、知识产权保险、财产损失保险、第三方责任保险等。网络安全保险主要针对互联网企业和科技企业的网络安全风险，提供避免数据泄露、网络攻击、计算机病毒等风险的保障。知识产权保险则主要保护科技企业的技术创新成果，包括专利、商标等知识产权的保险保障。科技保险还可以覆盖财产损失保险，包括对实物资产的保障，如针对设备损坏、火灾等风险的赔偿。第三方责任保险则主要面向科技企业的业务活动中可能引发的第三方损失，提供赔偿和法律责任保障。

1. 科技保险涵盖的保险需求

（1）知识产权保护。科技创新领域重要的资产包括专利、商标、版权等知识产权。科技保险可以为企业提供知识产权保护，包括专利侵权、商业秘密泄露等方面的保险保障。

（2）第三方责任保险。科技产品或服务可能会在使用过程中对第三方造成损害或损失，如数据泄露、网络攻击、产品缺陷等。科技保险可以为企业提供责任险保护，包括产品责任保险、专业责任保险（如技术咨询、软件开发等）、网络安全责任保险等。

（3）财产保险。科技企业的财产包括办公设备、实验室设备、生产设备等，这些财产可能会因火灾、窃盗、自然灾害等意外事件而受损或丧失。科技保险可以为企业提供财产保险，以确保企业的财产得到适当的保护。

（4）中断损失保险。科技企业依赖于关键设备和技术系统的正常运行。若因设备故障、系统故障、自然灾害等原因导致业务中断，企业将面临收入损失和业务影响。科技保险可以提供业务中断保险，以补偿因业务中断而造成的收入损失。

（5）雇主责任保险。科技企业雇佣员工，其安全和福利是企业应关注的重点。科技保险可以提供雇主责任保险，保护企业在雇员伤害、职业疾病或工作场所安全等方面的法律权益。

科技保险的具体内容和范围会根据不同保险公司和科技企业的需求而有所差异。企业在选择科技保险时，应综合考虑企业的业务特点、风险状况和保险需求，与保险公司进行充分的沟通和协商，选择适合的保险方案。

2. 科技保险的特点

（1）准公共产品。科技保险是准公共产品，虽然它不似外交、国防等公共产品具有完全的排他性和非竞争性，但是它在不同程度上影响着国防力量、环境保护、国民生活水平等。科学技术的发展对国家日益强大的贡献度在逐步增加，科研活动的地位以及外部性已经被广泛认可。科学技术的公共性，是科技保险公共性的基础。

（2）政府主导地位，商业性和政策性的结合。科技保险的公共性使得政府在科技保险的推广中占主导地位。由于科技保险的特殊性，若是把科技保险当成传统的保险由保险公司来运作，那么很多保险公司很难参与到科技保险的工作中，造成科技保险市场效率低下、发展不健全。同时，我国的市场发育还有待完善，保险市场不够发达，科技企业保险还需增强，使得政府在科技保险发展的初期发挥着重要的作用。政府除了提供一定的资金，还需要通过法律手段、财政政策、行政措施等搭建科技保险体系，促进科技保险市场的良好发展。根据科技风险的不同，科技保险分为商业性保险与政策性保险，商业性的科技保险由保险公司经营，对于保险公司不容易提供保险而又特别重要的险种，则应由政策性保险来经营，充分发挥市场和政府"两只手"的作用。

（3）风险的复杂性和不确定性。对于传统的寿险和财险来说，分别针对人和物质财产进行保障，而对于科技保险而言，由于其保障的范围是整个科学技术研究、开发及市场化的过程，所以，既牵涉各种科研及生产设备的保障问题，也涉及科研人员及管理人员的保障问题，是寿险与财险的综合。同时，对于不同行业的科技企业来说，面临的风险可能差异很大。所以，在科技保险中，风险可能是不确定的。

（4）风险不完全满足大数原则，缺乏足够大量的风险标的。保险的基本原理是大数定理，即同质的风险很多，风险标的的量足够大。科技风险所针对的科技行业是一个高风险、高技术含量，同样也是高度非同质化的产业。全国的高科技企业数量有限，每家科技企业生产的产品不同，面临的状况也不同，遇到的风险类型也会不同，即使是同样类型的风险可能具体的情况也不同。科技保险不同于人寿保险或者财产保险等面临的状况具有同质性，所以，这也造成很多保险公司因为科技风险没有足够的标的而不愿意承担高风险来经营科技保险。

（5）覆盖面广，具有广泛性。科技保险针对科技风险，而科技风险存在于科技活动的各个阶段，因此科技保险的适用性很广，在每个阶段都可以发挥科技保险的作用。科技保险不像天使投资、科技信贷等需要经过较严格的筛选，只要符合保险公司的可保条件，按时缴纳保费就能够得到保障，灵活性较强。

（6）技术及创新风险覆盖。科技保险特别关注技术风险和创新风险，涵盖了与科技产品、创新项目和知识产权相关的风险，包括专利侵权、技术漏洞、数据泄露等。

（7）定制化保险方案。科技保险通常提供定制化的保险方案，根据企业的特定需求和风险状况进行量身定制。这意味着保险公司会深入了解企业的业务模式、产品特点和技术体系，为企业量身打造适合的保险政策。

（8）快速响应和理赔服务。科技行业的风险和变化较快，科技保险的特点之一是提供快速响应和高效的理赔服务。在保险事故发生后，保险公司会迅速介入并提供相应的支持和赔偿，以减少对企业业务的影响。

（9）综合风险管理。科技保险不仅提供风险转移的保险保障，还包括风险评估和风险管理的服务。保险公司可能提供风险评估、技术咨询、安全培训等方面的支持，帮助企业更好地管理和应对风险。

（10）国际化覆盖范围。随着科技行业的全球化发展，科技保险通常拥有跨国保险能力，可以为跨国企业和项目提供保险服务，包括全球范围内的风险覆盖和国际理赔支持。

（11）创新驱动。科技保险行业本身也在不断创新和发展，以适应科技行业不断变化的风险挑战。保险公司可能会引入新的险种、保险产品或提供更多的增值服务，以满足科技企业不断变化的需求。

4.3 科技金融间接融资的案例

4.3.1 间接融资主导的科技金融面临的核心矛盾

从科技企业成长周期分析，在科技成果产业化过程中，创业投资是科技金融的起点，主要解决创新性研发投入和技术产品化的资金需求，实现技术价值；而科技信贷是加速器，主要解决产品生产、流通资金需求，实现产品价值。目前，在我国科技金融体系发展中，受金融结构和借贷文化的深层次影响，间接融资仍处于主导地位，募、投、贷、管、退各环节金融服务板块分散脱节，造成科技金融服务体系不健全，这是科技金融发展面临的核心矛盾，具体表现在以下几个方面。

(1) 风险投资供给不足，限制科技企业投资覆盖面。当前的国内市场，有能力开展风险投资基金募集与投资科技型中小企业的市场化创投机构较少，管理的基金规模不足；保险、信托、证券等法规允许开展股权投资的持牌金融机构大多不涉足早期风险投资；政策性国有创投机构近些年有所增长，但仍以引导母基金的模式为主，且内部激励约束机制不健全，企业覆盖面仍然有限；而大量集聚中小企业开户结算，掌握企业信息资源的银行在监管规定上均不被许可参与风险投资。风险投资资金供给不足，造成了科技企业能够获得投资的比例较少，即投资覆盖面较小。以浙江市场为例，截至 2021 年年末，官方统计的"国高新"和"省中小"等各类科技企业约为 8 万家，其中有银行贷款余额的约 3.4 万家，而获得私募股权投资的仅有 0.3 万家，仅为银行信贷覆盖面的 8.8%。即使有小部分科技型中小企业获得了风险投资，许多不甚规范的投资机构也要求明股实债或追加对赌、担保。

(2) 信贷资金供给结构失衡，限制科技企业贷款获得感。从总量来看，我国民营企业数量占比超过 95%，是我国经济微观基础的最大主体；从科技创新来看，我国科技进步对于经济贡献的增长率超过 60%，民营企业贡献了大量发明专利，是我国创新的活力主体；从固定资产投资来看，民间投资占比超过 60%，制造业投资中民营投资占比超过 85%，是我国投资的主要推动力。与此相矛盾的，从目前银行的融资结构来看，民营企业贷款余额的占比仅在 30% 左右，银行融资结构与市场主体结构存在明显的不平衡、不对称。同样以浙江市场为例，截至 2021 年年末，浙江企业贷款余额接近 9 万亿元，但科技企业贷款所占比重仅为 12.4%，拓展科技企业信贷总量和覆盖面仍然具有广阔空间。对于缺乏优质抵押物的科技型中小企业而言，结构性矛盾更加突出。

(3) 银行科技金融商业模式不成熟，盈利难制约可持续发展。自 2016 年国家推出投贷联动试点以来，商业银行开始探索分享企业成长收益的实现模式和路径，以浦发硅谷银行、杭州银行等为代表的部分商业银行已经初步走出以期权业务为核心的分享企业成长收益的盈利方式，但体量较小，不是商业银行的主流盈利来源，在配套法律法规的建设方面也尚未明确该类业务的法律地位，导致变现盈利产生一定的不确定性。因此，商业银行科技金融的盈利模式仍以利差收入为主，即利润=规模×利差-风险。一是科技金融业务难以标准化，也就难以上规模；二是在利率市场化和商业银行减费让利的政策背景下，科技企业融资利率水平长期以来处于相对低位；三是科技型中小企业失败风险大，导致商业银行在对于科技企业的支持上趋于谨慎，动力不足。以浦发硅谷银行为例，2020年的净利润为222万元，2019年同期亏损1349万元。

（4）科技金融的监管体系不健全，难以取得政策突破。科技金融的监管体系确实是一个重要的问题，其中存在一些挑战和难点，使得取得政策突破变得困难。科技行业的快速发展使得监管规则跟不上创新的步伐，存在滞后性，新兴技术和业态的出现给传统的金融监管带来了新的挑战，监管部门需要不断学习和调整来跟上科技创新的步伐。科技金融领域的产品和业务多样化，缺乏统一的监管标准，不同的业务形态对应的监管要求和标准不同，导致监管体系不够完善和统一。科技行业发展迅猛，监管部门在人力和技术方面可能存在一定的短板，监管部门需要加强对科技金融领域的专业培训和人才引进，提升监管力量。科技金融行业的特点是高度创新和高风险，对于监管部门来说，如何实现监管和发展的平衡是一个重要的问题，过度严格的监管可能会抑制科技创新，而过度宽松的监管可能会增加市场风险。

为了解决这些问题，政府和监管部门需要加强科技金融监管的法律法规建设，推动监管标准的统一化和适应性改进，提升监管力量和能力，以便有效应对快速发展的科技金融行业的挑战。此外，各方应积极促进政策与创新的密切互动，形成科技金融健康发展的良性循环。

创投与信贷是科技金融不可或缺的两个轮子。创投在科技企业融资市场上是关键因素，一是基于创投和银行风险偏好的差异，能够对早期科技企业的融资形成补充；二是创投能够吸收金融风险，与银行的主要资金来源——存款不同，创投的资金主要来源于具有较大风险承受能力的有限合伙人。现行监管体系侧重于机构监管，对创投、银行、保险、券商等不同金融机构从事的同类业务，监管政策存在较大差异，缺乏基于科技金融的功能性监管政策顶层设计，因此创投募资难、理财资金、保险资金出资难同时存在，需要对不同机构从事科技金融投资建立相对统一的功能监管体系。

4.3.2 杭州银行科技金融的实践经验

杭州银行是国内最早探索科技金融服务的银行之一（于2009年7月设立科技支行），始终以"打造中国特色科创银行"为愿景，多年来一直秉持"唯科技与创新不可辜负"的价值观，坚持"专营、专注、专业、创新"的发展理念，以及"科技、文创、人才、创投"的客户定位，以"顺应产业规律、回归信贷本源、创新投贷联动、共享成长价值"为业务模式,布局全国创新经济活跃区域,打造渠道共享生态圈,为科技企业提供从初创期到上市全生命周期的专业金融服务。

间接融资要服务好科技企业,首要是改变传统信贷观念,树立与企业共同成长的经营理念,以创投的眼光看企业。传统信贷观念,如过度重视企业财务状况,必将无法全面、有效地了解科技企业在技术、团队、商业模式上的优势和风险;过度重视抵押物,抬高了科技信贷的准入门槛,进一步弱化了专业能力。只有坚定不移地与客户共成长,银行在客户准入上才能更注重全面的信息获取,才能在后续的服务中形成对企业成长过程的充分了解,提高风险评判的准确度。将合作期限拉长为企业的生命周期,打开创投机构合作和各类股权、期权金融工具的创新空间,从更长的周期形成专业信贷风控模式,实现收益最大化。

1. 发展历程:从可经营到可盈利,再到可复制

(1) 可经营阶段:政策驱动。在起步阶段,杭州银行着重依靠政府扶持企业名单、政策性担保、贴息、科技园区等政策与资源,搭建"政—银—园—企"合作服务平台,地推模式做贷款,做一般银行不愿做的苦活、累活。该阶段的主要产品是风险池贷款。由科技局、政策性担保公司、科技支行三方按照约定比例建立风险池基金,科技支行给予纳入风险池的企业优惠利率贷款,风险池基金优先偿还风险贷款。实现财政资金杠杆放大(期望贷款总额一般为财政出资的10倍)、客户共筛(出具三方匹配函进行客户准入,信息可互通)、融资成本低(风险池项下贷款一般基准利率,财政给予银行基准20%左右的贴息)、多区域推广(杭州银行已实现风险池浙江省内全覆盖)。截至2021年年末,风险池模式已累计为1800余家小微科技企业提供超过120亿元贷款。

从商业模式来看,以积累基础客群、培养专业队伍、建立渠道平台为目标,主要盈利来源为贴息、政策专项存款(风险池、担保公司、产业基金等)、企业结算存款,但也存在政策长期稳定性、政府推荐客户质量参差不齐、银行核心竞争力不突出等问题。

(2) 可盈利阶段:创投驱动。在快速发展阶段,杭州银行着重围绕创投机构,打造创投生态圈,创新投贷联动,服务创投投资企业,做一般银行难以专心做的专业活。该阶段主要采用的产品是银投联贷。银投联贷业务通过筛选合作创投,跟踪投资机构近一年新投资企业,给予50%左右投资金额的跟进信用贷款。该产品的特色是客户特征鲜明,融资供给精准(截至2021年年末,累计服务创投投资企业1861户,累计贷款超过150亿元);扶持成果显著(经统计,银投联贷客群2017—2020年的营收增长率平均为25%,利润增长率平均为15%,获得下一轮融资的占比超过40%);渠道生态效益显著(已合作创投机构700余家,托管创投基金规模达1300亿元,初步形成创投市场资金闭环);风险可控(企业高成长性保障了客群基本面向好)。

从商业模式来看,以投贷联动为核心打造创投渠道生态圈,在确保风险损失可控的基础上,主要通过相对低付息存款盈利。以杭州银行科技文创金融事业部为例,

2021年年末存款接近500亿元，存款付息率大幅低于全行平均水平，存款80%以上来自创投基金、被投企业投资款、IPO募集资金等。但目前创投渠道维护抓手受监管政策影响较大，银行难以与创投机构形成更为紧密的合作关系，客群总量也较小。

（3）可复制阶段：探索数据驱动。杭州银行科创金融处于深化2.0、探索3.0的阶段。杭州银行通过聚焦细分行业、打造行业专业化团队、发挥国内市场海量数据优势，挖掘科技企业所在行业、创业团队、科研技术、股权投资、政府支持的五维数据价值，探索科技金融相对标准化的企业评估模型，真正推动科技金融模式复制。在产品服务方面，有两个主要方向：一是与科技金融结合，打造科技企业线上融资平台，以科技企业评估模型为核心，推动小额标准信用贷款，当前主推"科易贷"，该产品不基于企业经营数据，能够为种子期、初创期的科技企业发放信用贷款；二是通过行业研究数据筛选细分行业中最具成长潜力的企业，以中长期流贷或项目贷款为核心，并附加期权选择权。行业与数据驱动的核心逻辑是回归本源，在强化政策和创投驱动的基础上，提升银行对科技企业发展的专业判断能力，推动银行主动下沉客户风险偏好，扩大对科技企业的信贷供给规模，让好企业融到资、让银行融资赚到钱。

2. 管理机制：科技金融经营发展模式的内因

（1）共生机制：客户管理体系。客户管理体系是指企业为了有效管理和维护客户关系而建立的一套系统和流程。这个体系旨在帮助企业实现客户满意度的提高，提升客户忠诚度，增加客户价值。一是目标客户定位。杭州银行以"先进技术、内容创造、先进模式、先进人才、前瞻性市场"为主要导向，实行单独的客户准入及分类管理体系，以客户所属行业为核心判断标准，不设置销售规模和利润指标，使研发期企业甚至亏损企业也能获得杭州银行融资。创新开发"科创企业核心行业细分目录"，明确"新一代信息技术、高端制造、医疗健康、绿色双碳、内容娱乐、职业教育、竞技体育、新消费"等8个一级行业及对应的46个二级行业、280余个三级行业，形成了相对精准规范的行业标准。杭州银行对科技企业进行逐户识别认定，并赋予不同层次系统标签，确保精准施策。二是渠道生态定位。共建区域性科技金融生态，有利于共享信息，最大限度地降低银企信息不对称；也有利于分担风险；还有利于提升科技金融的综合服务能力。杭州银行创建了"共赢通"渠道合作伙伴服务品牌，对渠道客户实行精准的分层分类和专户管理，汇聚了1000余家政府、创投、园区、担保、券商、协会等渠道客户。一个健全的客户管理体系可以帮助企业更好地理解客户需求，提供个性化的产品和服务，提升客户满意度和忠诚度，从而实现业务的可持续增长。

（2）协同机制：组织管理体系。杭州银行已形成"4+4+N"科技金融专营机构整体发展格局，包括1家总行科技文创金融事业部与北京、上海、深圳3家科创金融中心，南京、合肥、宁波、嘉兴4个长三角区域专营机构，浙江省内重点区县N个特色团队的总体格局。总行成立科创金融创新管理委员会，在金融部下设科技文创金融二级部，负责统筹管理"4+4+N"专营机构体系，促进机构间协同，并负责具体业务管理，包括客户准入、渠道管理、重点客群营销推动、特色产品开发、考核政策制定等。总行对专营机构设置不低于80%的专营度标准，且不得经营政府平台、房地产、大型集团客户。

（3）风控机制：风险管理体系。一是专门的风险内评机制。建立单独的科技企业信用等级评价模型，引入单独的信贷打分表，重视"先进技术、商业模式、创业人才和新兴市场"，兼顾财务信息与非财务信息、硬信息与软信息，既考虑传统银行调查所涉及的因素（财务信息和硬信息），也考虑企业技术、产品、营销模式和竞争对手等因素（非财务信息和软信息），在评估潜在风险的同时，发掘潜在价值。二是专门的授信审批机制。采取"风险管理前移"政策，总行成立了科创金融审批中心，向专营机构派驻专职审批人，同时配备专职审查人员，简化了审批流程，更贴近市场和客户，提高了审批专业性与效率。成立科创投资评审小组、选择权项目评审小组，负责投贷联动项目审批。三是专门的风险容忍政策。对科技金融业务单独下达风险容忍度，根据业务状况和市场环境动态调整。对创新型科技金融产品相关人员实行尽职免责，制定标准和可识别的职责清单，并设定较高的产品熔断阈值。

（4）评价机制：考核激励体系。一是对专营机构考核。为科技金融客户单独设立专项考核办法，对科技金融专营机构设立差异化的绩效考核，突出科技企业客户及创新产品指标，适当弱化存款指标，取消其他条线指标，提高服务客户数、产品使用数等专项指标权重，使得经营机构能安心服务中小微企业。同时，在内部考核上降低科技金融客户的资本回报率要求，并将政府财政性补贴纳入机构考核收入。二是对客户经理考核。对科技文创金融客户经理按单独序列管理，并按序列内排名进行等级评定，制定单独的产能积分标准，提高科技文创金融客户业务的积分权重。通过团队责任制，实行团队考核，弥补单一客户经理服务的局限性。

（5）创新机制：产品服务体系。鼓励符合科技企业特征的产品创新。从关注企业经营性现金流扩展到经营性现金流、股权融资现金流与政府补贴现金流，通过关注"三流"，能够多角度评价企业经营风险，持续推出投贷联动、订单融资、应收账款质押融资、合同能源管理融资、影视类项目贷款等多个创新产品。尊重知识产权，盘活无形资产，创新"知产+"模式，在综合授信的基础上，知识产权质押可增额、减息。倡导为科技企业"种子期、初创期、成长期、成熟期"全生命期服务，并针对不同阶段提供不同服务；同时在条线经营体制上，科技金融不区分小微企业与公司客户，做到一个客户经理服务到底。

截至2021年年末，杭州银行累计服务科技企业9165家，较年初新增1231家，增速约为16%，其中95%以上的客户为民营企业，70%以上为小微企业。历年来支持培育企业上市超过300家，其中科创板市场在经营区域内覆盖率超过45%。科技金融融资余额达470亿元，其中非抵押授信超过90%，不良贷款率为1.1%，整体保持较好的资产质量。

第 5 章
金融工具概述

5.1 金融工具的含义与特点

5.1.1 金融工具的含义

金融工具指的是用于进行金融交易和管理金融风险的各种工具和产品。它们被金融机构和投资者用来实现资金的配置、风险的转移和收益的增长。以下是一些常见的金融工具。

（1）股票。代表企业所有权的证券，投资者可以购买股票获取对公司利润和资产的权益。

（2）债券。企业或政府发行的债务工具，投资者购买债券相当于借出资金给发行方，并按照一定利率从发行方获得利息。

（3）期货。约定在未来某个特定日期以约定价格买卖某一标的物的合约，常见的期货有大宗商品期货、股指期货等。

（4）期权。购买或销售某一标的物的特定价格和时间条件下的权利的合约，允许投资者在未来的特定时间内进行交易或行使权利。

（5）外汇。不同国家货币之间的买卖交易，投资者利用外汇市场进行货币交易和投资。

（6）资产证券化产品。将各类资产（如房屋按揭贷款、汽车贷款）通过证券化技术转化为可交易的证券。

这些金融工具可以满足个人和机构的不同投资需求，帮助实现资金增值、风险分散和资产配置。投资者在选择和使用金融工具时，需要充分了解其特点、风险和潜在收益，并根据自身的投资目标和风险承受能力做出合理的选择。

5.1.2 金融工具的特点

金融工具是在信用基础上产生的代替金属货币流通的凭证，是货币流通关系和信用关系存在的客体。金融工具一般具有价格性、期限性、流动性、收益性、风险性等特征。

（1）价格性。金融工具的价格由票面价格、利率、期限、市场收益率组成，这是投资者进行金融交易需要考虑的主要因素。金融工具的市场价格与其票面价值或价格往往是不一致的。

（2）期限性。金融工具一般具有一定的偿还期，不同的金融工具的偿还期是不同的。

（3）流动性与变现性。绝大多数金融工具可以在金融市场依法转让，具有流动性，是金融工具创新的活力所在和基本属性；变现性是指金融工具在较短的时间里转变成现金的特性，是金融工具流动性的体现。

（4）收益性。金融工具可能给持有人带来定期或不定期的收益。

（5）风险性。任何金融工具都有不同程度的风险，风险往往与收益成正比。收益越高的金融工具，其风险也越高；而风险越低的金融工具，其收益也越低。风险包括信用风险和市场风险两种：信用风险是指金融工具的债务人不履行义务，不按时偿还本息的风险；市场风险是指金融工具随市场的供求关系变化而导致价格下跌的风险。

5.2 金融衍生工具的含义、特点与作用

金融衍生工具是作为国际金融市场的避险工具应运而生的，它的核心功能是消除信息非均衡性和不对称性，通过复制和分解，构建对冲组合达到控制风险、降低不确定性的目的。但是，金融衍生工具在促进金融经济发展的同时，也不可避免地带来了风险，冲击着传统的金融体系，产生了不利的影响和负面的作用。要正确认识金融衍生工具的作用，应持一分为二的观点，从正反两个方面加以评价，以正确认识金融衍生工具的积极和消极作用。

5.2.1 金融衍生工具的含义

金融衍生工具（Financial Derivative）也叫作衍生金融资产，又称为金融衍生产品，是与基础金融产品相对应的一个概念，指建立在基础产品或基础变量之上，其价格随基础金融产品的价格（或数值）变动的派生金融产品。

金融衍生工具产生于20世纪70年代，自出现以来，发展迅速。常见的金融衍生工具有以下几种。

（1）期货合约。期货合约是指由期货交易所统一制定的、规定在将来某一特定时间和地点交割一定数量和质量实物商品或金融商品的标准化合约。

（2）期权合约。期权合约是指合同的买方支付一定金额的款项后即可获得的一种选择权合同。证券市场上推出的认股权证，属于看涨期权，认沽权证则属于看跌期权。

（3）远期合同。远期合同是指合同双方约定在未来某一日期以约定价值，由买方向卖方购买某一数量的标的项目的合同。

（4）互换合同。互换合同是指合同双方在未来某一期间内交换一系列现金流量的合同。按合同标的项目不同，互换可以分为利率互换、货币互换、商品互换、权益互

换等。其中，利率互换和货币互换比较常见。

金融衍生工具可以按照基础工具的种类、风险—收益特性以及自身交易方法的不同而有不同的分类。

（1）按照产品形态分类，金融衍生工具可分为独立衍生工具和嵌入式衍生工具。

（2）按照交易场所分类，金融衍生工具可分为交易所交易的衍生工具和场外交易市场交易的衍生工具。

（3）按照基础工具种类分类，金融衍生工具可分为股权类产品的衍生工具、货币衍生工具、利率衍生工具、信用衍生工具以及其他衍生工具。

（4）按照金融衍生工具自身交易的方法及特点，金融衍生工具可分为金融远期合约、金融期货、金融期权、金融互换和结构化金融衍生工具。

在现实中通常使用两种方法对金融衍生工具进行分类。

（1）按照产品类型，金融衍生工具可分为远期、期货、期权和掉期四大类型。

（2）按照衍生工具的原生资产性质，金融衍生工具可分为股票类、利率类、汇率类和商品类。

5.2.2 金融衍生工具的特点

金融衍生工具具有如下特点。

（1）跨期性。金融衍生工具是交易双方通过对利率、汇率、股价等因素变动趋势的预测，约定在未来时间按照一定条件进行交易或选择是否交易的合约。无论是哪一种金融衍生工具，都会影响交易者在未来一段时间内或未来某时间点上的现金流，跨期交易的特点十分突出。这就要求交易双方对利率、汇率、股价等价格因素的未来变动趋势做出判断，而判断的准确与否直接决定了交易者的交易盈亏。

（2）杠杆性。金融衍生工具交易一般只需要支付少量保证金或权利金就可以签订远期大额合约或互换不同的金融工具。例如，若期货交易保证金为合约金额的5%，则期货交易者可以控制20倍于所交易金额的合约资产，实现以小搏大的效果。在收益可能成倍放大的同时，交易者所承担的风险与损失也会成倍放大，基础工具价格的轻微变动也许就会带来交易者的大盈大亏。金融衍生工具的杠杆性效应在一定程度上决定了它的高投机性和高风险性。

（3）联动性。这是指金融衍生工具的价值与基础产品或基础变量紧密联系、规则变动的特点。通常，金融衍生工具与基础变量相联系的支付特征由衍生工具合约规定，其联动关系既可以是简单的线性关系，也可以表达为非线性函数或者分段函数。

（4）不确定性或高风险性。金融衍生工具的交易后果取决于交易者对基础工具（变量）未来价格（数值）的预测和判断的准确程度。基础工具价格的变幻莫测决定了金融衍生工具交易盈亏的不稳定性，这是金融衍生工具高风险性的重要诱因。

5.2.3 金融衍生工具的作用

金融衍生工具是一类衍生品，其价值的衍生来自基础资产（如股票、债券、货币、商品、利率等）的价格变动。它们在金融市场中发挥着重要的作用。

（1）风险管理。金融衍生工具可以用于风险管理，帮助投资者和企业管理和对冲风险。例如，期货合约可以用于锁定将来的商品或资产价格，帮助农产品生产商或矿产公司对抗价格波动的风险。期权合约可以提供投资组合的保护，降低风险暴露。通过使用这些工具，投资者和企业可以有效管理和减少市场波动对其业务和投资组合的影响。

（2）价格发现和流动性提供。金融衍生工具在市场中发挥着价格发现的作用，通过交易活动和市场价格反映基础资产的供需关系，从而确定衍生工具的市场价格。这进一步增加了金融市场的流动性，并使投资者有机会参与各种投资策略和交易。

（3）投机和套利。金融衍生品市场为投机者提供了一种利用价格波动获利的机会，投机者可以通过买入或卖出衍生工具来赚取价格变动的差价。同时，套利交易者可以利用市场上的价格差异进行买卖操作，从中获得利润。

（4）资本效率和资源配置。金融衍生工具的存在可以提升市场的资本效率和资源配置效率。通过提供各种定价、交易和对冲工具，投资者可以根据自己的需求灵活地选择和配置资本，实现更有效的资源分配。

（5）资金成本管理。金融衍生工具可以帮助企业管理资金成本。例如，利率互换可以帮助企业在不同的利率环境下调整债务组合，降低借款成本。货币期权和远期合约可以帮助企业管理外汇风险和汇率波动带来的成本。

需要注意的是，金融衍生工具具有复杂性和风险，投资者和企业在使用这些工具时应充分了解其性质和风险，并做出适当的风险管理和投资决策。

5.3 科技金融工具

5.3.1 科技金融工具概述

完整的科技金融体系包括两大类融资工具：一是股权融资工具，主要包括天使式个人创业投资主体所提供的天使资本、各类基金化创业投资主体所提供的创业投资资本；二是债权融资工具，主要包括银行及银行类机构提供的贷款支持，担保机构、保险机构等类债权融资主体所提供的风险保障，以及公司债券等债权性直接融资工具。

科技金融工具是指利用科技和创新技术来促进金融业务的发展和提供更便利、高效的金融服务的工具。随着科技的不断进步，科技金融工具在金融领域日益受到关注并得到应用。以下是一些常见的科技金融工具。

（1）移动支付和电子钱包。通过手机、平板电脑或其他移动设备进行线上和线下的支付和交易，如支付宝、微信支付、Apple Pay 等。

（2）互联网基金和理财产品。通过互联网平台购买和管理各类基金和理财产品，如天弘基金、余额宝等。

互联网基金和理财产品是利用互联网平台提供的在线服务，让投资者能够便捷地购买和管理各类基金和理财产品。

投资者可以使用手机应用程序或通过网络平台在线购买、转换和赎回基金份额。互联网基金通常由基金公司或证券交易所提供，投资者可以根据自己的风险偏好和投资目标选择适合的基金产品。

理财产品是一种结合定期存款、债券、股票等金融工具的金融产品，通过证券公司、银行、保险公司等金融机构发行。互联网理财产品则是指可以通过互联网平台进行购买和管理的理财产品。

（3）网络借贷和 P2P 借贷。通过网络平台连接资金需求方和资金供应方，实现借贷和投资活动，如 Lending Club、拍拍贷等。

（4）数字货币和区块链。可以进行去中心化的交易和转移，基于区块链技术发行和交易的加密数字货币，如比特币、以太坊等。数字货币和区块链是两个相互关联的概念。

数字货币是一种以数字形式存在的货币，通常使用密码学技术进行安全验证和交易。与传统货币不同，数字货币不依赖于中央银行或政府发行和管理，而是基于去中心化的技术平台。最著名的数字货币是比特币，其他常见的数字货币包括以太坊、莱特币、瑞波币等。

区块链是一种分布式数据库技术，用于记录和存储数字货币以及其他交易和数据。区块链将交易记录分成一个个区块，然后按照时间顺序链接成链式结构。每个区块包含前一区块的哈希值和当前区块的交易信息，形成不可篡改的交易记录。区块链技术提供了去中心化、安全和可信赖的交易方式。可以说，数字货币是区块链技术的一种应用，区块链技术为数字货币的安全和可靠提供了基础。

（5）金融科技初创企业产品，如支付、借贷、理财等领域的金融科技初创企业开发的创新产品和平台。金融科技创业投资，通过投资科技创业企业，参与创新型金融科技项目，如孵化器、VC/PE 投资等。

（6）人工智能和大数据应用，利用人工智能和大数据分析技术来提供更准确的风险评估、客户服务和投资建议。人工智能金融服务，利用人工智能和机器学习等技术提供金融风险评估、投资建议、客户服务等，如智能投顾、在线客服聊天机器人。

（7）区块链金融产品。基于区块链技术的金融创新产品，如数字身份认证、智能合约、供应链金融等。

（8）虚拟助理和聊天机器人。通过人工智能技术提供的金融服务助理，可为用户提供个性化的投资建议和金融信息。

（9）云计算和大数据存储。金融机构利用云计算技术来提高数据存储和处理的效率，从而提高客户体验和服务质量。大数据风险评估和信用评分，利用大数据和数据分析技术为借贷和保险等活动提供风险评估和信用评分服务。

（10）数据分析和风险管理工具。利用大数据和数据分析来评估风险、预测市场趋势和优化投资组合。

（11）金融比价平台和交易平台。通过互联网提供的金融产品比价服务和在线交易平台，用户能够快速比较和交易金融产品。

（12）金融科技保险产品。结合科技和保险领域的技术，提供包括车险、旅行险、健康险、财产险等各类保险产品的在线购买和理赔服务。

（13）区块链金融解决方案。通过区块链技术提供的去中心化、不可篡改和安全存储的特性，为跨境支付、供应链金融、资产转让等提供解决方案。

这些科技金融工具逐渐改变和优化了金融业务的流程和体验，使金融服务更加便捷、高效和个性化。科技金融工具的快速发展为金融行业创造了更多的机遇和挑战，同时也为用户提供了更多的选择和便利。

本部分主要对混合型金融工具、天使资本、创业投资资本、海外学人创业投资基金等进行介绍。

5.3.2 混合型金融工具

混合型金融工具是一种结合了债务和股权特点的金融产品，融合了债券和股票的特征和收益方式，以满足投资者不同的风险偏好和收益目标。

混合型金融工具的主要特点如下。

（1）组合投资特性。混合型金融工具使投资者能够同时享受债券和股票的投资特性。债券部分提供固定利息收益和本金保障，而股权部分则具有股价增值和股息收入的潜力。这样的组合投资能够在一定程度上平衡风险和回报。

（2）风险与回报平衡。混合型金融工具通常具有较高的风险，与较高的回报相匹配。相比于传统的债券产品，混合型金融工具承担了更多的市场风险和波动性，但也有机会获得更高的回报。

（3）灵活性。混合型金融工具在投资组合的配置上具有一定的灵活性。投资者可以根据市场条件和个人需求进行资金配置，调整债券和股权的比例以及投资对象，以实现风险和收益的平衡。

（4）收益多样化。由于混合型金融工具融合了不同性质的资产类别，投资者可以通过投资于多个不同的市场和行业，进一步实现收益的多样化和分散化。

（5）市场交易性。与一些传统的私募基金或特定投资项目相比，混合型金融工具通常可以在证券交易所上市交易，提供更高的流动性和交易灵活性，投资者可以更容易地买卖和变现持有的金融工具。

混合型金融工具的具体形式多种多样，包括混合型债券、可转债、权利债券，以及结构化产品等。投资者在选择混合型金融工具时应充分了解产品的投资策略、风险收益特征和相关条款，以便做出符合自身需求和风险承受能力的投资决策。同时，投资者应根据自身投资目标和风险偏好评估，将混合型金融工具作为投资组合的一部分，实现资产配置和风险分散的目标。

5.3.3 天使资本

天使资本是指投资于初创阶段的早期风投资金。这种资本来源于私人投资者、富裕个人、高净值人群或天使投资基金等。天使投资者会投资于具有高增长潜力的初创企业，并提供资金、经验和网络资源等支持，以帮助这些企业发展壮大。

天使资本是一种典型的"非组织化的创业投资资本"。其投资决策基于投资人对创业企业及其创办人个人的了解与认识。其投资是所有创业投资行为中风险最大的。天使资本之所以是由投资者直接进行投资，一是因为这类投资者通常既具有一定的资本实力，又对企业有一定的了解；二是因为他们的投资在很大程度上不是为了获得投资收益，而是为了体验冒险激情和投资成功后的社会荣誉感。

天使资本的来源通常包括以下几个主要渠道。

（1）个人天使投资者。个人天使投资者是指个人投资者以个人名义进行投资的资金。这些投资者通常是成功的企业家、高净值人士或行业专家，他们通过个人投资来支持年轻的初创企业。

（2）天使投资基金。天使投资基金（Angel Funds）是由一群天使投资者组成的投资机构，他们联合起来将自己的资金形成一个基金，用于投资初创企业。这种基金通常由基金经理进行管理和投资。

（3）初创企业加速器。初创企业加速器（Startup Accelerators）是提供早期阶段支持和咨询的组织或机构。它们通常通过提供资金、导师指导和创业生态系统的资源来支持初创企业。

（4）孵化器。孵化器（Incubators）是提供初创企业发展所需的资源和支持的组织。孵化器通常提供办公空间、导师指导、资金支持等帮助初创企业成功发展，其中有些孵化器也提供天使投资。

（5）企业家和行业专家。一些企业家和行业专家可能通过个人资金进行天使投资。他们投资的初创企业通常与他们是同领域或有关领域，因此他们可以提供更多的行业经验和指导。

（6）政府和公共基金。一些政府机构和公共基金也可能通过投资初创企业进行天使投资。这种投资可以是为了支持本地创新和创业生态系统的发展，或者是为了促进经济增长和就业机会。

天使资本的来源多样化，涉及个人、机构、加速器、孵化器和政府等不同角色。这些资金来源为初创企业提供了筹集资金和发展的机会，同时也为投资者提供了投资新项目和获取回报的机会。

天使投资具有以下几个主要特点。

（1）早期投资。天使投资是指对初创期或早期阶段的初创企业进行投资。这些企业通常处于发展的初期阶段，具有高风险和高潜力。天使投资者愿意承担早期风险，并通过提供资金和资源支持帮助企业实现增长。

（2）个人化支持。天使投资者通常不仅提供资金，还提供企业发展所需的个人经验、行业洞察力和专业指导。他们充当导师的角色，为初创企业提供战略建议、业务联系和市场知识等方面的支持。

（3）高风险高回报。由于天使投资发生在企业发展的早期阶段，因此投资风险较高。但与此同时，如果初创企业取得成功并实现增长，天使投资者可能获得高回报。天使投资往往具有较高的投资回报率，但也要承担一定程度的失败和损失风险。

（4）灵活投资方式。天使投资往往具有更灵活的投资方式和结构，与传统的风险投资或私募股权投资有所区别。天使投资可以是直接投资、债权投资、可换股债券、可转换债券等多种形式，根据投资者和企业之间的协商来确定具体方式。

（5）短期投资周期。相对于其他投资阶段，天使投资的投资周期往往相对较短。初创企业在发展的早期阶段需要更快速的资金支持，天使投资者通常希望在相对较短的时间内实现投资回报并退出投资。

（6）构建创业生态系统。天使投资不仅是为了获得投资回报，也是为了推动创业生态系统的发展。通过投资初创企业，天使投资者为创业者提供了机会，促进了创新发展和经济增长。

虽然天使投资具有高风险和高回报的特点，但它也为初创企业提供了资金支持和战略指导，为投资者提供了投资新项目和获取回报的机会。它在推动创新、发展创新生态系统和促进经济增长等方面发挥着重要的作用。

5.3.4　创业投资资本

创业投资是指向创业企业进行股权投资，以期所投资创业企业发育成熟或相对成熟后主要通过转让股权获得资本增值收益的投资方式。其中，创业企业包括处于种子期、初创期、成长期等创建过程中和处于重建过程中的成长性企业，但主要是成长性的中小企业，特别是科技型中小企业。

创业投资的经营方针是在高风险中追求高回报，特别强调创业企业的高成长性；

其投资对象是那些不具备上市资格的处于起步和发展阶段的企业，甚至是仅处在构思之中的企业。它的投资目的不是要控股，而是希望取得少部分股权，通过资金和管理等方面的援助，促进创业企业的发展，使资本增值。一旦企业发展起来，股票可以上市，创业资本家便通过在股票市场出售股票，获取高额回报。

由于高新技术企业与传统企业相比，更具备高成长性，所以创业投资往往把高新技术企业作为主要投资对象。创业投资项目选择的核心标准是能否在未来的可预计期限内取得高额回报。

5.3.5 海外学人创业投资基金

进入21世纪后，一枝独秀的中国经济，日益吸引留学海外的中国学子回国创业。一个高科技项目、一个创业小团队、一笔不大的启动资金，这是绝大多数海归刚开始创业时的情形。

为了帮助众多留学人员回国创业发展，一个专门为留学人员回国创业提供资金融通和孵化服务的海外学人创业投资基金成立了。

设在北京中关村的海外学人创业投资中心，是海外学人创业投资基金在国内运作的基地，也是国内第一家以有限合伙为组织形式的风险投资企业。海外学人创业投资基金的独特作用就是架设一座留学人员与高新技术园区、项目与资本以及人才与企事业单位之间的桥梁。

值得说明的是，海外学人创业投资基金的运作，不同于一般的海外风险投资，也不同于政府管理的创业基金。它主要以归国留学人员作为主要服务对象，采用"风险投资+孵化器管理"的运作模式，为海外学人企业和海外学人回国创业提供包括项目投资、专业培训等全方位的创业服务。

海外学人创业投资基金先后为中关村科技园区、清华科技园、北京望京科技园和北京经济技术开发区等高新技术产业园区的留学归国人员企业和其他高新技术企业提供包括领导力、执行力、团队建设、市场营销、项目管理等各类中高级管理培训课程，帮助许多企业和个人走向成功之路。

5.4 债权融资类工具

债权融资是指企业通过举债的方式进行融资。债权融资所获得的资金，企业首先要承担资金的利息，另外在借款到期后要向债权人偿还本金。债权融资的特点决定了其用途主要是解决企业营运资金短缺的问题，而不是用于资本项下的开支。

5.4.1 债权融资方式及其优势与风险

1. 常见的债权融资方式

（1）发行债券。企业可以通过发行债券来进行债权融资。债券是一种债务证券，代表了企业向持有人借款的承诺。

（2）银行贷款。借助商业银行或其他金融机构提供的贷款，企业可以获得债权融资。商业银行通常会根据企业的信用状况、还款能力和抵押品等要素来评估贷款申请，并制定相应的贷款利率和条件。

（3）债权融资工具。除债券和贷款外，还有其他多种债权融资工具可供选择，如债权证券化、租赁融资、供应链融资等。这些工具提供了灵活的债权融资方式，企业可以根据自身的需求和资金需求进行选择。

2. 债权融资的优势

（1）债权融资相对于股权融资来说通常成本更低，因为债权投资者更注重稳定回报，并不会对企业的经营控制权产生影响。

（2）借款人在债权融资中通常保持对企业经营的控制权，无须与其他股东分享决策权。

（3）债券在市场上具有流动性和可交易性，易于转让或转售。

3. 债权融资的风险与注意事项

（1）企业需要具备足够的还款能力，以履行还款义务，包括支付利息和偿还本金。

（2）需要按时支付利息和偿还本金，否则可能导致信用风险和违约风险。

（3）需要与债权投资者建立良好的合作关系，保持沟通，并提供及时、准确的财务信息。

4. 债权融资的特点

（1）债权融资获得的只是资金的使用权而不是所有权，负债资金的使用是有成本的，企业必须支付利息，并且债务到期时须归还本金。

（2）债权融资能够提高企业所有权资金的资金回报率，具有财务杠杆作用。

（3）与股权融资相比，债权融资除在一些特定的情况下可能带来债权人对企业的控制和干预问题，一般不会产生对企业的控制权问题。

5.4.2 资产证券化融资过程中的法律问题

（1）资产证券化中的债权让与。由于资产证券化融资中包含大量的债权让与行为，这里的债权必须具备适合证券化的特质。虽然这里的债务融资有真实销售和担保融资两种，但担保融资在资产证券化中可能造成灾难性的后果，不提倡这种做法，然而真实销售也并非易事，它往往需要法院的重新定性。

（2）债权受让的特殊目的机构。按照各国法律规定和融资实践，特殊目的机构可以分为公司型、信托型、有限合伙型和基金型等不同形式，这些形式分别可以得到不同的税收效果和融资便利，各国可以根据本国相关法律限制程度和投资者的熟悉程度，选择最合适的特殊目的机构设立形式。

（3）打散债权的破产隔离。破产隔离是资产证券化融资申请的重要法律创新之一，如果没有特殊的法律保护，特殊目的机构会面临许多难以消除的风险，只有通过在会计制度、经营范围和法律监管等方面做出努力，才能使特殊目的机构真正做到"远离破产"。

（4）打散债权的信用升级和评级。资产证券化融资有其独特的外部信用升级和内部信用升级方式，经过升级后的资产支持的证券往往具有超过本身价值的信用级别，因此，法律确认了信用评级的法定地位。

（5）打散债权的证券化。各国在不同程度上确立了发行资产支撑证券的合法地位，美国作为证券市场最发达的国家，不仅采取多种形式发行资产支撑证券，而且在证券法中对此类证券做出了许多豁免规定和要求，为资产证券化降低了融资成本，很值得其他国家借鉴。

第 6 章
金融工具的选择——债券与股票

金融资产内容很广，但主要体现为债券和股票，债券和股票构成了金融市场的基石。

6.1 债券价值分析

本部分分析的债券都是无风险的国债。表 6-1 是两只债券的已知价格信息，通过相关信息来计算与债券相关的各种利率指标，进而清楚其概念含义。

表 6-1 国债示例

国债面值/元	期限/年	年票息/元	国债价格/元
100	1	0	95
100	2	5	97

人们常说的债券收益率就是债券的到期收益率。但是我们在表 6-1 中看到的是年票息，即附息国债会按照债券标定支付票息（Coupon）。例如，2 年期面值 100 元的附息国债会按照债券标定支付年票息 5 元，而 1 年期面值 100 元的附息国债会按照债券标定支付年票息 0 元。因而票息与债券的面值之比即为票息率（Couponrate），无论市场利率如何变化，票息率都不会发生改变。例如，2 年期面值 100 元的附息国债的票息率是 5%，而 1 年期面值 100 元的附息国债的票息率是 0。

衡量债券价格较好的指标是到期收益率（债券的内部收益率），可运用这一指标来比较和筛选债券；新债券定价的方法，涉及两个时点之间的资金贴现，此时到期收益率不堪重负，只有各个期限的即期利率，才能定价各种债券；从债券价格信息中研究市场对未来利率的预期，需要远期利率。

债券作为一种固定收益投资工具，具有以下几个主要价值。

（1）固定收益。债券在发行时就确定了利率，投资者按照票面利率从发行人那里获得固定的利息收入。这使得债券对于追求稳定和可预测收益的投资者非常有吸引力。

（2）本金保障。债券发行人承诺在到期日偿还债券的本金。这意味着债券投资者在债券到期时可以获得本金的归还，从而具有一定程度的本金保障。

(3) 分散投资风险。债券市场提供各种类型的债券，包括政府债券、公司债券、地方政府债券等。投资者可以通过分散投资不同类型的债券来降低特定发行人或行业的风险。

(4) 流动性。债券通常具有良好的市场流动性，投资者可以相对容易地买卖债券。这使得债券成为一种较为流动的投资工具，投资者可以在需要时变现。

(5) 多样的选择。债券市场提供了丰富的选择，包括不同的到期期限、利率类型、发行人信用等。投资者可以根据自身的风险承受能力和投资目标选择合适的债券。

(6) 红利再投资。债券的利息支付可以被视为一种红利，这些红利可以再投资到其他投资工具中或用于满足投资者的资金需求。这有助于实现资本的增长和复利效应。

需要注意的是，尽管债券具有上述各种价值，但投资债券也存在一定的风险。发行人可能面临违约风险，市场利率波动可能对债券价格产生影响，以及其他风险因素。因此，投资者在选择和持有债券时应进行充分的风险评估，并根据自身的投资目标和风险承受能力来进行投资决策。

6.1.1 到期收益率

由于债券可以看作一项投资，即用现在支付的价格来换取未来利息和本金的支付，所以在给定债券当前价格及未来本息支付后，每只债券都有一个内部收益率。在债券投资中，债券的内部收益率有一个特殊的名字，叫作债券的到期收益率（Yield to Maturity，简称Yield）。它是假定投资者持有债券直到债券到期所获得的收益率（忽略再投资风险）。

根据表6-1可以计算2年期债券的收益率为 $97 = 5/(1+y) + (100+5)/(1+y)^2$，解得 $y = 6.65\%$。所以2年期附息国债的到期收益率是6.65%。

对于到期收益率，需要注意两个问题。第一个需要注意的问题是到期收益率忽略了再投资风险，而实际上存在再投资风险，即债券到期之前产生的利息收入投入市场后，可能无法获得与这只债券相同的收益率，所以债券到期时所有现金流的终值不一定等于用到期收益率计算出来的终值。例如，第一年的年票息为5元，这5元需要再投资，到第二年时，由于存在再投资风险，这5元产生的收益率一般不等于6.65%，因此，两年后的本息相加不一定等于用到期收益率计算出来的终值。

第二个需要注意的问题是，一个项目的内部收益率为项目的现金流所决定，与市场利率的高低无关。债券的收益率也是债券的内部收益率，但是它与市场利率有关。这是因为债券未来的本息支付虽然已经给定，但是债券现在的价格会发生变化。对于同一只债券来说，只要市场利率不同，这只债券现在的价格就不同，那么其到期收益率也会不同，即债券的到期收益率会随着市场利率的变化而变化。

到期收益率考虑了以下几个因素。

(1) 债券的面值。这是债券到期时应偿还的本金金额。

(2) 债券的发行价格。这是购买债券时实际支付的价格。

(3) 债券的利息支付。债券通常按固定利率支付利息，利息支付频率可以是按年度、半年度或季度，具体取决于债券的设计。

(4) 债券的到期日期。这是债券的到期日，即债券到期时偿还本金的日期。

计算到期收益率需要考虑购买债券的价格、债券面值、利息支付频率和剩余期限等因素，并使用现金流量贴现的方法进行计算。该计算可以使用金融计算器、电子表格软件或在线计算工具。

到期收益率的计算结果显示投资者在购买债券后持有至到期日的预期收益率。当到期收益率高于债券的票面利率时，债券的市场价格会下降；当到期收益率低于债券的票面利率时，债券的市场价格会上升。

需要注意的是，到期收益率是一种预测性的指标，实际收益可能受到市场条件、债券信用风险和利率风险等因素的影响。投资者在做出投资决策时应综合考虑多个因素，并评估债券的风险和预期收益。

6.1.2 即期利率：零息债券的收益率

即期收益率是指可以用来给债券定价的贴现率。即期利率（Spot Rate）是指，现在投入资金，直到最后一天才获得现金支付（期间没有现金支付）的情况下，所得到的收益率。零息债券（Zero Coupon Bond）的收益率就是即期利率，所以即期利率又被称为零息利率（Zero Rate）。

零息债券是指仅在到期日支付面值，期间不支付任何利息的债券。零息债券的期限一般不超过1年。零息债券在发行时都是折价发行的，即价格低于其面值。折价部分就隐含了债券带来的回报率。表6-1中就有一张面值为100元，1年后到期的零息债券，现在以95元的价格出售。对于这张债券来说，利率是5.26%（=100/95-1）。由于零息债券只在现在和到期日有现金流，所以它的利率就是即期利率。表6-1中1年期债券的即期利率是5.26%。

如果所有的国债都是零息债券，那么即期利率的计算就简单了。但在现实生活中，超过1年期的国债都是附息债券——在债券到期之前会定期按照事先约定的票息率和付息时间支付利息。这种债券的收益率不是即期利率，不过我们可以从实际的债券价格中计算出各期限的即期利率。

一种常用的计算方法是票息剥离法。根据表6-1，1年期国债是零息债券，所以它的收益率就是即期利率，即 $r_1=5.26\%$（=100/95-1）。2年期国债在第1年年末会付年票息5元，在第2年年末付第2年的年票息及面额共105元。那么，在这只债券当前97元的价格中，有一部分是第1年的年票息用第1年的即期利率 r_1 折现的现值，剩余部分是第 2 年年末支付的年票息和面值用 2 年对应的即期利率折现的现值（折现所有的即期利率为 r_2）。即 $97=5/(1+r_1)+105/(1+r_2)^2$，可得 $r_2=6.69\%$。

因此，站在现在这个时点来看，1 年期和 2 年期的即期利率分别为 5.26% 和 6.69%。可以看出，这里求出的 2 年期即期利率（6.69%）与 2 年期国债的到期收益率（6.65%）是不一样的。

如果市场上还有期限更长的国债，可以用类似方法递推得到各个期限的即期利率。有了各期限的即期利率，就能够给任何确定现金流定价。假设市场中还有第三只债券，面值 100 元，2 年到期，按年付息，年票息率 6%（每年付息一次）。那么，根据 1 年期即期利率 $r_1=5.26\%$，2 年期即期利率 $r_2=6.69\%$，可得债券的价格为

$$P_3=6/(1+r_1)+106/(1+r_2)^2=6/(1+5.26\%)+106/(1+6.69\%)^2=98.82(元)$$

值得注意的是，在金融市场的日常业务中，人们所说的收益率曲线是到期收益率曲线，而不是即期利率曲线。

零息债券的到期收益率，可以使用以下两种方法来计算。

（1）即期利率曲线法。根据市场上的即期利率数据，绘制出不同期限的即期利率曲线，然后从中获取特定期限的即期利率作为零息债券的到期收益率。

（2）贴现法。使用贴现公式来计算零息债券的到期收益率。贴现公式将债券的现值与面值进行比较，并使用市场利率/即期利率来计算到期收益率。

需要注意的是，即期利率通常是根据国债利率或其他无风险利率衍生出来的，并且可能随着时间和市场条件的变化而变动。零息债券的到期收益率反映了市场对特定期限内的无风险利率的预期。同时，到期收益率也可用于评估其他类型债券的风险和预期收益，如固息债券。

6.1.3 远期利率

远期利率通常用于进行利率风险管理和利率预测。投资者和金融机构可以利用远期利率协议或利率期货合约锁定未来的利率，以保护自己免受利率波动的影响。

远期利率的确定通常基于市场参与者对未来经济和货币政策的预期。市场参与者会考虑各种因素，如通货膨胀预期、货币政策走向、经济增长预期以及市场供求情况等。这些因素的变化会影响远期利率的水平。

下面对两种投资策略进行说明。

第一种：将 100 元用当前 2 年期即期利率连存 2 年，将在第 2 年得到 $100\times(1+6.69\%)^2=113.83(元)$。

第二种：将 100 元用当前和 1 年后的 1 年期即期利率连存 2 年，即连买 2 年 1 年期零息债券（用 fr 表示 1 年后的 1 年期即期利率），那么第 2 年将得到 $100\times(1+5.26\%)\times(1+fr)$。

如果不存在套利机会的话，以上两种策略在 2 年后得到的终值应该相等。即 $100 \times (1+5.26\%) \times (1+fr) = 113.83$，解得 $fr = 8.14\%$。

fr 就是远期利率（Forward Interest Rate），代表了市场对未来即期利率的预期（站在现在这个时点，预期 1 年后的 1 年期即期利率）。

前面计算出的 1 年期即期利率与 2 年期即期利率之所以不一样，是因为市场预期 1 年后，1 年期即期利率会从 5.26% 上升到 8.14%。

需要注意的是，远期利率只是一种市场参与者对未来利率的预期，实际的利率走势可能与市场预期有所不同。由于多种因素的影响，包括经济变化、政策调整、市场情绪等，实际的利率可能会偏离远期利率预期。

投资者和金融机构在使用远期利率来进行决策时，应该认识到远期利率的不确定性，并结合其他信息和分析综合考虑。此外，远期利率也会随着市场变化而波动，投资者需密切关注市场动态并及时调整投资策略。

6.1.4 久期

债券的久期（Duration）是指债券投资者为收到债券所提供的所有现金流平均要等待的时间。显然，一个 n 年到期的零息债券的久期就是 n 年，而一个 n 年的附息债券的久期小于 n 年，因为在第 n 年之前这个债券已经通过利息支付了一些现金流。下面我们来计算任意一种债券的久期。

假设债券在第 n 年到期，到期之前，会在 t_i 时刻给债券持有人提供现金流 c_i，则债券当前价格 P 与债券到期收益率 y 之间有如下关系（连续复利情况）：

$$P = \sum_{i=0}^{n} c_i e^{-y t_i}$$

债券的久期 D 就是用每时刻现金流的现值与当前价格之比为权重计算的债券各个现金流支付时间的加权平均：

$$D = \left(\sum_{i=0}^{n} t_i c_i e^{-y t_i} \right) / P$$

债券市场中有一种常见投资策略叫作久期策略，是指投资者基于对未来利率走势的预测来主动调整组合的久期。具体来说，如果投资者预期利率水平会上升，就缩短自己组合的久期（卖出长债），以减少组合价值下跌的幅度。而如果投资者预期利率水平会下降，就拉长自己组合的久期（买入长债），以尽可能多地享受利率下降带来的债券价格上升的好处。

另外，银行、保险等金融机构的资产和负债中都会有大量债券，它们可以通过匹配自己资产组合和负债组合的久期（让资产和负债的久期相等）来消除收益率变化带给自己的风险。这也是一种久期的用法。

久期的计算需要考虑债券的现金流量、到期期限和折现率。以下是常见的债券久期的计算方法。

（1）修正久期（Modified Duration）。修正久期是久期的一种常见形式。它表示债券价格相对于利率变动的百分比变化。主要计算公式为：修正久期 = 久期/(1+到期收益率)，其中久期表示债券的现金流量加权平均到期时间，到期收益率表示债券的当前收益率。

（2）麦考利久期（Macaulay Duration）。麦考利久期是久期的另一种常见形式。它是债券的现金流量对到期时间的加权平均，用于衡量债券的平均剩余期限。其计算公式为：麦考利久期 = $\sum(CF_t \cdot t)/\sum CF_t$，其中 CF_t 表示债券在第 t 期的现金流量，t 表示债券现金流量发生的期数。

债券的久期对投资者具有以下重要意义。

（1）利率敏感性。久期是衡量债券价格对利率变动的敏感性的指标。久期越长，债券价格对利率变动的影响越大。

（2）风险管理。久期能够帮助投资者了解债券投资组合对利率风险的敏感程度。通过合理配置不同久期的债券，投资者可以降低整体投资组合的利率风险。

（3）估值调整。当市场利率发生变动时，久期可以帮助投资者估计债券价格的变动幅度。根据久期计算的修正久期，投资者可以预测债券价格对利率变动的响应，并做出相应的投资决策。

需要注意的是，久期只是一个估计指标，它基于一些假设，如债券的现金流量和利率变动的线性关系等。实际上，债券价格对利率变动的响应可能会受到其他因素的影响，如市场流动性、信用风险、市场需求等。因此，在使用久期进行分析和决策时，投资者应综合考虑其他相关因素，并注意久期的局限性。

6.2 股票价值分析

股票（Stock）是股份公司为筹集资本而发放的公司所有权凭证。股票持有者拥有对企业（支付了债权人回报后）的剩余盈利及资产的索取权，以及企业经营的参与权（权利大小取决于持股数量的大小），并且，股票持有者不能要求企业返还其出资。股票分为普通股（Common Stock）和优先股（Preferred Stock）。普通股是通常意义上的股票，优先股则是承诺了固定股息回报，并在参与企业经营方面权利小于普通股的特殊股票。

与债券相比，股票在期限与回报上主要有两点不同。

（1）债券一般有到期日，股票没有到期日。除少数品种（如永续年金）外，债券的存续期是有限的。在到期日付清本息后，这只债券就不存在了。而股票作为企业的所有权凭证，没有到期日的概念，只要企业没有倒闭，企业的股票就会一直存在下去。

（2）债券的回报是固定的，股票的回报是不固定的。由于债券发行时会在合约中列明回报，因此债券的回报是固定的（但未必是确定的或无风险的，因为债券也存在违约风险）。而股票则代表着在债权人的权利得到满足后，对企业盈利和财产的剩余索取权（Residual Claim）。换言之，在债权人从企业拿走他应得的份额后，剩下的才是股东的。如果企业的盈利和资产尚不够债权人分的，那么股东就什么也得不到。因此，股票的回报必然是不固定、不确定的。存在无风险债券，但不存在无风险股票。

6.2.1 股利贴现模型

（1）股利贴现模型（Dividend Discount Model，DDM）定价模型的推导。股票作为一种资产，其价值取决于它在未来能够给股票持有者带来多少现金——股票分红。红利（又称为股利）是股份公司盈利中以现金形式分配给股东的部分，是股份公司提供给股东的回报。假设某只股票在 t 期的分红量为 D_t，t 期分红后的股价为 S_t（此时的股价称为除红利价格）。在各个时期中，股票市场都用贴现率 r 来贴现股票产生的现金流。那么，股票当前的价格为

$$S_0 = (D_1 + S_1)/(1+r)$$

其中，D_1 表示在 1 期股票会带来的红利；S_1 表示在红利之外，股票持有者还可以将股票出售，获得的现金收入。这两部分现金流用 $1+r$ 贴现到现在，就应该等于当前的股价。以此类推，有

$$S_1 = (D_2 + S_2)/(1+r)$$

因此有

$$S_0 = (D_1 + S_1)/(1+r) = D_1/(1+r) + D_2/(1+r)^2 + S_2/(1+r)^2 = \cdots = \sum_{i=1}^{\infty} D_t/(1+r)^t$$

这说明股价等于它未来所有预期红利的现值之和。尽管股票投资者在决策时会评估未来股价，但未来股价只不过是更远未来红利的反映。归根结底，决定股价的是股票分红的预期（DDM 模型的核心思想）。

如果假设预期红利以恒定的速率 g 一直增长下去，那么有

$$S_0 = D_1/(r-g)$$

其中，r 是投资者要求的股票回报率；g 是红利增长率。为了弥补持有股票的风险，r 应该大于 g。

定价方程 $S_0 = D_1/(r-g)$ 称为戈登增长模型。

从戈登增长模型来看，股价正比于下一期的分红，红利回报越高，股价自然越高。此外，股价还与贴现率和红利增长率的差成反比。贴现率越高，意味着未来红利在投资者现在的眼中越不值钱，自然就会压低当前股价。而红利增长率越高，则意味着未来的红利越多，现在的股价自然也越高。

在戈登增长模型中，红利 D 和红利增长率 g 的确定不是问题，但是股票回报率（或贴现率）r 是一个麻烦的问题。资本资产定价模型（CAPM）从理论上解答了这一问题。

（2）横截性条件。在前面 DDM 定价模型的推导过程中，遗漏了一项——$S_t/(1+r)^t$，即当前股价除了包含未来红利贴现和，还包含在无穷远未来股价的现值。

DDM 定价模型的推导中做出了横截性条件假设，即当时间 t 趋于无穷大时，$S_t/(1+r)^t = 0$。横截性条件就是无泡沫条件。

股价不可能是负值，在横截性条件未被满足的情况下，就算股票永远不分红，投资者也会因为预期中股价的快速上涨而有动力买入股票，股价就在"击鼓传花"的过程中越走越高——这就是股价的泡沫。

资产价格泡沫是指，投资者仅因资产价格上涨的预期而买入资产，因而推高资产价格的现象。但是资产泡沫注定不会长久，一定会以泡沫破灭、资产价格大幅下跌收场。因此，在横截性条件假设下讨论金融问题，但在讨论资产价格泡沫时会放松这个条件。

6.2.2 股票市盈率

股票市盈率（Price-Earnings Ratio，P/E Ratio）是用来衡量一家企业的股价相对于其每股收益的倍数。其计算方法是用企业的市值除以其每股收益。股票市盈率被视为衡量一家企业是否被高估或低估的重要指标之一。一般来说，较高的市盈率可能意味着市场对该企业未来盈利的预期较高，而较低的市盈率可能意味着市场对该企业未来盈利的预期较低。然而，股票市盈率只是一项指标，投资者还需要综合考虑其他因素，如行业趋势、企业财务状况等，以做出投资决策。

用 E_t 表示 t 时期股票的每股盈利，假设企业每期都将盈利的固定比例（设为 k）用于分红，即 $D_t = kE_t$。由于戈登增长模型假设红利增长率为 g，因此，相应地，有盈利的增长率也为 g，则有：$S_0/E_1 = k/(r-g)$。将 S_0/E_1 称为动态市盈率，S_0/E_0 则称为滚动市盈率。值得注意的是，无论股票市盈率是高还是低（盈利增速是高还是低），带给投资者的回报率都是一样的，都等于贴现率 r。

假设一家上市企业在第一期的每股盈利为10元，分红率为40%，企业的盈利增长率为16%，市场对企业的贴现率为20%。那么，该企业的市盈率为 $S_0/E_1 = k/(r-g) = 0.4/(20\%-16\%) = 10$，该企业目前的股价应该是 $10 \times 10 = 100$（元）。

如果企业的盈利增长率是18%，那么企业的股价是200元。由此可见，当证券分析师在分析上市企业并推荐股票时，对企业盈利增长率的预测非常重要。

6.2.3 股份公司的经营决策

1. 分红可能性边界

分红可能性边界是指一家企业在给股东分红方面的极端情况。具体来说，它包括以下两个极端情况。

（1）最低可能性边界。在最低可能性边界下，一家企业可能无法或选择不进行任何分红。这可能是因为企业面临亏损、资金短缺、扩张计划或债务偿还等原因。

（2）最高可能性边界。在最高可能性边界下，一家企业可能将其所有可分配利润全部分配给股东作为股息。这通常反映了企业业绩出色、盈利稳定、现金流充裕以及管理层对分红的承诺。

需要注意的是，分红是由企业董事会根据其分红政策和盈余情况决定的，因此在某个特定时间点，企业的分红可能性边界会因不同因素而有所不同。此外，企业还可能根据市场环境、投资需求、未来增长计划等因素来确定分红政策。

投资者应该综合考虑企业的盈利能力、现金流、财务健康状况、行业竞争态势以及管理层对分红的承诺等因素，来评估企业的分红可能性和潜在回报。分红政策和分红金额并非固定不变，因此，建议投资者在进行投资决策时，仔细研究和评估相关信息，并了解企业的具体情况。

企业盈利是对企业过去投资（购入机器设备等投资行为）的回报。为了在未来持续获得盈利，企业需要持续进行投资。所以，只有企业盈利中扣除了投资后的剩余部分才能变成红利。因此，企业盈利(E) = 企业投资(I) + 企业分红(D)。

现在考虑一个两期模型。图6-1中的横轴和纵轴分别代表1期（现在）和2期（未来），凹向原点的曲线为企业的分红可能性边界，代表了企业在1期和2期的可能分红组合。

横轴的 $D_{1\max}$ 代表企业在1期最大可能分红数量——企业将其1期的盈利全部用来分红（假设企业不能借钱分红）。这时，企业完全不为未来投资，其2期的盈利和分红都将为0（假设企业之前的资本在1期已完全被消耗掉）。纵轴的 $D_{2\max}$ 代表企业在2期最大可能分红数量。它对应着企业1期完全不分红，所有盈利都作为投资的状况。

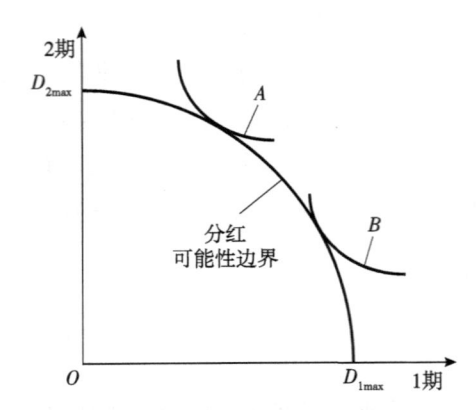

图 6-1　不同偏好的股东选择不同的分红计划

假设股东会把每期所获得的分红全部用来做当期消费。由于不同股东的偏好可能不一样，因此他们偏好的分红方式也可能不一样。较有耐心的股东（A）偏向于1期少分红，2期多分红；较没有耐心的股东（B）则偏向于1期多分红，2期少分红。股东的无差异曲线与分红可能性边界的切点就是股东偏好的分红计划。

2. 费雪分离定理

费雪分离定理（Fisher Separation Theorem）是由经济学家欧文·费雪（Irving Fisher）提出的。该定理表明，在市场理论和资本资产定价模型的框架下，投资决策和消费决策可以相互独立地进行。

根据费雪分离定理，投资决策和消费决策可以分开进行，互不影响。具体来说，投资决策应该基于投资组合理论，旨在最大化投资回报或最小化投资风险。而消费决策则应该根据个人或家庭对消费的偏好和预算来做出。

费雪分离定理进一步指出，理性的投资者应该将他们的决策分为两个部分：确定自己的消费水平和确定自己的投资组合。通过将这两个决策相互分离，投资者可以更好地优化他们的财务状况。

需要注意的是，费雪分离定理基于一些假设和前提条件，如理性投资者、无摩擦的市场、完备的信息等。在实际市场中，这些条件往往并不完全成立，因此投资决策和消费决策可能会相互影响。然而，费雪分离定理仍然提供了一种理论框架，可以帮助投资者理解和规划他们的投资和消费策略。

前面的分析引出了一个问题：在面对股东不同的分红偏好时，股份公司应该听谁的？费雪给出了答案。为了阐述费雪的观点，需要引入市场机会线的概念。市场机会线代表了用市场利率 r 在1期和2期之间调配资源所可能形成的配置，其斜率为 $-(1+r)$。当将分红可能性边界、市场机会线和无差异曲线放在一起时，便得到了图 6-2。

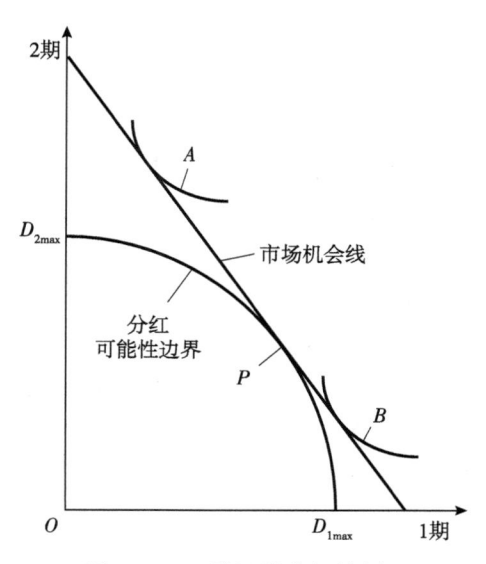

图 6-2 三线下的分红计划

当引入了市场利率用来在两期之间调配资源后，股东所面对的选择集就不再仅是分红可能性边界了。因为股东可以将企业的两期分红利用市场利率转换成自己想要的资源配置，只要所选配置的现值（用市场利率计算）与企业分红的现值一样即可。所以，可以找出那根与分红可能性边界相切的市场机会线。这根线上的点代表了企业分红所能达到的最高现值水平（用市场利率计算）。显然，当分红可能性边界与市场机会线相切时，企业的两期分红用市场利率折现的现值为最大。而由 DDM 模型可知，此现值就是企业用市场利率估计出来的股价。P 点即为企业股票价值最大化的点。

而对于企业股东而言，股东 A 和股东 B 均达到了更高的效用。因此，无论股东有什么样的偏好，他都会愿意让企业按照最大化分红贴现和的方式经营，即愿意让企业按照市场机会线与分红可能性边界的切点 P 来进行决策。在 P 点，企业的边际投资回报率等于市场利率。因为当企业的边际投资回报率高于市场利率时，把企业的资金分红给股东，让股东放到市场上去获取市场利率是不划算的，股东不会愿意。反之，如果企业投资回报率低于市场利率，与其将钱放在企业里投资，股东还不如将钱拿出来放到市场上赚取市场利率。所以，企业会选择恰到好处的分红量（也决定了投资量）来使企业的边际投资回报率等于市场利率。由此，得到了费雪分离定理（投资决策与消费决策分离）。

企业股东（消费者）在做决策时，包含了两个相分离的步骤。第一步，投资决策。让持有的企业遵循股票价值最大化的目标来进行经营决策（投资、分红）。第二步，消费决策。在资本市场上借贷，将企业所提供的红利流转换为符合自己偏好的消费流。这两步决策相互独立，互不影响。

6.3　道德风险与信贷配给

信息不对称可以分为两大类。第一类是事后的信息不对称，发生在交易合约签订之后的信息不对称，称为道德风险。第二类是事前的信息不对称，存在于交易合约签订之前的信息不对称，称为逆向选择。例如，一个为自己房屋投保了全额火灾险的人，可能更加疏于防范火灾，这种做法就是在签订了火灾保险合同之后的信息不对称，因而是道德风险；身体不好的人会有更强的动力去参与医疗保险，而那些身体健康的人反而可能不太愿意买保险，保险公司就会承担更高的赔付风险，这种做法就是交易合约签订之前的信息不对称，因而是逆向选择。

分析信息不对称的常用工具是委托代理模型。该模型中有两个主体：掌握信息的代理方与没有信息的委托方。代理方掌握的私人信息，对双方的福利都有影响。如果不做更多的假设，委托与代理双方的讨价还价很容易产生多重均衡（多种结果都可能产生），因而无法得到有意义的结论。为此，在委托代理模型中，假设所有讨价还价的权力都在委托方。委托方会设计一个合约，代理方只能选择接受还是不接受，而不能提出自己的合约。委托代理模型简化了分析。如果代理方不接受委托方设计的合约，博弈就会结束。因此，只要合约提供给代理方的效用高于其保留效用，代理方就一定会接受。因为在求解双方帕累托最优的一种方式就是固定一方的效用，而最大化另一方的效用。所以，用委托代理模型可以刻画帕累托最优（也是真实世界可能发生的状况）的性质。正因如此，委托代理模型已经发展成经济学的一个专门分支——契约理论。

6.3.1　信贷配给

用委托代理模型分析一种在金融市场中普遍存在的现象——信贷配给。所谓信贷配给，是指借款者即使愿意支付资金出借人所要求的利率水平（甚至更高），仍无法获得贷款的现象。这在转型中的国家十分常见。在这些国家中，利率往往会因为行政管制的原因被压低至低于市场出清利率的水平。此时，贷款市场上出现供不应求的状况，因而需要对信贷的投放做非市场化的配给。但是，在那些市场经济成熟的国家中，信贷配给也相当普遍。与转型国家的行政管制不同，这些国家的信贷配给往往产生于借贷双方信息的不对称。这种因信息不对称而产生的金融摩擦广泛存在，是许多实际金融运行与理想状况发生偏差的关键。

信贷配给可能会出现的原因包括以下几点。

（1）信息不对称。借款人和银行之间存在信息不对称，银行无法准确评估借款人的风险水平。

（2）风险厌恶。银行由于风险厌恶而更加谨慎，在面对不完全信息的情况下，倾向于拒绝或限制提供信贷。

（3）不完全竞争。金融市场中可能存在行业集中度高、信息壁垒或监管限制等因素，导致市场中少数机构垄断信贷供应，限制了信贷提供的数量和范围。

信贷配给对经济体可能产生的负面影响如下。

（1）资金限制。信贷配给可能导致部分企业无法获得所需的融资，限制了其扩大规模和投资的能力，从而抑制了经济的增长和发展。

（2）非高效的资源配置。由于信贷配给，某些高效利用资源的项目无法获得融资，而一些低效、低回报的项目可能获得过度投资，导致资源配置的失衡。

（3）不公平性。信贷配给可能导致特定群体或行业获得更多的信贷资源，而其他有潜力的借款人难以获得融资，加剧了财富和机会的不平等现象。

为了解决信贷配给问题，可以采取以下措施。

（1）增强信息披露和透明度。提供更多的信息以减少信息不对称，使银行能够更准确地评估借款人的风险。

（2）加强金融市场竞争。通过减少垄断和提高金融市场的竞争度，鼓励更多金融机构参与信贷市场，增加信贷供应。

（3）强化监管和风险管理。加强监管机构对银行的监管，监督银行风险管理和贷款决策过程，降低信贷风险。

（4）发展替代金融渠道。鼓励发展多样化的金融渠道，如非银行金融机构、金融科技企业等，以提供更多的融资渠道和选择。

综上所述，信贷配给是金融市场中由于信息不对称和市场竞争不完全导致的一种现象，可能对经济体产生不利影响。通过增加信息披露、加强金融市场竞争、加强监管和风险管理，以及发展替代的金融渠道等措施，可以缓解信贷配给问题，推动金融市场的健康发展。

6.3.2 面粉配给

假设有一位厨师掌握了可以把面粉烤成美味大饼的技术。厨师自有的面粉数量有限，为了烤出尽可能大的饼，需要找别人借面粉。在烤饼的过程中，厨师可以通过偷懒来减轻自己的劳动强度。而厨师一旦偷懒，烤饼的成功率便会下降。厨师是否偷懒，只有厨师自己知道，是厨师的私人信息。换句话说，当烤饼失败了，借出面粉的人并不知道是因为厨师偷了懒，还是因为这次运气不好。

按照委托代理理论，借出面粉的人应当是委托方，厨师应当是代理方。这种情况下，委托方会给厨师设定什么样的合约？很显然，考虑到厨师有使坏的可能，委托方绝对不会借给厨师很多的面粉（即使委托方知道厨师有不错的烤饼手艺）。为了维护自己的利益，委托方会想办法让厨师也在乎饼是否能够烤成功。而要做到这一点，委托方必须确保在烤饼的面粉中，厨师自己的面粉占了足够大的比例，使烤饼失败带给厨师的损失大于厨师偷懒所获得的收益。这样一来，虽然厨师烤饼手艺不错，也不可能借到很多面粉。于是就出现了"面粉配给"现象。

6.3.3 模型设定

借款人掌握一种规模报酬不变的投资技术。对初始投资 $I\in[0,+\infty)$ 的任意项目，都有成功的概率和失败的概率。在成功的时候，初始投资可以产生 $R\cdot I$ 的总回报（$R>1$，是一个常数）。但在失败的时候，投资项目的总回报为 0。假设市场利率为 0，并且资金出借方进行完全竞争，因而获得的利润为 0。

借款人获得借款之后，有两种选择。第一种，可以选择"努力"，这种情况下，投资项目有 PH 的成功概率，而借款人不能从项目中获得任何私人收益。第二种，借款人也可以选择"偷懒"（对应前面故事中厨师偷懒），此时，可从项目中获得 $B\cdot I$ 的私人收益（B 是大于 0 的常数），但代价是项目成功的概率下降到 $PL=PH-\Delta<PH$。

假设当借款人"努力"时，投资项目有正的净现值（NPV）——项目期望总回报率高于无风险资产的总回报率（由于无风险利率为 0，所以无风险资产总回报率为 1），$PH\cdot R>1$。但当借款人"偷懒"时，即使算上项目带给借款人的私人收益，项目也只有负的净现值，$PL\cdot R+B<1$。也就是说，只有当借款人"努力"时，项目才值得投资。而当借款人"偷懒"时，投资项目只是浪费资源，没有投资价值。

假设，是"努力"还是"偷懒"，以及是否获得了私人收益，都是借款人的私人信息，出借人无从获知，也无法从项目最后的成败来加以推测（因为即使借款人"努力"，项目也有一定的失败概率）。借款人拥有初始资金 A，为了做一个规模为 I 的项目，借款人需要从出借人那里借入 $I-A$ 的资金量来启动项目。

在这种情况下，出借人即面临委托代理问题。借款人有"偷懒"的可能，产生了代理成本；如果不存在代理成本，即借款人不管怎样都会"努力"，那么投资项目肯定会带来正的回报。在这种情况下，不论多少钱出借人都会愿意借。换言之，当不存在代理成本时，借贷是否会发生只取决于回报率。这样一来，资金在项目之间的自由流动会确保所有项目风险调整后的回报率相等。但在存在代理成本时，委托方在订立贷款合同时，需要想办法来激励借款人"努力"。这就为借款的发生施加了在回报率之外的新的约束，信贷配给因此而生。

6.3.4 模型分析

第一，必须激励借款人"努力"工作，只有这样，出借人才能分享项目成功的成果。激励借款人"努力"工作，意味着"努力"工作时的期望回报大于"偷懒"时的期望回报，即 $PH \cdot Rb \geq PL \cdot Rb + B \cdot I$。其中，$PH$ 是"努力"时投资项目的成功概率，PL 是"偷懒"时投资项目的成功概率，Rb 是项目成功后借款人获得的回报，$B \cdot I$ 是"偷懒"时借款人从项目中获得的私人收益。$PH \cdot Rb \geq PL \cdot Rb + B \cdot I$ 等价于 $\Delta P \cdot Rb \geq B \cdot I$，此式称为激励相容约束。其含义是：必须让借款人在投资项目中分得足够大的份额，才会让他有动力努力把项目做好，而不是通过"偷懒"来获取私人收益。

第二，出借人愿意提供借款的前提条件是期望收益不低于提供的贷款数量，即 $PH \cdot Ra \geq I - A$，这称为出借人的参与约束。由于出借人处于完全竞争之中，所以他们应该获得零利润，不等号应取等号。

6.3.5 模型讨论

第一，在项目成功时，即 $PH=1$，每单位投资的代理成本 $B/\Delta P$ 实际上就是借款人在项目中的足够大的回报，剩余部分，即出借人从项目中获得的回报。如果每单位投资的期望回报大于每单位投资的代理成本，那么资金出借人愿意出借无限多的资金给借款人，因而不存在信贷配给问题。但在实际中，投资项目的边际回报一定是递减的（按照凯恩斯的投资回报率曲线），因此，每单位投资的期望回报会小于每单位投资的代理成本。

第二，每单位投资的期望回报小于每单位投资的代理成本的现实情况，导致出现信贷配给问题，同时，也出现杠杆系数 k（也称为资本乘数）。根据参与约束，有 $PH \cdot Ra \geq I - A$。在完全竞争的市场条件下，出借人应该获得零利润，因而有 $PH \cdot Ra = I - A$。再根据激励相容约束，$\Delta P \cdot Rb \geq B \cdot I$，那么有

$$I - A = PH \cdot Ra = PH(R \cdot I - Rb) \leq PH(R \cdot I - B \cdot I/\Delta P) = PH(R - B/\Delta P)I$$

其中，$Ra + Rb = R \cdot I$。即在项目成功时，出借人获得的回报和借款人获得的回报之和等于项目投资的回报。

杠杆系数 $k = 1/[1 - PH(R - B/\Delta P)]$。因为假定项目在不"努力"时借款人的回报小于项目在"努力"时借款人的回报，因而有 $PL \cdot R + B < PH \cdot R$，即 $R > B/\Delta P$，$PH \cdot (R - B/\Delta P) < 1$，再根据每单位投资的期望回报小于每单位投资的代理成本，有 $PH \cdot (R - B/\Delta P) > 0$，因而 $k > 1$。

6.3.6 信贷配给的解决方法

第一，借款人自己在项目初始投资中占据的份额越大，借款人在项目回报中能分到的回报比例就越大，借款人就越关心项目是否成功。因此，只有借款人自己持有的初始资金较多时，出借人才会相信借款人会"努力"工作，才会把自己的资金借给借款人，出借人提供的有限贷款是 $(k-1)A$。

第二，k 的大小取决于私人回报率 B 和项目在"努力"与"不努力"时成功率的差异 ΔP。借款人在借款时，一定要阐述私人回报率 B 和项目在"努力"与"不努力"时成功率的差异 ΔP，从而争取更大的 k。

第三，这个信贷配给模型也体现了声誉的价值。正因为出借人（委托人）与借款人（代理人）之间利益不一致（出借人的回报完全来自项目的成功，而借款人的回报除了项目成功，还可以通过"偷懒"获得私人回报），导致明明可以收获的收益无法获得（规模大于 kA 的项目无法启动）。如果一个借款人有极高的声誉，并承诺不会"偷懒"，那么他可以融资的规模会大于其他借款人，从而能够做其他人做不了的项目。这就是声誉的价值。

解决信贷配给问题的方法包括以下几个方面。

（1）运用合理的信贷评估模型。金融机构可以运用合理的信贷评估模型，通过评估借款人的信用风险水平来决定是否批准贷款以及贷款金额。这些模型可能基于借款人的经济状况、财务状况、信用历史等因素进行评估，以减小信贷风险。

（2）发展多样化的信贷产品。金融机构可以开发多样化的信贷产品，以满足不同借款人、企业或借款项目的需求。例如，开发短期贷款、长期贷款、抵押贷款、信用贷款等不同种类的产品，可以提供给不同类型的借款人。

（3）制定明确的信贷政策和准则。金融机构需要制定明确的信贷政策和准则，以指导信贷配给的决策过程。这包括确定最低的信用标准、借款人的最大负债能力、贷款额度的限制等。通过明确的政策和准则，金融机构可以更好地进行信贷配给。

（4）使用技术工具和数据分析。金融机构可以利用先进的技术工具和数据分析来辅助信贷配给决策。例如，采用机器学习、大数据分析等技术，可以更准确地预测借款人的信用风险，帮助金融机构做出更明智的信贷配给决策。

（5）加强风险管理和监控。金融机构应该建立健全的风险管理和监控机制，及时发现和应对信贷风险，包括建立风险评估模型、制定风险控制措施、加强内部审计和风险报告等。

总之，解决信贷配给问题需要综合考虑借款人的信用状况、风险偏好、市场需求等多个因素，并采取有效的措施来减小信贷风险和优化信贷分配效果。

6.3.7 示例

假设一位风险中性的企业家有一个投资项目，这个项目需要初始资金 10 个单位，企业家自身拥有资金 A（$0<A<10$），因而需要从市场上进行融资来启动项目。如果项目成功，将会带来 16 个单位的回报；如果项目失败，则没有任何回报。企业家如果"努力"工作，项目成功的概率为 0.75，企业家如果"偷懒"，项目成功的概率只有 0.5，但是企业家可以从项目中获得 2 个单位的私人回报。企业家是否"努力"工作以及是

否获得私人回报是企业家的私人信息。市场上存在大量完全竞争且风险中性的投资者。

（1）请列出企业家"不偷懒"的激励相容约束。

（2）请列出投资者愿意为企业家出资的参与约束。

（3）当 A 满足什么条件时，企业家可以获得融资？

根据题目可以得到：$I=10$，$PH=0.75$，$PL=0.5$，$B\cdot I=2$，$R\cdot I=16$。

（1）企业家"不偷懒"的激励相容约束。

$$\Delta P\cdot Rb\geqslant B\cdot I$$
$$\Delta P=0.75-0.5=0.25$$
$$0.25Rb\geqslant 2 \quad\quad\quad (1)$$

（2）投资者愿意为企业家出资的参与约束。

$$PH\cdot Ra\geqslant I-A$$
$$0.75Ra\geqslant I-A=10-A \quad\quad\quad (2)$$

（3）此时有两种做法。

其一，根据 $Ra+Rb=R\cdot I=16$，将式（1）和式（2）代入可得：$16=Ra+Rb\geqslant 4(10-A)/3+8=64/3-4A/3$。

所以，$A\geqslant(64-48)/4=4$。

其二，计算杠杆系数，即
$k=1/[1-PH(R-B/\Delta P)]=1/[1-0.75\times 1.6+0.75\times 0.2/(0.75-0.5)]=1/(1-1.2+0.6)=2.5$

所以，$A\geqslant I/k=10/2.5=4$。

6.4 逆向选择与资本结构

6.4.1 逆向选择

逆向选择指的是这样一种情况，当市场交易的一方如果能够利用多于另一方的信息使自己受益而对方受损时，信息劣势的一方便难以顺利地做出买卖决策，于是价格便随之扭曲，并失去了平衡供求、促成交易的作用，进而导致市场效率的降低。"逆向选择"在经济学中是一个含义丰富的词汇，它的一个定义是指由交易双方信息不对称和市场价格下降产生的劣质品驱逐优质品，进而出现市场交易产品平均质量下降的现象。在现实的经济生活中，存在一些和常规不一致的现象。本来按照常规，降低商品的价格，该商品的需求量会增加；提高商品的价格，该商品的供给量会增加。但是，由于信息的不完全性和机会主义行为，有时降低商品的价格，消费者也不会做出增加购买的选择（因为可能担心生产者提供的产品质量低，是劣质产品，而非原来他们心中的高质量产品）；提高价格，生产者也不会增加供给的现象。

乔治·阿克尔洛夫（George Akerlof）、迈克尔·斯宾塞（Michael Spence）和约瑟夫·斯蒂格利茨（Joseph Stiglitz）由于在"对充满不对称信息市场进行分析"领域所做出的重要贡献，而获得 2001 年诺贝尔经济学奖。这三位获奖者在 20 世纪 70 年代奠定了对充满不对称信息市场进行分析的理论基础。其中，阿克尔洛夫的贡献在于阐述了这样一个市场现实，即卖方能向买方推销低质量商品等现象的存在是因为市场双方各自所掌握的信息不对称所造成的。斯宾塞的贡献在于揭示了人们应如何利用其所掌握的更多信息来谋取更大收益方面的有关理论。斯蒂格利茨则阐述了有关掌握信息较少的市场一方如何进行市场调整的有关理论。阿克尔洛夫、斯宾塞和斯蒂格利茨的分析理论用途广泛，既适用于对传统农业市场的分析研究，也适用于对现代金融市场的分析研究。同时，他们的理论还构成了现代信息经济的核心。

阿克尔洛夫在 1970 年发表了名为《柠檬市场：质量的不确定性和市场机制》的论文，被公认是信息经济学中最重要的开创性文献。他在这篇论文中提出的逆向选择理论揭示了看似简单实际上又非常深刻的经济学道理。逆向选择问题来自买者和卖者有关车的质量信息不对称。在旧车市场，卖者知道车的真实质量，而买者不知道。这样卖者就会以次充好，买者也不傻，尽管他们不能了解旧车的真实质量，只知道车的平均质量，愿意为平均质量出中等价格，这样一来，那些高于中等价格的上等旧车就可能会退出市场。接下来的演绎是，由于上等车退出市场，买者会继续降低估价，次上等车会退出市场；演绎的最后结果是：市场上成了破烂车的展览馆，极端的情况是一辆车都不能成交。现实的情况是，社会成交量小于实际均衡量。这个过程称为逆向选择。

在金融市场募集资金时，对于募集资金所能获得的投资回报率，企业比投资者了解得更清楚，因而存在信息不对称问题。投资者就怀疑企业募集资金时可能会夸大其投资回报率，这样导致的后果是即使投资回报率确实很高的企业也可能无法获得融资。在极端情况下，所有的企业都可能无法获得投资者的融资支持，导致市场崩溃。即使市场没有崩溃，也会产生交叉补贴，即因为存在企业欺骗投资者的可能，高回报的企业要融资，也必须接受更为苛刻的融资条件。在这种情况下，出现了优序融资理论。

优序融资理论（Pecking Order Theory）是指当企业存在融资需求时，首先选择内源融资，其次选择债务融资，最后选择股权融资。科技企业要想实现融资，必须知道其中的原因。

逆向选择通常会发生在以下情况。

（1）不对称信息。交易双方在交易过程中拥有不同的信息水平，一方拥有更多或者更准确的信息。

（2）隐性品质。被保险人、借款人或买方的真实品质或风险是隐藏的，另一方无法完全了解。

（3）自我选择。由于信息不对称，具有更高风险的个体更有可能参与交易，而低风险的个体更倾向于退出交易。

逆向选择可能对市场造成负面影响，包括以下几个方面。

（1）不平等的交易。逆向选择可能造成信息差异的加剧，使得较低风险的交易对手退出市场，导致交易无法达成，或者交易价格被高估。

（2）市场失灵。逆向选择可能导致市场无法发挥有效的资源配置功能，影响市场的运行和效率。

（3）不利选择。逆向选择可能导致交易对手选择不理想的交易伙伴，面临更高的风险和不确定性。

为了应对逆向选择问题，可以采取以下方式。

（1）提高信息披露程度。提供更多透明和详尽的信息，以减少信息不对称。

（2）建立可靠的信誉机制。通过建立声誉和信用评级机制来降低不对称信息风险。

（3）建立筛选机制。通过合理的筛选和审查程序，将高风险的交易对手排除在外。

（4）设计合适的契约和保险制度。制定适当的合同和保险制度来分摊风险，并提供适当的激励机制。

6.4.2 MM 理论

MM 理论，即 Modigliani 和 Miller 理论，是由经济学家弗朗哥·莫迪利亚尼（Franco Modigliani）和墨尔顿·米勒（Merton Miller）于 20 世纪 50 年代提出的一种关于公司财务的重要理论。

MM 理论提出了两个基本命题。

（1）资本结构的无关性定理（The Capital Structure Irrelevance Proposition）。MM 理论认为，在一个没有税收、无交易成本和信息不对称的完美市场条件下，公司的资本结构对公司价值没有影响。无论公司的资本结构是全部债务融资还是全部股权融资，公司价值是相同的。这是因为投资者可以通过自己的杠杆水平达到所需的收益率，资本结构的变化不会对公司价值产生影响。

（2）盈利能力和股息政策的相关性定理（The Profitability and Dividend Policy Relevance Proposition）。MM 理论认为，公司的盈利能力和股息政策会对投资者的价值判断产生影响。盈利能力好的公司可以通过发放股息或回购股份等方式向投资者传递利润，从而增加投资者对公司的价值认同。但是，MM 理论并未给出股息政策的具体建议，而是认为应根据公司的特定情况和市场需求来确定股息政策。

需要指出的是，MM理论的假设条件相对理想化，现实市场中存在税收、交易成本和信息不对称等因素，这些因素可能会对公司的资本结构和价值产生影响。因此，在实际应用中，需要综合考虑具体市场环境和公司情况，进行合理的财务决策。MM理论是金融经济学的基础理论之一，对于公司财务管理研究和实践具有重要的指导意义。

1958年，莫迪利亚尼和米勒发表的《资本成本、公司财务和投资理论》一文确立了公司金融学作为独立学科的地位，公司金融学逐步形成一套建立在新古典经济学框架下的理论体系。这套理论体系建立在阿罗-德布鲁（Arrow-Debreu）完美市场的假设条件下，经济人完全理性，完全信息，财务决策与产品市场、要素市场没有关联，目标函数是价值最大化，并引入经济学中的一般均衡和无套利技术，得出了公司的融资策略和鼓励策略对其价值都无影响的结论，也就是著名的MM理论。

6.4.3 无税条件下的MM理论

MM理论的建立基于以下的五个假设。

（1）所有公司股票和债券都在完美资本市场中完成交易。这意味着：股票和债券交易不存在佣金成本，个人投资者能取得与公司同等利率水平的借款。

（2）公司的经营风险可以用息税前利润（$EBIT$）的标准差来衡量，经营风险相同的公司处于同一风险级别上，视为同类风险公司。

（3）公司未来的$EBIT$能被投资者合理评估，即投资者对未来的$EBIT$以及风险有着同样的预期。

（4）公司和个人的债务均为无风险债务，即所有负债利率均为无风险利率，而且不会因为负债的增加而改变。

（5）公司所有的现金流量都是固定的永续年金，即公司未来的$EBIT$在投资者预期满意的基础上，保持零增长。

在上述假设前提下，公司总价值将不受资本结构变动的影响，即同类风险公司在风险相同而资本结构不同时，其公司的价值是相等的。即对于同类风险公司而言，即使负债比率由0增至100%，公司的平均资本成本及公司价值也不会因此而变动。

假设任一公司，$EBIT$表示其息税前利润，以D代表其公司债的市场价值，E代表其公司权益股份的市场价值。那么公司的总市价为

$$V = E + D$$

由假设（3）可知，投资者预期的$EBIT$相同，那么处于同一风险等级的公司，无论是负债经营还是70%股东权益（无负债经营），其公司总价值都相等，都取决于预期的$EBIT$和同一风险等级上的资本化利率r，因此，公司价值可以表述如下：

$$V = E + D = EBIT/r$$

也就是说，公司的总资本成本与资本结构完全无关，其总资本成本就等于同一风险等级的无负债经营公司的资本化利率 r，或者称为无杠杆权益资本成本。令 VL 为有负债的杠杆公司，VU 表示完全权益公司，则：

$$VL = VU = EBIT/r$$

原则验证：如果同一风险级别公司之间公式不成立，那么市场上就会出现套利活动。例如，一个杠杆公司和无负债公司处于同一风险级别，但是二者的公司股票价格却不同，在这种情况下，套利者就会买进价值被低估的公司股票，卖出价值被高估的股票，从而赚取利润。MM 理论认为，这是资本市场处于非均衡状态下出现的结果，这种套利活动会一直持续到这两家公司的市值回归到相等为止。因此 MM 理论认为，当资本市场达到均衡的状态时，只要满足假设条件，公司总价值就与公司的资本结构无关。

MM 理论认为，负债经营的公司的权益资本成本（简称为"杠杆权益资本成本"）等于同一风险等级的无负债经营的公司的权益资本成本（简称为"无杠杆权益资本成本"）加上风险补偿报酬。风险补偿报酬的多少，取决于杠杆比例以及无杠杆权益资本成本与债务资本成本之差。负债率越高，风险补偿报酬率也就越高，从而导致负债经营下的杠杆权益资本成本上升，反之亦然。也就是说，股东的期望收益率随着财务杠杆的增加而增加。

$$r_E = r_0 + D/E \cdot (r_0 - r_D)$$

其中，r_E 是杠杆权益资本成本；r_D 是债务成本；r_0 是无杠杆权益资本成本；D/E 是债务与权益资本比率；$D/E \cdot (r_0 - r_D)$ 为风险补偿报酬。如果 r_0 超过债务成本 r_D，则杠杆权益资本成本随债务与权益资本比率的上升而提高。一般来说，$r_0 > r_D$，因为即使无杠杆权益资本成本，公司也有风险，所以其期望收益率应该比风险债务的收益率更高。

根据无税条件下的 MM 理论，企业的价值取决于其预期的自由现金流量，而不受其资本结构的影响。换句话说，在没有税收、没有市场摩擦、没有信息不对称的情况下，企业的价值不论是在全部股权融资还是在全部债权融资的情况下是相等的。这意味着无论企业选择使用债权融资还是股权融资，只要资产的现金流量不变，企业的总价值不会受到影响。资本结构的改变只会影响债权人和股东之间的分配关系，而不会改变企业的总价值。

然而，在现实中，存在税收、市场摩擦以及不对称信息等因素，这些都可能影响企业的资本结构和价值。因此，无税条件下的 MM 理论只是一个理论假设，对于实际情况，需要综合考虑其他因素进行评估和决策。

6.4.4 有税条件下的 MM 理论

1963 年，莫迪利亚尼和米勒发表了第二篇文章《公司所得税和资本成本：一项修正》，在文中加入了公司所得税存在的条件。其基本思路是：负债的避税作用能产生财务杠杆效应，这可以使公司通过这种作用降低总资本成本，从而提高公司的总价值。

假设杠杆公司 L 和完全权益公司 U 具有不同的资本结构，但其预期息税前收益 $EBIT$ 和经营风险均相同，公司税率为 TC。在 MM 理论假设下，公司 U 每年的税后现金流量为 $EBIT \cdot (1-TC)$。由此可知，无杠杆公司 U 的公司价值 VU 就是其每年税后现金流量的现值，即 $VU=EBIT \cdot (1-TC) \cdot r_0$，其中 r_0 为完全权益公司的资本成本，此处为税后现金流量的贴现率。

杠杆公司 L 的公司价值 $VL=EBIT \cdot (1-TC) \cdot r_0+TC \cdot r_D \cdot D/r_D=VU+TC \cdot D$。其中，第一项是没有债务税盾时公司的现金流量。也就是说，该项与完全权益公司的价值 VU 相等。杠杆公司的价值是完全权益公司加上 $TC \cdot D$（税率乘以债务的价值），$TC \cdot D$ 是永续现金流量情形下税盾的现值。由于税盾会随着债务额的增加而增加，从而加大了杠杆公司与完全权益公司的差距，因此公司可以通过债务替代权益来提高总现金流量及公司价值。

根据有税条件下的 MM 理论，资本结构的选择可以影响企业的价值，主要是因为税收政策中存在税收抵扣的机制。具体而言，债权融资可以使企业支付利息作为税前成本，从而减少纳税基础，进而减少纳税额。相比之下，股权融资没有这种利息支出，因此无法享受税收抵扣的优惠。

根据有税条件下的 MM 理论，当纳税机制适用，企业在债权融资和股权融资之间进行权衡时，倾向于使用更高比例的债权融资，以最大限度地减少税收负担，从而使企业价值最大化。

需要注意的是，有税条件下的 MM 理论建立在一系列假设和前提条件下，如纳税制度的可靠性、没有其他市场摩擦因素、无信息不对称等。此外，税收政策和优惠条件可能随着时间和地区的变化而有所不同，因此在实践中，企业和投资者在考虑资本结构时仍需要综合考虑税收因素，并结合其他因素进行评估和决策。

6.4.5 信息对称下的投资者投资分析

在信息对称的情况下，投资者在进行投资分析时可以假设他们具有相同的信息，即他们都拥有完全准确和完整的信息。这意味着投资者可以在相同的信息基础上进行分析和决策。

在信息对称的情况下，投资者可以关注以下几个方面来进行投资分析。

（1）企业基本面分析。投资者可以对企业进行基本面分析，包括分析企业的财务状况、盈利能力、市场地位、竞争优势等。这可以通过研究企业的财务报表、年度报告、行业报告等来进行评估，以确定企业的价值和可持续性。

（2）行业和市场分析。了解所在行业的发展趋势、竞争格局以及市场的供求关系，对于投资者来说非常重要。这可以通过对行业报告、市场环境和竞争对手的情况来进行分析，以评估行业的增长潜力和投资机会。

（3）技术分析。投资者可以使用技术分析方法，通过图表和指标来分析股票价格和交易量的趋势，以确定买入或卖出的时机。技术分析的目标是通过研究市场的历史数据来预测未来价格的走势。

（4）宏观经济因素分析。宏观经济因素（如 GDP、通货膨胀率、利率等）对投资市场有重要影响。投资者可以关注宏观经济数据和政策动态，并根据这些因素对投资进行分析和决策。

（5）风险管理。投资者在进行投资分析时应该考虑风险因素。这包括评估投资所面临的风险水平和可能的损失，并采取适当的风险管理策略来保护投资组合。

需要注意的是，尽管投资者在信息对称的情况下可以共享相同的信息，但他们对信息的解读和判断可能会有所不同，做出不同的投资决策。此外，市场中也存在其他因素（如情绪、机构投资者的行为等）可能引起价格波动，使市场不完全有效。因此，投资者还应考虑市场的非理性因素和投资者情绪对投资决策的影响。

融资市场存在大量风险中性相同的企业，它们没有足够的自有资金，需要从市场的投资者那里借入数量为 I 的资金来投资各自的项目。如果项目成功，将会带来 R 个单位的回报；如果项目失败，则没有任何回报。市场中存在大量相同的完全竞争的投资者，均获得零利润。市场利率被正规化为 0，假定企业无初始资金，因而项目失败时，企业不可能补偿投资者，只有项目成功时，投资者才能从 R 中分得一部分作为出借资金的回报。

企业分为两种，好企业有 p 的概率让投资项目成功，而不好的企业只有 q 的概率让项目成功（显然，$p>q$）。在所有企业中，好企业比例是 a，不好的企业比例是 $1-a$。假定 $p \cdot R>I$，说明好企业的项目值得投资，其净现值是正的。

假设信息对称，此时投资者知道企业的类型，因而好企业的项目总是能够获得融资。两者之间的约定是：当项目失败时，好企业获得零收入；当项目成功时，好企业获得 EG 的回报，投资者获得 $R-EG$ 的借款回报。按照投资者零利润的假定，有 $p(R-EG)=I$。

不好的企业其投资的项目如果净现值是负的（$q \cdot R<I$），将无法获得融资；但是如果其投资的项目净现值非负（$q \cdot R \geqslant I$），则可以获得融资。此时，在项目成功时获得 EB 的回报，投资者获得 $R-EB$ 的借款回报。按照投资者零利润的假定，有 $q(R-EG)=$

I。显然，$EG>EB$。

6.4.6 信息不对称下的市场崩溃与交叉补贴

在信息不对称的情况下，市场可能面临崩溃或产生不良结果。信息不对称指的是市场参与者之间存在信息的不完全或不对称，其中一方拥有更多或更准确的信息。这可能会导致市场失去效率和稳定性。

市场崩溃是指在信息不对称的情况下，市场无法有效运作并导致严重的价格扭曲、波动，甚至市场崩溃的情况。

交叉补贴是一种政策工具，旨在纠正信息不对称引发的市场失灵，并鼓励市场参与者提供更准确和完整的信息。这可以通过以下几种方式实现。

（1）政府监管和信息披露要求。政府可以制定相关法规，要求市场参与者披露他们的信息，以便其他参与者能够共享更多的信息。这将有助于减少信息不对称，并提高市场的透明度和效率。

（2）奖励机制。政府可以通过奖励机制来鼓励市场参与者提供准确和完整的信息。例如，通过税收减免、补贴或其他经济奖励来鼓励企业主动披露关键信息，从而促进市场的正常运行。

（3）提供信息中介和评级机构。信息中介和评级机构可以帮助投资者评估和了解市场中的不同产品和交易。这些机构可以提供独立的信息、分析和评估，从而减少信息不对称对市场的不良影响。

交叉补贴可以帮助改善信息不对称的情况，减少市场失灵的风险。然而，制定和实施有效的交叉补贴政策需要考虑多个因素，包括市场特性、政府能力和监管机制等。此外，交叉补贴政策只是解决信息不对称问题的一种手段，还需要综合其他政策工具来提高市场的效率和稳定性。

假设信息不对称，即只有企业自己知道自己的类型，投资者事前事后都无法分辨自己面对的企业是好还是不好。此时，投资者将资金借给一个企业后项目成功的概率为

$$m = ap + (1-a)q$$

假设没有道德风险，即企业通过"偷懒"来获得私人回报，只有逆向选择。即当存在信息不对称时，不好的企业也伪装成好企业，期望获得 $q \cdot EG$ 的回报（大于 $q \cdot EB$）。

假设企业与投资者签订如下的合同：规定企业在项目成功时获得 $rf \geq 0$ 的回报，在项目不成功时获得零回报。由于不好的企业不会向投资者揭示其企业类型，投资者由于信息不对称也无法分辨企业类型，因此，不管是好的企业，还是不好的企业，都只

能用同样的合约与投资者签订，进而获得融资。此时，投资者从项目融资中获得的期望回报为

$$m(R-rf)-I=[ap+(1-a)q](R-rf)-I$$

（1）融资市场崩溃：市场无借贷。如果不好的企业的净现值是负的，而且当不好的企业占的比例足够大时，就可能导致 $m \cdot R < I$。具体地说，当好的企业比例 a 没有达到 a^* 时，市场就会崩溃。其中 a^* 的定义如下：

$$a^* \cdot p \cdot R + (1-a^*)q \cdot R = I$$

在这种情况下，投资者从融资的项目中获得的期望回报不可能大于零，因此投资者就不会给任何企业提供融资。市场中没有融资行为，融资市场就崩溃了。相比于信息对称下的企业融资，此时存在投资不足。

在这种情况下，好的企业也无法获得融资。对于科技型小微企业而言，不好的企业占比过大，而且不好的企业的净现值是负的，因此获得融资非常艰难。此时，好的小微企业一定要选择好行业，即选择不好的企业占比较小的行业。

（2）交叉补贴：市场中有借贷。如果不好的企业融资项目净现值是正的，或者说，虽然不好的企业融资项目净现值是负的，但是不好的企业的占比较小（$a \geq a^*$），此时 $m \cdot R > I$ 成立，所有企业都可以获得投资者的融资支持。项目成功时企业所能获得的回报由投资者零利润决定，即 $m(R-rf)=I$。进一步可以写为

$$a[p(R-rf)-I]+(1-a)[q(R-rf)-I]=0$$

其含义是投资者从好的企业获得正的利润，即 $p(R-rf)-I>0$；从不好的企业获得负的利润，即 $q(R-rf)-I<0$。

此时，好的企业在信息不对称时得到的回报小于信息对称时得到的回报，不好的企业在信息不对称时得到的回报大于信息对称时得到的回报，这就形成了好的企业对不好的企业的交叉补贴。

另外，即使不好的企业投资项目净现值小于零，根据交叉补贴，不好的企业仍然能够获得融资来建设投资项目，此时导致过度投资。

6.4.7 优序融资理论

优序融资理论亦译为"啄食顺序理论"。1984 年，美国金融学家迈尔斯（Myers）与智利学者迈勒夫（Majluf）提出该理论。以信息不对称理论为基础，并考虑交易成本的存在。优序融资理论认为，企业为新项目融资时，将优先考虑使用内部的盈余，其次采用债权融资，最后才考虑股权融资，即遵循内部融资、债权融资、股权融资的

顺序。

这个优先顺序的原因主要有以下几点。

（1）信息不对称。企业的管理层相对于外部的投资者更容易了解企业的内部情况。而在股权融资中，管理层必须披露更多的信息给投资者，可能会导致不利于企业的信息泄露和信息不对称。

（2）信号效应。当企业选择股权融资时，会向市场传递一个信号，暗示着可能存在负面信息，这可能导致股权价值下降。相比之下，企业通过内部融资和债权融资，对企业的价值和未来盈利状况传递的信号更为积极。

（3）税收优势。债权融资可以享受税收的利益，因为利息支出可以抵扣税前利润，从而减少纳税额。

综上所述，优序融资理论认为企业在融资决策中会按照内部融资、债权融资和股权融资的顺序来进行。然而，这并不意味着所有企业都严格按照这个顺序进行融资，实际情况可能会受到企业特定情况、市场环境、行业特征等因素的影响。因此，在实践中，企业需要综合考虑各种因素，根据自身的具体情况来做出最合适的融资决策。

优序融资理论具有以下优点。

（1）降低融资成本。优序融资理论认为通过优先选择低成本的内部融资方式，企业可以降低整体的融资成本。相对于债权融资和股权融资，内部融资通常具有更低的成本和风险。

（2）维持控制权。内部融资方式，如自有资金和内部积累的利润，不会稀释现有股东的股权，从而可以帮助企业维持现有股东的控制权和决策权。

（3）减少对外部融资市场的依赖。通过优先选择内部融资方式，企业可以降低对外部融资市场的依赖程度，减少受到市场波动和不确定性的影响。

优序融资理论存在以下不足。

（1）限制资金来源。内部融资的可行性和规模受到企业内部盈利能力的限制。如果企业的盈利能力不足以满足资金需求，可能需要寻求外部融资方式。

（2）增加财务风险。如果企业过度依赖内部融资，可能会导致资金不足，并增加财务风险。当面临扩张、投资项目或其他重大资本需求时，外部融资可能是必要的。

（3）机会成本。由于内部融资通常具有低成本，企业可能会错失其他更有盈利机会的投资或扩张项目，因为这将消耗内部融资。

第7章
科技金融服务平台建设与运营模式

第7章 科技金融服务平台建设与运营模式

7.1 科技金融服务平台的建设

7.1.1 科技金融服务平台建设的必要性

科技体制改革和金融体制改革催生了"科技金融"的诞生。2006年《国家中长期科学和技术发展规划纲要（2006—2020年）》（以下简称《规划纲要》）确立了科技金融在科技发展中的重要地位（房汉廷，2010b）。科技与金融的结合已经成为推动当今世界各国经济发展的重要动力，技术革命是新经济模式的引擎，金融是新经济模式的燃料，二者合起来就是新经济模式的动力所在。科技金融的核心是合理有效地配置科技资源和金融资源，以促进科技成果转化并支持高新技术产业化。从内容来看，科技金融包括科技财力资源、创业风险投资、科技资本市场、科技贷款、科技保险和科技金融环境；从参与主体来看，科技金融包括科技企业、科研机构、个人、政府、银行以及担保机构和信用评级机构等科技金融中介机构（赵昌文等，2009）。以此观之，科技金融体系虽然拥有统一的目标，但科技金融的参与主体多元、资源配置渠道多样，特别是融资主体分散于各类金融机构之中。这些特点决定了其运作需要一个协作的平台。

科技金融服务平台正是为了解决这一问题而产生的。具体来说，科技金融服务平台的作用是将各种金融机构的科技金融业务聚集起来，将零星繁多的中小科技企业项目凝聚起来，帮助科技金融供给者寻找具有较高预期收益的科技金融需求者，为处于种子期、初创期、成长期和成熟期的科技企业寻求高效的科技金融供给者，从而搭建起科技金融需求者与科技金融供给者的合作桥梁。科技金融服务平台作为综合性中介，一方面可以提高科技与金融结合的效率，另一方面能够促进科技与金融合作的良性循环。更重要的是，平台的存在能大幅减少科技金融的运行成本，实现科技金融供给者和科技金融需求者的双赢。国内第一个科技金融服务平台成立于2009年，至今各地已经陆续建成了各种类似的平台。有必要对各类科技金融服务平台进行归类和比较，以分析其发展趋势。这对实现我国科技金融的高效配置，乃至经济、社会的持续发展具有重要意义。

7.1.2 科技金融服务平台的传统模式

所谓传统科技金融服务平台，是指将相关机构和部门聚集到同一个地点以形成"一站式"服务的载体。与新型模式侧重虚拟平台的作用不同，传统模式强调其作为物理平台的功能。依据运作主体不同，传统科技金融服务平台又可细分为三类：政府主导型、企业主导型和金融机构主导型。

（1）政府主导型科技金融服务平台。自2009年以来，由政府资金投入并主导的地方科技金融服务平台陆续建成，如成都市科技金融服务平台、江苏省科技金融信息服务平台、武汉市科技金融公共服务平台、深圳市创业创新金融服务平台。这些平台主要是由政府主导构建，并与本区域的金融机构和中介机构建立合作关系，运用政府引导基金为本区域的科技型中小企业提供融资服务。以成都市科技金融服务平台为例，成都市科技金融服务平台是由成都市科学技术局、成都生产力促进中心承办的首个政府型科技金融服务平台。该平台由政府资金引导，与银行、保险公司、担保公司、创业投资公司等建立合作关系，为中小微科技企业提供融资、孵化、培训等综合服务。该平台一方面聚集中小企业形成集合融资并建立融资企业信用体系，另一方面通过政府引导资金开发复合金融产品，为成都市的科技型中小企业提供一站式、个性化的融资服务。从功能上看，该平台的主要作用有：一是提供政府引导资金；二是提供各类辅助服务。政府引导资金分为三个部分：第一部分是风险投资专项资金，用于科技企业实施成果转化和产业化的风险投资，其投资方式包括股权投资、债权投资、融资担保、组建创业投资基金等；第二部分是风险补偿专项资金，用于科技金融环境建设，包括对科技企业的风险补偿和科技金融服务平台的建设补助；第三部分是创新创业种子资金，是为处于种子期和初创期的科技企业提供股权投资、融资担保和融资补贴等金融服务的资金。而辅助服务则有四类：政策资讯服务、融资产品服务、中介服务和信息服务。其中，政策资讯服务提供关于创业、投资、金融、科技保险等方面的法律和政策讯息；融资产品服务是指创业种子资金、风险补偿专项资金、创业投资、知识产权质押融资、科技保险补贴、大学生创业孵化投资；中介服务则负责提供融资辅导、融资培训和大学生创业支持，特别是在融资辅导后，平台会向金融机构推荐企业，或是协助企业申请政府资金；信息服务则提供科技企业名录、投融资机构名录、中介服务机构名录和项目信息库（见图7-1）。

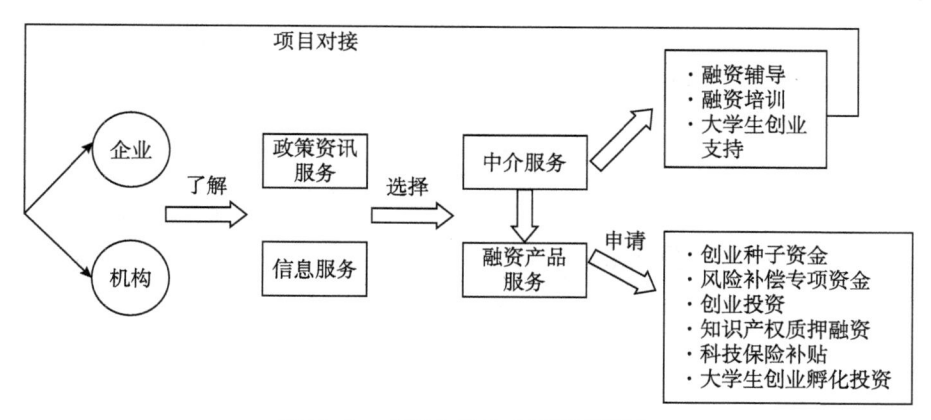

图 7-1　成都市科技金融服务平台

一般来说，政府主导型科技金融服务平台主要是面向辖区内的科技型中小企业。平台通过审批企业、金融机构的申请，或建立项目对接的方式来完成融资活动，并在此过程中构建企业信用体系，协助金融机构开展贷后管理。对于企业而言，这类平台既是融资渠道，也是信息窗口，不仅可以了解相关的政策法规和优惠措施，还可以获取金融机构、企业名录、项目名录等信息。

（2）企业主导型科技金融服务平台。企业主导型科技金融服务平台是由企业发起和运作的科技金融服务中介，其特点是拥有庞大的企业数据库，服务更专业化。以成都高新区的盈创动力科技金融服务平台为例（以下简称"盈创动力"），该平台由成都高新区管理委员会下属国有独资公司创立运营，通过数据挖掘和数据再造，为科技型中小企业提供政府财政投资、创业投资、科技贷款、科技担保及资本市场融资等服务。盈创动力的核心是一个叫作"天府之星"的企业数据库，该数据库不断挖掘和更新政府部门、金融机构及各种中介机构的相关信息和资源，而科技企业和金融机构则借助该数据库进行供需匹配。具体来说，盈创动力提供三类服务：一是债权融资服务，包括统借统还平台贷款、中小企业融资担保和中小企业小额贷款；二是股权融资服务，包括各种创业投资基金、私募投资基金和政府引导基金；三是增值服务，提供咨询、对接、培训等（见图 7-2）。在实际运作中，科技企业和投融资机构通过盈创动力提供的在线沟通交流方式达成初步合作意向，再由盈创动力组织线下交流，最终达成合作协议。企业主导型科技金融服务平台的特点在于，一方面能不断优化数据库信息、整合资源，从而增强协同效应和知识溢出效应，促进科技融资活动；另一方面解决了科技金融需求者与供给者之间的信息不对称问题，提高了科技金融服务的效率。不足之处是平台运行的资金来源不稳定，数据库的使用和相关咨询费用是平台的主要收入来源，这将制约平台运营企业的可持续发展。

企业融资渠道与金融工具

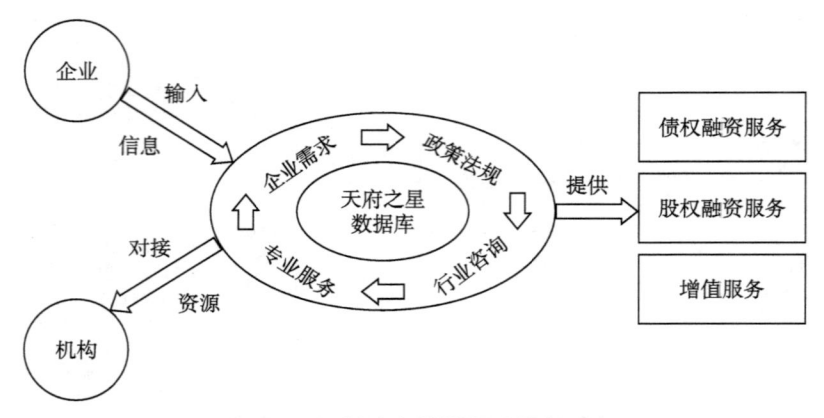

图 7-2　盈创动力科技金融服务平台

资料来源：盈创动力网，http://www.winpow.com/default.aspx；赵昌文．创新型企业的金融解决方案：2011中国科技金融案例研究报告［M］．北京：清华大学出版社，2012。

（3）金融机构主导型科技金融服务平台。金融机构主导型科技金融服务平台是由金融机构自行搭建并主导运作的专业化平台。比较典型的是由银行和创业投资机构搭建的科技金融服务平台。这种平台以美国的"科技银行"为模板构建，"科技支行"和"科技小贷公司"是最主要的两种形式。"科技支行"为企业提供知识产权质押贷款、银保联动贷款、投贷联动贷款、基金宝等金融服务，其实行的是"一行两制"的管理体制，在客户准入、信贷审批、风险容忍、拨备政策和业务协同政策五个方面针对科技型中小企业金融服务实施独立机制。"科技小贷公司"与"科技支行"提供的金融产品有交叉重合之处，不同之处在于其利率较高，而风险控制能力较低。此外还有一种特殊的"科技银行"，它是拥有独立法人地位的合资"科技银行"，以债权融资为主，从企业通过风险投资的再融资或第三方投资中获得偿还。例如，2013年浦发硅谷银行联合上海浦东发展银行上海分行（以下简称"浦发银行"）、上海市再担保有限公司（以下简称"再担保公司"）、上海市闵行区人民政府推出一种创新型金融模式（见图7-3）。在该模式中，作为核心的浦发硅谷银行负责贷前审查、贷款结构设计和贷后管理；浦发银行则提供协助（人民币信贷渠道）；再担保公司负责为企业贷款向浦发硅谷银行提供政策性担保；政府的职能则是推荐区内优质科技企业并补贴保费。上述金融机构主导型科技金融服务平台的特点是以金融机构自身作为融资平台，主导开展与其他中介机构、创业投资机构及政府部门的合作，实施商业化运作，分阶段提供融资服务，形成循环保障的支持体系。

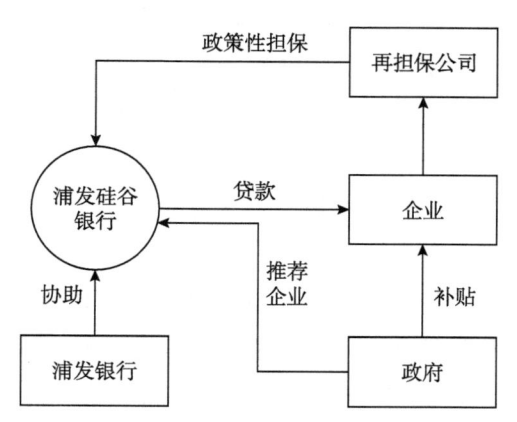

图 7-3 浦发硅谷银行创新型金融模式

7.1.3 科技金融服务平台的互联网模式

一般认为，互联网和金融的结合有四个阶段：一是技术的结合；二是银行的信息化；三是互联网和金融业务在深层次上的结合；四是以银行的支付业务和数据业务的兴起为标志，即数据业务伴随着大数据的增长日益普及化，实现货币经济新范式（范晓东，2013）。如果说科技金融服务平台的传统模式处于前两个阶段，互联网模式则是处于后两个阶段。互联网模式是一种通过网络信用管理和风险管理，联合各相关机构共同搭建的网络融资服务平台。

科技金融服务平台的互联网模式不受时间、空间的限制，能够联合各地的金融机构、第三方服务机构，为处于不同区域的科技型中小企业提供融资产品，其提供的信用评价体系能促使交易各方自觉遵守交易规则、维护自身品牌信誉。平台通过向会员收费获得稳定收入。整个融资过程实现了企业、金融机构和第三方机构的自发性合作。

1. 科技金融服务平台互联网模式的主要特点

（1）在线化服务。通过互联网技术，科技金融服务平台能够提供在线化的金融服务，使用户可以在任何时间、任何地点通过电脑、手机等终端进行金融交易和服务。用户不再需要亲自到银行或金融机构办理业务，大大提高了金融服务的便利性和效率。

（2）平台化运作。科技金融服务平台通常以平台化的形式运作，将金融机构、投资者、借款人、供应商等多方主体聚集在一个统一的平台上，实现资源整合和交易的集中化。平台化运作模式提供了更多样化的金融产品和服务选择，为用户和合作伙伴创造更多机会。

（3）数据驱动决策。互联网模式下的科技金融服务平台依赖数据和技术进行运营和决策。平台通过大数据分析和智能算法，深入了解用户行为和需求，快速响应市场变化，提供个性化的金融产品和服务，加强风险管理和风控能力。

（4）开放性与合作性。科技金融服务平台倡导开放和合作，与金融机构、科技企业、数据服务提供商等合作伙伴共同构建生态系统。通过开放数据接口和共享资源，实现更多金融创新和服务拓展，为用户带来更多选择和便利。

（5）用户体验和个性化服务。互联网模式下的科技金融服务平台注重用户体验和个性化服务。通过界面设计、智能推荐、即时响应等方式，提供便捷、个性化的金融服务体验，满足用户不同的需求和偏好。

总的来说，科技金融服务平台的互联网模式借助互联网技术和平台化运作方式，改变传统金融服务的方式和用户体验。它通过在线化服务、平台化运作、数据驱动决策、开放性与合作性，以及用户体验和个性化服务等特点，为用户提供更便捷、高效和个性化的金融产品和服务。

2. 科技金融服务平台互联网模式的优点

（1）更便捷的服务。通过互联网模式，科技金融服务平台可以提供更便捷的服务，科技企业和创新项目可以随时随地访问平台，进行融资申请、对接投资机构、查看金融产品等。

（2）提高金融服务效率。互联网模式可以加快金融服务的流程和决策，通过智能化的系统和自动化的流程，实现更高效的融资和投资决策，减少时间成本和纸质文件的烦琐操作。

（3）降低交易成本。互联网模式可以大大降低金融服务的交易成本，消除了地域限制和中间环节，精简了繁杂的手续和流程，通过自动化和数字化的方式实现快速、高效的交易。

（4）扩大服务范围。互联网模式不受地域限制，可以扩大科技金融服务的覆盖范围，使更多的科技企业和创新项目受益于金融支持和服务，在全球范围内进行投融资对接。

3. 科技金融服务平台互联网模式的风险

（1）安全风险。互联网模式存在安全风险，如数据泄露、网络攻击等，对金融信息和个人隐私构成威胁。平台需要采取有效的安全措施，如身份验证、数据加密等，以保护用户的信息安全。

（2）不对等信息。在互联网模式下，由于信息的自由流通，信息不对称问题可能更加突出，投资机构和科技企业难以准确评估对方的实力和信用，增加了投资风险。

（3）缺乏人工智能支撑和专业判断。尽管互联网模式可以提供智能化和自动化的服务，但在一些复杂的金融决策和风险评估方面，仍需要人工智能辅助和专业人员的判断和参与。

（4）数字鸿沟。互联网模式可能造成数字鸿沟的加剧，一些科技企业或地区可能由于缺乏互联网接入、数字技能等限制而无法充分参与到科技金融服务平台中。

在建立基于互联网的科技金融服务平台时，需要平衡便利性和安全性，加强信息披露和风险管理，同时提供多样化的服务和培训，以确保科技金融的可持续发展和包容性。

7.1.4 政府主导型科技金融服务平台的构成要素

从参与科技金融的主体的角度看，科技金融体系指的是在科技金融的环境中，由科技金融的需求方、供给方、中介机构和生态环境以及政府等构成要素组合而成的综合体，包括银行、企业、风险投资机构、担保公司和融资中介服务机构等诸多要素的集合体。科技金融服务平台提供技术支持、资金融通和信用担保及融资等系统化的专业融资服务，从而帮助科技企业解决融资难题，降低企业的金融类风险，以实现区域经济的稳定、健康发展。

科技金融的需求主体包括：①高新技术企业：是其主要的需求方，大部分高新技术企业均需得到科技和贷款等方面的支持，在开展业务的过程中，也需要一定的财政支持。大多数科技金融的市场和工具都是为高新技术企业的需求服务的。②科研机构和个人：大学内的科研机构也是财政科技投入的主要需求者；而个人在创业时，也有科技金融方面的需求。③政府：政府在筹集科技经费时，也需要得到科技金融方面的支持。

科技金融的供给主体包括：①科技金融机构：是主要的科技金融供给方，包括创业风险投资机构、银行、科技资本市场和科技保险机构等。②政府：是特殊的供给者，在科技金融市场出现问题时，能对其进行引导，向其注入资金，政府还会发挥其服务功能，制定合理的金融政策，促进科技金融市场的发展。③个人：指的是民间金融机构中亲友馈赠的资金、投资者的投资及个人为企业提供的技术等。

科技金融中介机构指的是连接科技金融的需求方与供给方的中间机构，包括：①营利机构：如资产评估机构、信用评级机构、担保机构、律师事务所和会计师事务所等；②非营利机构：如政府部门下属事业单位和国有独资企业及支持科技金融的行业协会等。

政府不但是科技金融的供给方、需求方及中介机构，而且是科技金融市场主要的引导者和掌控者，在科技金融市场的发展中发挥着重要作用。其构成要素总结为以下几个方面。

（1）政府支持和规划。政府主导型科技金融服务平台得到政府的支持和规划，政府通常会出台相关政策和法规，以推动金融科技创新和发展。政府还可以提供资源和资金支持，鼓励金融机构和科技公司参与平台的建设和运营。

（2）政府主体和监管机构。政府主导型科技金融服务平台一般由政府机构或政府指定的机构牵头，负责平台的建设、运营和监管。这些政府主体具备监管金融机构和科技企业的职责和权限，确保平台的合规性和风险控制。

（3）金融机构和科技公司合作。政府主导型科技金融服务平台需要与金融机构和科技企业进行合作，共同推动金融科技的创新和应用。金融机构可以提供金融产品和专业知识，科技企业则提供技术支持和创新能力，双方共同构建平台的技术基础和业务模式。

（4）技术创新和数据驱动。政府主导型科技金融服务平台注重技术创新和数据驱动。平台利用先进的互联网技术、大数据分析和人工智能等技术，为金融服务提供更智能、高效、个性化的解决方案。通过数据分析和风险评估，实现精准的推荐和风控能力。

（5）公平和普惠的金融服务。政府主导型科技金融服务平台有着普惠性的目标，旨在提供公平、可及和可持续的金融服务。平台致力于解决金融服务的地域差异和信息不对称问题，为不同群体提供更广泛、便捷和低成本的金融服务。

（6）用户保护和隐私权保护。政府主导型科技金融服务平台在数据使用和用户隐私方面需要保护用户权益。平台须遵守相关隐私保护法规，采取安全措施保护用户数据安全，确保用户数据不被滥用或泄露。

这些要素共同推动科技金融的创新和发展，提升科技金融服务的水平和普惠性。

7.1.5　政府主导型科技金融服务平台的构建

1. 政府主导型科技金融服务平台的构建原则

（1）政府引导及市场运作的原则。政府在科技金融服务平台的建设中主要发挥引导的作用，并调动风投机构、银行和证券公司等多个机构积极参与到平台的整合和建设工作中。

（2）资源共享和制度先行的原则。科技金融服务平台构建的主要目的就是达到资源共享，改善资金分割现状和增强资本利用率。同时可积极探索新的管理与运行机制。

（3）阶段性支持原则。对于科技型中小企业而言，在其不同的成长阶段，如种子期、初创期和成长期及成熟期内，其有不同的融资需求，应充分发挥政府引导的作用及市场纽带的功能。通过债权、股权和上市等融资方式，解决科技企业的融资难题。

2. 政府主导型科技金融服务平台的功能

（1）科技投融资的服务功能。平台通过政府的科技、财政等部门，与金融机构建立合作关系，了解企业的盈利、技术和市场前景等基本情况，以获取优质科技企业或者可行性较高的项目的信息，并将其推荐给相关的投资和金融机构，而投资和金融机构则经平台把融资业务向企业介绍，并为其提供贷款、存款、担保和融资顾问等服务。

（2）科技创新的引导和催化功能。科技投融资平台内的风险投资基金和小额贷款机构，会挑选区域内高新技术企业为其投资对象，以支持其不断发展壮大。平台会加大对高科技企业在初创期及发展期内的资助，彰显出平台的引导作用，并通过放大与拉动科技投融资来激活社会资本和民营资本对科技领域的投入。

（3）综合服务功能。平台内聚集有保险、信托、基金、证券和银行等诸多的金融机构，可为企业提供准确、全面的金融服务，并辅助金融机构之间及其与企业之间的综合发展。

3. 政府主导型科技金融服务平台构建的关键因素

（1）创造良好的政策环境。政府应制定支持科技金融发展的政策和法规，包括鼓励科技投资、创新创业和科技产业发展的政策，以及优化金融监管，降低科技领域的融资壁垒。

（2）搭建科技金融平台。政府可以建立科技金融服务平台，通过该平台提供投融资对接、金融产品创新、风险评估等服务。该平台可以整合政府资源，联合商业银行、投资机构和科技企业，提供多元化的金融服务，并提高金融资源的利用效率。

（3）数据共享和风险管理。政府主导型科技金融服务平台可以通过建立数据共享机制，促进信息的流动和共享。这有助于更准确评估创新项目的风险，并提供更精准的金融服务。

（4）促进金融科技创新。政府可以在科技金融领域推动创新，包括支持基于科技的金融服务创新，如区块链、人工智能、大数据分析等技术的应用。这将提高金融服务的效率和普及度，减少科技企业的融资难题。

（5）培育人才和建立合作网络。政府可以通过培育科技金融人才、开展培训和教育，并与高等院校、研究机构等建立合作网络，以提供专业的支持和资源。

（6）监管与风控。政府在建设科技金融服务平台的同时，也需要加强监管和风险控制，确保金融系统的稳定和合规。这包括建立科技金融的监管框架、加强风险评估和监测，以及制定相应的风险应对措施。

政府主导型科技金融服务平台的构建需要政府部门、金融机构、科技企业等各方的合作和协调，以创造一个良好的投融资环境，促进科技创新和经济发展。同时也需要在平台运营中注重风险管理、监管合规和公平竞争，确保平台的可持续发展和社会效益。

7.1.6 政府主导型科技金融服务平台的运营模式

政府主导型科技金融服务平台的运营模式可以涵盖以下几个方面。

（1）平台组织架构。政府可以建立专门的组织机构来负责运营科技金融服务平台，这可以是一个独立的机构或由相关政府部门负责管理。该机构需要拥有专业的团队，包括金融专家、科技专家、风险评估人员等，以提供综合的服务和支持。

（2）金融产品和服务。科技金融服务平台可以提供多样化的金融产品和服务，以满足科技企业和创新项目的融资需求，包括债权融资、股权融资、创业投资、风险投资、科技保险等。平台可以与金融机构合作，提供定制化的金融解决方案。

（3）数据共享和风险管理。平台可以建立数据共享和风险管理系统，以促进信息的共享和交流，提高资金流动的效率。平台可以与各类数据提供方合作，包括政府机构、金融机构、科技企业等，建立数据共享机制和风险评估模型，以准确评估科技项目的潜在风险。

（4）创业孵化和加速器支持。科技金融服务平台可以提供创业孵化和加速器支持，为初创企业提供培训、咨询和资源对接等服务，以帮助其提升创新能力、加速发展、获得融资。平台可以与科技园区、创投机构、大学等合作，共同推动创业生态系统的建设。

（5）政策支持和激励措施。政府可以通过政策支持和激励措施来推动科技金融服务平台的运营，包括政府资金的注入、税收优惠、科技创新基金、科技保险基金等。政府还可以加强与金融机构的合作，通过政府担保、风险补偿等方式降低科技创新项目的融资风险。

（6）数据安全和隐私保护。平台需要注重数据安全和隐私保护，确保科技企业和创新项目的商业机密得到有效保护。平台应建立严格的数据安全管理制度和数据权限设置，确保数据仅用于合法目的，并遵守相关法规。

政府主导型科技金融服务平台的运营模式需要政府、金融机构、科技企业和创新者之间的紧密合作和协调。平台的成功运营依赖于科技金融专业人才的培养和引进，以及市场化运作和创新的机制设计。同时，政府还需要营造良好的监管环境，提供政策支持和市场引导，促进科技金融服务平台的可持续发展。

7.2 科技金融服务平台的模式比较[1]

7.2.1 科技金融服务平台模式的异同

各类科技金融服务平台的目的都是解决科技型中小企业融资难的问题，实现各相关机构的协同运作。但由于构建方式不同，这些平台在具体运作上呈现出各自不同的特点。

对各类平台的比较可从服务内容、载体、平台角色和运作方式四个维度进行。

（1）服务内容不同。传统平台将保险、担保、银行以及资本市场都纳入平台中，形成较为完整的融资服务链条，按科技企业所处的阶段细分融资产品，特别为处于种子期、初创期的科技型中小企业提供政府引导基金。而互联网平台只提供与融资活动相关的信用管理、风险管理和订单管理，并不介入具体的融资流程中。

（2）载体不同。传统平台以物理平台为载体，信息平台为辅助，平台只能服务于区域内企业。而互联网平台则以信息平台为主、物理平台为辅，试图将与融资相关的活动都通过网络来完成，通过互联网完成企业与金融机构、第三方服务机构的合作和

---

[1] 樊晓娇，陈炜. 我国科技金融服务平台的构建模式及其比较［J］. 南方金融，2013（8）：81-85.

协作。由于不受地点、时间的限制，全国的金融机构都可以通过网络展示其产品，企业也可以在更大范围内选择能够满足其融资需求的产品。

（3）平台角色不同。科技金融服务平台的传统模式中，平台构建者的角色是双重的，既是中介服务提供者，也是融资服务提供者。例如，政府主导型和金融机构主导型的科技金融服务平台，由于政府、金融机构本身提供了政策或资金支持，平台实际上参与了融资过程。同样，在企业主导型科技金融服务平台中，平台运营企业不仅提供数据支持，也介入资金融通过程。而互联网平台则完全脱离具体融资过程，仅负责搭建交易市场，充当幕后管理者的角色。

（4）运作方式不同。政府主导型的科技金融服务平台通常是政府或国有企业、国有银行实施的金融创新，其运作方式是企业申请—政府审核—机构合作，实际上是一种 B2G（Business to Government）模式。企业主导型、金融机构主导型的科技金融服务平台虽然也倾向于市场化运作，但比互联网平台更依赖政府扶持，在很大程度上受到政府引导。而互联网平台的运作则是基于彻底的市场交易规则，供求各方自发完成交易，平台仅提供中介服务、收取管理费用，政府在其中的作用并不明显，实际上采用的是 B2B（Business to Business）或 B2C（Business to Customer）模式（见表 7-1）。

表 7-1 科技金融服务平台的模式比较

项目		传统模式			互联网模式
		政府主导型	企业主导型	金融机构主导型	
共同点	目标	"一站式"融资服务中心，聚集本区域中小企业，构建信用体系	提供"一站式"融资服务，聚集中小企业，实现金融机构、中介机构集成化、网络化	为更多的优质科技型中小企业提供专业融资服务	解决科技型中小企业融资难问题，构建专业融资交易平台
	服务对象	科技型中小企业			科技型中小企业及各种金融机构
不同点	服务内容	政府引导基金，融资咨询，项目对接	数据库信息，融资咨询，项目对接及政府资金申请	融资解决方案，资产管理，直接融资服务	融资咨询，信用管理，订单管理，风险管理
	载体	物理平台为主，信息平台为辅	信息平台、物理平台	物理平台为主，信息平台为辅	信息平台为主，物理平台为辅
	角色	融资中介、融资提供者	融资中介、融资提供者	融资提供者	独立的第三方中介
	运作方式	申请—审批，政府资金引导	商业化运作，与政府合作	商业化运作，与政府合作	商业化运作，政府监督

7.2.2 科技金融服务平台模式的优劣

相较而言，政府主导型科技金融服务平台对处于种子期和初创期的科技型中小企业的帮助可能更大，原因是由政府引导基金所提供的融资担保和融资补偿可以为企业吸引更多的融资机会。但该平台的服务对象仅限于所属行政区域的企业，且政策辅助性过强，对于企业的发展可能有较强的束缚。企业主导型科技金融服务平台能够为科技型中小企业提供较为完善的融资信息，并为企业量身定制融资方案，有益于科技资源和金融资源的合理配置，但在信用体系构建和融资管理服务方面相对欠缺。金融机构主导型科技金融服务平台则是以优质的科技型中小企业为服务对象，提供专业的融资方案和服务，对处于成长期的科技企业作用更大。互联网模式以提供完全市场竞争、促进金融机构与企业交易为目标，利用互联网技术解除融资活动的空间限制和时间限制，缩短融资活动周期，并建立公开的信用评价体系以解决信息不对称问题。但是，对处于种子期和初创期的科技型中小企业而言，互联网模式也许不如传统模式帮助大。此外，互联网模式还存在交易安全的风险。具体而言，可从融资可行性、融资公平性、融资效率、融资透明度、融资便利度和独立性等六个维度来评价各模式的优劣（见表7-2）。

表7-2 科技金融服务平台模式的优劣比较

维度	传统模式			互联网模式
	政府主导型	企业主导型	金融机构主导型	
融资可行性	较好	一般	好	好
融资公平性	好	一般	差	较差
融资效率	较差	一般	好	好
融资透明度	差	较差	一般	较好
融资便利度	较差	一般	一般	好
独立性	较差	较好	较好	好

7.2.3 科技金融服务平台模式的选择与方向

科技金融服务平台构建的目的是帮助科技型中小企业解决融资问题。政府主导型科技金融服务平台主要面向处于种子期和初创期的企业，是一种扶持型的科技金融服务平台，其最重要的优势是公平性。金融机构主导型科技金融服务平台融资效率较高，但融资公平性不足。而企业主导型科技金融服务平台则以提供融资信息为主，旨在解决融资供给和融资需求之间的信息不对称问题，其增值服务较多，但在促成融资合作方面则较为薄弱。互联网模式的功能是提供一个完整、公开的市场平台，实现交易各方的自愿匹配，平台仅负责基本的交易管理，不参与实际交易过程。总的来看，越是接近政府的模式，在融资可行性、融资公平性上表现越好，但在融资效率、融资透明度、融资便利度和独立性上则有待提高；反之，越是倾向于市场的模式，越拥有相对较高的融资效率和融资透明度，在融资便利度和独立性方面也较好，但不能保证融资可行性，融资公平性也较差。总的来说，互联网模式无论是融资效率、融资透明度、融资便利度还是独立性，都比传统模式要好。互联网模式是科技金融服务平台未来的发展趋势。与此对应，移动化、电商化、自金融也将是今后发展的方向。此外，由于现存大量处于种子期和初创期的科技型中小微企业，政府主导型模式将长期存在。至于企业主导型模式和金融机构主导型模式，将逐步朝着互联网模式转变。

在选择科技金融服务平台的模式和发展方向时，可以考虑以下关键因素。

（1）服务定位和目标用户。明确平台的服务定位和目标用户群体。根据市场需求和定位，可以选择投资咨询、智能理财、在线支付、P2P借贷、区块链金融等不同的科技金融服务模式。

（2）技术创新和应用。关注前沿的技术创新和应用，如人工智能、大数据分析、区块链等技术，用于提供更智能、高效和安全的金融服务。探索创新的科技金融产品和服务模式，以满足用户需求。

（3）合作伙伴生态系统。建立稳定的合作伙伴生态系统，与金融机构、科技企业、数据服务提供商等合作，整合资源和专业知识，共同推动科技金融服务创新。

（4）数据安全和隐私保护。注重用户数据的安全和隐私保护。设计安全的系统架构，采取保密措施和隐私保护技术，确保用户数据的安全性和保密性。

（5）监管合规性。重视监管合规性，与监管机构合作，确保业务符合法律法规和监管要求。建立内部合规团队和流程，积极参与行业自律和标准制定。

（6）用户体验和个性化服务。注重用户体验，提供简便、快捷的操作流程，以及个性化的金融建议和服务。通过数据分析和智能化技术，提供精准的推荐和定制化服务，满足用户的个性化需求。

（7）社会责任和可持续发展。注重社会责任和可持续发展，将环境、社会和公司治理因素融入运营中。积极参与社会公益和可持续金融倡议，推动可持续金融发展。

（8）用户信任和品牌建设。用户信任是科技金融服务平台成功的关键要素之一。平台需要建立良好的信誉和品牌形象，提供优质的服务和解决方案，确保用户满意度和口碑传播。

（9）金融教育和用户参与。科技金融服务平台可以积极开展金融教育活动，提高用户的金融素养和风险意识。鼓励用户参与金融决策和投资交易过程，增加用户对平台的参与感和忠诚度。

（10）国际化发展和全球合作。考虑将科技金融服务拓展至国际市场，寻求全球合作伙伴和机会。通过国际化发展，可以获得更多的资源和市场机会，同时也需要了解和遵守不同国家和地区的法律法规和市场规则。

（11）数据开放和生态共建。平台可以考虑开放数据接口和共建生态系统，吸引更多合作伙伴和开发者参与平台的建设和创新。通过合作伙伴的协同努力，可以提供更多样化和丰富的金融产品和服务。

（12）建立良好的风控体系。科技金融服务平台需要建立健全的风险管理和控制体系，识别并管理各种潜在风险。采用先进的风险评估模型和监测技术，确保平台运作的稳健性和用户的安全。

（13）利用社交媒体和移动技术。结合社交媒体和移动技术，提供更便捷和互动性更强的用户体验。通过移动应用和社交平台，提供个性化的推荐、交流和分享功能，加强用户与平台的互动和黏性。

（14）持续创新和洞察市场需求。科技金融行业竞争激烈，平台需要持续创新，关注市场需求和趋势。通过市场调研和洞察，及时调整业务模式和产品策略，以应对市场变化和满足用户需求。

7.3 高科技园区的科技金融服务及运营

7.3.1 科技金融试点城市的重心

在推进科技金融发展的过程中，选择合适的试点城市非常重要。以下是选择科技金融试点城市时的一些重点考虑因素。

（1）创新生态系统。选择具有丰富的科技和金融创新资源的城市。这些城市通常具有优质的科研机构、高等院校、科技企业和金融机构等，可以形成良好的创新生态系统，促进科技金融发展。

（2）金融服务需求。选择有较大金融服务需求的城市作为试点，如经济发达、人口密集或金融市场相对薄弱的地区。这样的城市通常具有更高的创新意愿和接受度，能够推动科技金融服务的创新和发展。

（3）政策环境和优惠政策支持。选择政府对科技金融发展给予重视和支持的城市。政府的政策环境和优惠政策等将对科技金融试点有重要影响，包括减税降费、资金支持等。

（4）金融监管水平。选择金融监管水平较高的城市作为试点，能够确保科技金融发展的合规性和稳定性。这需要城市具备完善的监管体系、专业的监管机构和监管人员，并能够快速应对金融风险和挑战。

（5）公共基础设施和数字化程度。选择具备良好的公共基础设施和数字化程度较高的城市，有利于科技金融服务的实施和推广。这包括通信网络、云计算能力、数据中心等基础设施的支持，以及数字化技术和平台应用的成熟程度。

7.3.2　高科技园区的发展模式及其特点

因各地经济基础、资源禀赋差异较大，高科技园区的发展模式也各不相同，主要有五种发展模式：①基于丰富的科教智力资源，强化科技成果转化，以北京中关村、武汉东湖为代表；②承接国际产业转移，吸引跨国企业入驻，形成企业空间集聚，加速产业集群形成，以上海张江高新区为代表；③区域创业文化氛围浓郁，高科技领域内创业企业支撑园区高新技术产业的领先发展，以深圳高新区为代表；④承接日本、韩国等地区制造业转移，迅速做大园区经济体量，以苏州、无锡等地高新区为代表；⑤依靠招商引资、退城进园等方式推行外来植入式发展，以中西部省会和中心城市、二三线城市的高新区为代表。总体来看，科技金融工作体系较为完善的高科技园区主要有以下特点。

（1）聚集效应。高科技园区通过聚集大量的高科技企业、研发机构和创新人才，形成创新生态系统，促进知识和技术的交流与共享，激发创新合作和产业协同效应。这种聚集效应有助于加速科技创新和转化，吸引更多的投资和资源，推动产业发展。

（2）产学研结合。高科技园区通常与高等院校、科研机构紧密合作，形成产学研结合的创新体系。通过企业界和学术界之间的合作与交流，促进科技成果的转化和应用，加快创新产品的研发和商业化进程。

（3）优质基础设施。高科技园区通常具备完善的基础设施，包括科研实验室、孵化器、加速器、共享办公空间、会议展览中心等。这些基础设施为企业提供了良好的工作和创新环境，有助于降低创新成本和提高效率。

（4）政府支持和政策优惠。高科技园区得到政府的大力支持，享受政策优惠和特殊待遇。政府通常会提供资金支持、税收优惠、人才引进和培养等方面的政策和措施，以鼓励创新创业和科技产业发展。

（5）创新生态系统。高科技园区的发展倡导创新，注重打造创新生态系统。园区内的企业和机构可以通过创新孵化、技术转让、导师指导、投资对接等方式相互支持和合作，形成开放、协作的创新文化氛围。

（6）人才集聚与培养。高科技园区吸引了大量的科技人才，包括技术专家、创业者、投资人等。这些人才的集聚和交流，不仅推动了科技创新，也为园区提供了创新力量和智力支持。同时，园区也注重人才的培养和引进，通过举办培训、创业大赛等活动，提供创新创业的机会和平台。

7.3.3　北京市中关村国家自主创新示范区的科技金融服务平台建设

北京市中关村国家自主创新示范区（以下简称"中关村示范区"）自成立以来培

育和孵化了一大批具有自主创新能力的高科技企业，发展成为国家科技金融创新中心。2009年，中关村示范区率先推出优惠政策，鼓励商业银行建立科技信贷专营机构，用于重点支持科技企业的发展。

2023年10月24日，北京市人民政府办公厅印发了《北京市中关村国家自主创新示范区建设科创金融改革试验区实施方案》（以下简称《实施方案》），具体情况如下。

（1）出台背景。2021年9月，习近平主席向2021中关村论坛致贺信时强调，中国支持中关村开展新一轮先行先试改革，加快建设世界领先的科技园区，为促进全球科技创新交流合作作出新的贡献。为贯彻落实党中央、国务院决策部署，进一步完善科技创新体制机制，增强金融服务科技创新型企业和促进科技成果转化能力，加快建成世界主要科学中心和创新高地，经国务院同意，2023年5月16日，中国人民银行等九部委联合印发《北京市中关村国家自主创新示范区建设科创金融改革试验区总体方案》（以下简称《总体方案》）。按照《总体方案》要求，为完善工作推进机制、形成制度保障，特制定《实施方案》，进一步加快推进科创金融改革试验区建设。

（2）主要思路和目标。《实施方案》坚持首善标准、示范引领，创新驱动、服务实体，市场运作、政府引导，稳步推进、风险可控的基本原则，全面落实《总体方案》要求，充分发挥北京市科创资源雄厚、金融资源集聚优势和中关村示范引领作用，支撑服务北京国际科技创新中心建设。

《实施方案》提出，力争通过五年时间，构建金融有效支持科技创新的体制机制，形成全国领先的科创金融发展环境，建设具有全球影响力的科创金融服务体系。具体包括四个方面：科创金融组织体系更加健全，科创金融产品和服务更加丰富，科创金融政策和机制更加完善，科创金融发展环境持续优化。

（3）主要内容。《实施方案》从七个方面，提出37项主要任务。

一是加快完善科创金融产品和服务方式。包括加大对科技创新型企业信贷支持力度、用好用足货币政策工具、建立完善科创金融考核激励和尽职免责制度、满足不同时期科技创新型企业资金需求、支持长期资本投资科技创新型企业、提升国家重大科技创新和基础性研究金融服务水平、激发人才创新活力、引导科创金融专营化发展、优化科技金融服务模式等九个方面。

二是优化科创金融市场体系。包括发展壮大创业投资行业、增强政府资金引导能力、发挥北交所服务创新型中小企业主阵地作用、深化新三板改革、支持北京股权交易中心开展创新业务、鼓励科技创新型企业利用债券市场融资、支持开展基础设施领域不动产投资信托基金（REITs）试点等七个方面。

三是完善科创保险和担保体系。包括建立健全科创保险体系、优化科创融资担保体系、完善科创融资风险补偿和分担机制等三个方面。

四是夯实科创金融基础设施。包括深化科创金融政银企对接机制、建设北京知识产权交易中心、完善知识产权融资服务机制、完善知识产权质押融资政策、构建信息合作长效机制等五个方面。

五是推动金融科技创新与应用。包括优化完善金融科技创新监管机制、丰富金融科技应用场景、加快发展数字金融服务、加强监管科技应用等四个方面。

六是推进科创金融开放交流与合作。包括实施科技创新和绿色创新"双轮驱动"发展、推动京津冀科创金融协同发展、打造国际一流的跨境金融服务体系、推进跨境人民币业务创新等四个方面。

七是优化科创金融生态环境。包括持续优化营商环境、完善科创金融中介服务体系、提升金融机构风险防控水平、加强科创金融法治建设、健全金融风险协同防范体系等五个方面。

为确保各项任务加快推进并取得实效,提出强化组织领导、加强政策支持、优化人才政策、加强评估考核4项保障措施。成立专项工作小组,加强统筹协调。优化财政资金的归集使用,推动政策工具协同运用。吸引科技人才创业创新,完善配套服务保障,优化研究环境。建立工作台账,加强对试点工作的跟踪评估。

(4)政策亮点。

一是突出中关村示范引领。《实施方案》充分发挥中关村改革"试验田"作用,与中关村先行先试改革措施和"两区"建设政策做好衔接、增强合力。用好金融和科技创新叠加优势,探索更多可复制可推广经验。

二是突出平台和长效机制建设。《实施方案》在力求发挥好贷款服务中心、中关村科创金融服务中心等已有平台和机制作用的同时,积极探索新的科创金融模式,推动形成更多制度性成果,如建立普惠融资风险补偿资金池,深化QDLP和QFLP试点等。

三是突出金融与科技融合发展。《实施方案》以服务科技创新为出发点和落脚点,实现科技资源与金融资源高效对接。提供全方位全生命周期的多元化接力式金融服务,引导金融机构根据不同发展阶段的科技创新型企业的不同需求,进一步优化科创金融产品和服务。

四是突出统筹发展与安全。《实施方案》科学规划科创金融发展路径,依法合规开展各项金融改革创新,健全金融风险监测和预警机制,提高金融风险识别能力,统筹做好融资支持与风险防范,严守不发生系统性金融风险底线。

7.4 科技金融服务平台存在的主要问题及优化建议

科技金融服务平台作为科技金融发展的必然产物,在推动我国科技发展方面发挥了重要作用,但我国科技金融服务平台还处于完善之中,服务效果还有待持续提升。

7.4.1 科技金融服务平台存在的主要问题

科技金融服务平台存在的主要问题如下。

(1) 相关政策和资源供给不完善。①现行科技金融服务政策体系还不够完善。由于科技金融服务平台出现时间相对较短，无论是科技行业还是金融行业在探索过程中并没有形成完备的政策体系，当前针对科技金融服务平台发展的政策都相对宏观，在具体落实过程中面临着诸多执行困境。②科技金融服务平台主管部门不够明确。针对科技金融服务平台发展政策，既有政府科技部门出台的政策，也有金融部门出台的文件。③资源整合力度不够。当前部分地区在推动科技金融服务平台建设的过程中，或重视金融方面，或偏重科技方面，由于金融资源和科技资源来自不同领域，各自资源都有相关的主管部门，而要想实现科技金融服务平台的长远发展，就需要对金融资源和科技资源进行整合，但在实际落实过程中很多资源仍然保留在原有领域，并没有形成实质上的融合。

(2) 科技金融服务平台服务效果需提升。①科技金融服务平台服务内容有限。不同类型的科技金融服务平台在服务功能上也会有所侧重，多数科技金融服务平台综合服务能力有限，能够提供的服务功能相对单一，在实际科技金融服务过程中还存在一定的局限性。②基层科技金融服务平台服务能力不强。除了国家和省级科技金融服务平台，还存在着大量市级和县区级科技金融服务平台，这些科技金融服务平台一般规模较小，自身资金不足，在服务过程中服务手段单一，能够利用的资源也十分有限，这也客观上限制了科技金融服务平台的服务水平。③科技金融服务平台缺乏深度。部分科技金融服务平台在前期投入大量人力、物力、财力，但却缺少持续性，后期受到人力、物力、财力限制，导致业务逐渐缩水，后续跟踪能力不强。在提供科技金融服务过程中对科技型中小企业信息审核不严，对科技型中小企业信息和实际需要把握不准，导致科技型中小企业难以通过科技金融服务平台获得足够的融资，挫伤了科技型中小企业参与的积极性和主动性。

(3) 数据隐私和安全。科技金融服务平台需要处理大量用户的个人和敏感数据。保护用户数据的隐私和安全面临着巨大挑战，如数据泄露、黑客攻击和滥用数据的风险。平台需要加强数据保护和隐私管理措施，采用安全技术和加密手段，确保用户数据得到妥善处理和保护。

(4) 透明度和责任问题。在平台如何运作、费用结构和金融产品的风险和回报等方面，存在着缺乏透明度的问题。用户需要更好地理解和评估所参与的金融服务的风险和收益。科技金融服务平台应加强沟通和透明度，提供清晰的产品信息和相关费用，以及公平且负责任的经营模式。

(5) 金融监管和合规性。科技金融服务平台的快速发展使得监管和合规成为一个重要问题。平台需要遵守金融监管要求，满足合规性要求，并与监管机构保持密切合作。缺乏监管和合规性可能导致风险积累和用户权益受损等问题，因此平台需要加强自我监管和合规性体系的建设。

（6）不对称信息和风险敞口。科技金融服务平台上的信息不对称和风险敞口可能影响用户的投资决策和风险管理。某些用户可能缺乏必要的金融知识，面临不适当的风险暴露。平台应加强金融教育和普及金融知识，提供清晰的风险揭示和投资建议，帮助用户做出明智的决策。

（7）技术问题和系统风险。科技金融服务平台的稳定性和可靠性对用户体验和运营成功至关重要。然而，平台可能面临系统故障、网络问题和技术风险等挑战。平台需要投入足够的资源和技术能力来确保系统的稳定运行，及时处理技术问题，并建立灾备和容灾措施。

（8）科技金融服务平台服务对接效果不理想。由于科技金融服务平台成立时间相对较短，相关从业人员经验和专业能力有限。在服务过程中手段和方式相对单一，加之金融机构对于科技型中小企业提供的金融产品相对较少，企业本身也面临着更大的技术、管理和运营风险，这使得科技与金融结合过程相对困难，也在一定程度上影响了科技金融服务平台的对接服务效果。

7.4.2　科技金融服务平台发展及优化建议

科技金融服务平台正在迅速发展，并在金融行业中发挥着越来越重要的作用。以下是科技金融服务平台的一些优化建议。

（1）提升用户体验。注重用户体验是优化科技金融服务平台的重要方面。改进界面设计、简化操作流程、提供个性化推荐和定制化服务，以及提供快速响应的客户支持，都可以提高用户满意度。

（2）强化数据安全和隐私保护。科技金融服务平台应加大对数据安全和隐私保护的投入。采用安全加密技术，确保用户信息的安全性和保密性。同时，明确并遵守相关法规和政策，保护用户隐私，并建立透明的数据使用和共享机制。

（3）加强监管合规能力。科技金融服务平台需要与监管机构合作，并建立强大的合规框架。密切关注监管要求和政策变化，确保平台业务符合法律法规。建立内部合规团队和流程，并进行定期的合规审查和风险评估。

（4）拓展产品和服务范围。科技金融服务平台可以考虑拓展产品和服务范围，以满足不同用户的需求。例如，增加投资选择、提供更多的智能理财工具，或开设更多的金融教育和咨询服务等。与合作伙伴合作，整合多样化的金融产品和合规的第三方服务，进一步提升用户体验。

（5）推动创新和技术应用。科技金融服务平台应积极推动创新和技术应用，以不断提高服务质量和效率。关注新兴技术趋势,如人工智能、区块链和云计算等,并将其应用于产品开发和运营中。此外,与科技企业和创新企业合作,共同推动科技金融领域的创新和发展。

(6) 加强合作伙伴关系。建立稳定的合作伙伴关系,对科技金融服务平台的发展至关重要。与金融机构、科技企业、创业者和监管机构等建立紧密的合作,共同推动创新和共享资源。借助合作伙伴的专业知识和资源,提供更全面、更多样化的金融产品和服务。

(7) 注重社会责任和可持续发展。科技金融服务平台应将社会责任和可持续发展作为核心价值观之一。在业务经营中,注重环境保护、社会影响和可持续投资,积极参与社会公益和可持续金融倡议,为社会做出积极的贡献。

(8) 加强数据分析和智能化应用。利用大数据和人工智能技术进行深入的数据分析,以提供更准确、个性化的金融建议。通过智能化应用,如机器学习和自然语言处理,提供更智能化的客户服务和投资决策支持。

(9) 建立强大的风控体系。科技金融服务平台应建立完善的风险管理和控制体系。利用先进的风险评估模型和实时监测技术,对风险进行及时识别和管理。同时,加强内部审计和风险管理流程,确保业务运作的稳健性和合规性。

(10) 提供教育和普及金融知识。科技金融服务平台可以通过提供教育和普及金融知识,帮助用户提高金融素养。提供在线学习资源、投资指导和金融规划工具,让用户更好地理解和管理他们的金融健康。

(11) 加强沟通和透明度。与用户建立更紧密的沟通渠道,及时回应用户的关注和问题。提供透明的费用结构和产品信息,让用户能够明确了解自己所享受的服务和相关费用。

(12) 持续改进和创新。科技金融服务平台应与时俱进,持续进行改进和创新。倾听用户的反馈和需求,积极调整和改进产品和服务。同时,关注行业最新发展趋势,不断创新业务模式和技术应用。

(13) 建立强大的安全体系。安全是科技金融服务平台的核心要素。建立强大的安全体系,包括防范网络攻击和欺诈、加强用户身份验证、增强系统的灾备与容灾能力等,确保用户的资金和信息安全。

(14) 支持可持续金融发展。关注环境、社会和公司治理(ESG)因素,推动可持续金融发展。考虑将ESG投资、绿色金融和社会责任投资融入产品和服务中,以满足用户日益增长的可持续投资需求。

综上所述,科技金融服务平台可以通过提升用户体验、加强数据分析和风控能力,以及推动创新和可持续发展等来优化其服务。这些措施将进一步增强平台的竞争力,并提供更安全、可信赖和个性化的金融服务。

7.4.3 区域性科技金融服务平台构建及运行模式分析

区域性科技金融服务平台是指在特定地区或区域内建立的科技金融服务平台，以促进该地区的科技创新和经济发展。对其构建和运行模式可以进行如下分析。

（1）政府主导。区域性科技金融服务平台的构建通常由地方政府主导，政府负责制定相关政策和提供支持，以促进科技金融发展。政府在平台建设中扮演着政策引导、资源整合和市场推动的角色，通过拨款、设立科技创新基金等形式提供资金支持。

（2）地方合作和协同。区域性科技金融服务平台是一个多方合作和协同的生态系统，涉及政府部门、金融机构、科技企业、创投机构和研究机构等各方。平台需要与相关机构进行紧密合作，共享信息和资源，形成合力，提供全方位的金融服务和支持。

（3）建立联动机制。区域性科技金融服务平台需要建立有效的联动机制，包括政府机构、金融机构与科技企业的沟通渠道和协作机制。这有助于更好地了解科技企业的需求，及时调整政策和金融服务策略，提供精准的支持和服务。

（4）提供综合金融服务。区域性科技金融服务平台需要提供综合的金融服务，包括融资、投资、风险评估、企业培训等。平台可以整合各类金融产品和服务，如创业投资、风险投资、股权融资、贷款等，以满足科技企业不同阶段的融资需求。

（5）创业孵化与技术转移。区域性科技金融服务平台可以与创业孵化器和技术转移机构合作，支持科技创业和技术成果转化。通过提供创业培训、项目评估、技术评估和技术转让等服务，促进创新项目的孵化和市场化。

（6）风险管理和监管。区域性科技金融服务平台需要建立完善的风险管理机制和监管框架。这包括加强对科技金融风险的评估和监测，并提供风险防控服务。同时，还需要确保平台运营的合规性和透明度，强化数据安全和隐私保护。

（7）人才培育和引进。区域性科技金融服务平台需要注重科技金融人才的培育和引进。通过与高等院校、研究机构合作，提供科技金融相关的培训和教育，吸引和储备专业人才，以提高平台的服务水平和创新能力。

区域性科技金融服务平台的构建和运行模式需要依托政府的支持和协调，借助合作平台的搭建和多方资源的整合，为科技企业和创新项目提供全面的金融服务和支持，促进地区的科技创新和经济发展。

7.5 国外政府促进模式

发达国家科技型中小企业经历了长期的发展，积累了大量科技金融的运作经验。

不同国家根据自身国情，依托自身优势，分别建立了各具特色的科技与金融的结合机制。这些行之有效的运作机制，对我国推进科技金融体系建设，促进科技型中小企业发展具有较大的借鉴意义。虽然各国科技金融模式不同，政府在科技金融发展中所展现的作用特征不同，但其具有弥补市场失灵、提高融资效率的功能是公认的。各国科技金融模式主要分为市场主导模式和政府主导模式。市场主导模式即科技金融发展以金融市场为主，以政府引导为辅助。这种模式的实施需要一个非常完善与发达的金融市场，主要通过市场机制解决科技型中小企业融资问题。市场主导模式又可以根据直接融资与间接融资的重要性不同，分为资本市场主导模式和银行主导模式。不同模式下不同国家的政府促进措施及特征也不一样。

7.5.1 资本市场主导下的政府促进模式

科技金融资本市场主导模式，主要通过风险投资市场、证券市场等直接融资方式支持科技型中小微企业的发展，同时银行贷款等间接融资方式也发挥了重要作用，政府发挥引导辅助作用，其典型代表国是美国。

美国是全球金融体系最发达的国家，主要通过风险投资市场、风险贷款市场、资本市场三个市场渠道的资金支持高科技行业的发展。其中，风险投资市场投资主体多元化，天使投资、养老保险基金、投资银行等互为补充，投资活跃。风险贷款市场既包括银行型风险贷款，又包括非银行型风险贷款，对科技型中小微企业进行股权+债权融资。资本市场由主板市场、三板市场和场外交易市场构成，层次分明、融资灵活、风险分散，满足了不同成长生命周期、不同风险的科技型中小企业的融资需求，并为风险投资提供了有效退出渠道。美国的多层次金融市场在科技创新与产业化过程中发挥了巨大作用，是美国科技快速发展的最重要动力。

在金融市场充分发挥作用的基础上，为了弥补市场失灵现象，美国政府积极发挥引导作用，帮助无法获得金融市场融资的科技型中小企业获得资金支持。具体措施包括：政府通过制定相关法律法规，如小企业法、技术创新法、JOBS 法案等，为小企业金融市场融资、技术创新等活动提供政策支持，减少融资约束，拓宽融资渠道，为科技金融发展提供完善的制度土壤；小企业管理局（Small Business Administration，SBA）、进出口银行、中小企业投资公司等通过小企业技术创新计划、联邦财政补助、履约保证担保、小企业投资公司、SBA 担保贷款等方式为小企业提供政策性贷款、政策性担保、政策性投资，直接或间接地提供研发经费。美国政府通过各种管理活动与引导方式实现了"大市场，小政府"的科技金融结合机制，有效促进了科技金融发展。

7.5.2 银行主导下的政府促进模式

科技金融银行主导模式主要以银行引导为主，直接融资市场支持为辅，再加上政府引导，共同促进科技金融发展，其典型代表国是日本和德国。与美国发达的直接融资市场不同，日本和德国具有成熟的间接融资市场，主要依赖银行等间接融资金融机构来实现资金的供需对接，通过在银行和企业之间形成长期稳定的关系，来解决信息不对称问题，降低融资成本。同时，日本和德国积极通过风险投资公司、二板市场等方式，开拓直接融资渠道。日本和德国政府也积极发挥引导辅助作用，例如，日本政府通过国民生活金融国库、中小企业金融公库、商工组中央金库等向科技型中小企业发放政策性贷款；通过中小企业信用保险公库、信用保证协会建立政府双层信用担保体系，实现担保与保险有机结合，中央与地方两级担保、风险共担，为科技型中小企业市场融资提供信用担保支持；通过中小企业投资育成公司进行政策性投资等。德国政府构建了由联邦州担保银行担保、联邦州政府担保、德国政府担保三个层次组成的、较为完善的政策性信用担保体系，有效分担了科技型中小企业融资风险；通过中小企业发展基金对科技型中小企业直接投资，对科技贷款项目进行补贴；给予科技金融发展多种政策优惠，对初创期科技型中小企业提供大额度低息贷款，促进企业与金融机构之间的信息交流与沟通等。日本和德国银行主导的科技金融发展模式，凸显了一个非常重要的共同特点：政府都构建了完善的政策性信用担保体系，为银行科技贷款提供了风险分担机制，为解决科技型中小企业融资问题提供了重要支持。

7.5.3 政府主导下的政府促进模式

政府主导模式即科技金融发展以政府为主导，以金融市场为辅助，其典型代表国是以色列、韩国、印度。与市场主导模式不同，以色列等国主要由政府在科技金融资源配置中起主导作用。政府通过直接出资、间接出资、完善科技金融生态环境等方式支持科技金融发展。例如，以色列政府通过中小企业局为科技型中小企业提供教育培训，协助其获得科技贷款融资；通过"科技孵化器"计划等种子基金计划直接出资资助较高风险的创新技术项目；通过YOZMA计划等政府引导基金计划，吸引风险投资资本共同投资科技型中小企业，或直接对科技型中小企业进行投资。韩国政府出台了技术开发促进法、科学技术振兴法、新技术企业财务援助法等一系列政策法规，通过技术开发计划等对科技企业研发费用给予无偿援助；设立科学技术振兴基金、产业基础基金、中小企业创业基金等技术开发基金、产学研合作基金等政策性基金；通过韩国产业银行、韩国进出口银行等发放政策性贷款；通过技术信用担保基金为科技型中小企业融资提供政策性技术担保、科技成果评估、直接股权投资等业务，拓宽科技金融渠道。印度政府相继出台了科学政策决议、技术政策声明、新技术政策声明、2003科学技术政策、2013科学技术和创新政策等科技金融政策法规，保持了科技政策及对科技金融支持的连续性；通过印度中小工业开发银行、

■ **企业融资渠道与金融工具**

地区金融公司、微型信用项目、国家小工业公司、技术开发和现代化产业基金等提供政策性贷款；通过小规模工业信用担保基金等提供政策性担保；通过软件和IT产业国家风险基金等政策性投资基金对科技型中小企业进行投资。在政府主导模式下，政府政策法规、财政无偿出资、政策性贷款、政策性担保、政策性投资等举措共同发挥了重要作用，有效弥补了科技金融市场机制的失灵。

第 8 章
发达国家科技金融的经验与金融工具的运用

8.1 发达国家科技金融的经验

发达国家在科技与金融的融合方面取得了显著的成效,构建了较为完善的支持科技创新的金融体系,其经验对于我国具有重要的借鉴意义。

8.1.1 美国科技金融的经验

美国具有高度发达的现代市场经济,拥有发达和完善的金融体系。同时,美国在科技领域也保持着领先地位。考察美国科技和金融的融合经验,对我国科技金融工作有着重要的借鉴意义。

1. 发达的资本市场体系

美国的证券市场既有统一集中的全国性市场,又有区域性的小型地方交易市场,形成了完善的多层次证券市场体系。

美国证券市场体系具有以下特点:①多层次性,各个层次的证券市场有着不同的上市标准和侧重点,能够满足不同实力、不同发展阶段的企业对不同规模和性质的融资需求。②各个层次的市场之间存在"优胜劣汰"的升降机制,在满足不同的条件下,上市企业可以申请进入上一级市场或转入下一级市场。这一机制不仅能有效地促进中小企业发展壮大,而且使资本市场充满活力,提高了资本市场的运行效率。③纳斯达克能够为创新型小企业提供规模性融资,并且为风险投资提供了良好的退出机制,实现了证券市场与风险投资的相互联动。④场外交易市场位于整个证券市场的底层,活跃的场外交易市场为美国证券市场奠定了良好的基础。

此外,美国发达的债券市场也是资本市场重要的组成部分。美国企业进行外源融资的主要方式为发行企业债券。美国在法律制度层面为债券市场的运行提供了良好的外部环境,但政府的干预和管制行为很少。企业发行债券只需要与承销商就发行额度、期限和条件达成共识。企业债券的发行期限分为短期、中期、长期三种,种类具有灵活和多样化的特点。此外,美国的债券二级市场也较为发达,适应了债券市场规避风险和提高流动性的要求。

2. 专业化的风险投资市场

1946年美国研究与发展公司的成立,标志着现代意义上专业化和制度化的风险投资形成。20世纪70年代中期,美国的风险资本总额只有约5000万美元,而在2000年风险资本总额超过了1000亿美元。美国专业化的风险投资市场的形成主要得益于以下几方面。

(1) 完善的法律制度。20世纪50年代通过的小企业投资法和小企业法明确了政府对风险投资的支持,确定了风险投资公司的地位。1976年美国修订了统一有限合伙法,确立了有限合伙制公司的法律地位,为合伙制风险投资公司的创立和发展提供了制度保障。1979年修订了雇员退休收入保障法案,允许公立和私营的养老基金进入风险投资领域。在以后的发展中,养老基金逐渐替代个人投资者,成为风险投资资金的主要来源。可以看出,美国通过制定涵盖风险投资各环节的相关法律,为风险投资的发展创造了规范的法律环境。

(2) 优惠的配套政策。美国政府相继制定了一系列优惠政策,使得风险投资能够在完善的制度保障和宽松的政策环境中健康发展,这些政策涵盖了财政补贴、税收减免、投融资支持以及政府采购等各方面。以税收减免政策为例,1978年美国颁布了国民税收法案,规定创业风险投资收益适用的税率由49.5%下降到28%,这项法律的出台使风险投资从1977年的6800万美元年暴涨到1988年的9.8亿美元。1981年又将风险资本利得税由28%调至24%,1982年进一步下调到20%,这三年(含1980年)对应的风险投资资金分别为9.61亿美元、16.28亿美元、21.19亿美元。政策效果非常显著。1993年,美国规定持有高科技中小企业的股份满5年(含5年)的,其资本收益适用税率仅为14%,对促进高科技风险投资业的发展起到了积极的作用。

(3) 有效的组织形式。有限合伙制在美国风险投资机构数量和风险投资总额都占到了80%以上,已成为美国风险投资企业的主要组织形式。在有限合伙制下,风险投资家是一般合伙人,承担无限责任,全面负责风险投资机构的管理;出资人是有限合伙人,以其出资额承担有限责任,不直接参与基金管理。这样的制度安排有助于形成有限合伙人对一般合伙人的激励约束机制,使双方最终的财务目标趋同,有效地解决了其中的委托代理问题。

(4) 健全的风险投资退出机制。美国风险资本的退出渠道相对多元化,可以选择公开上市、兼并收购、管理者回购、清算等方式。其中,公开上市因可以获得高额利润成为投资者优先考虑的退出形式。纳斯达克(NASDAQ)的成立和运行,为中小企业提供了上市融资平台,同时也完善了风险资本退出渠道。

3. 专门的政府服务机构

美国于1953年成立了一个独立的政府机构——小企业管理局(Small Business Administration，SBA）。这一机构在 1958 年被美国国会确定为"永久性联邦机构"。其局长和 10 个地区的负责人全部由总统任命，直接向总统负责和汇报工作。该机构的成立宗旨是为小企业提供包括融资和担保在内的全面服务，以促进小企业的健康发展。

在美国，小企业通常是指员工人数在 500 人以下或年销售额在 500 万美元以下的企业，这类企业占到了美国企业总数的 99%。近年来，SBA 为各类小企业提供超过 900 亿美元的贷款担保组合，还利用政府采购项目为 100 万家小企业提供近 100 亿美元的免费咨询和技术援助。可以说，SBA 不仅在很大程度上解决了小企业融资难的问题，而且推动了小企业全面健康的发展。主要体现在：①提供效率高、费率低的信用担保，SBA 在全国范围内设立网点，为中小企业提供简便快捷且担保费用很低的服务，同时与绝大多数银行开展了合作；②采用资助、控制等方式引导创业风险投资公司向科技型中小企业提供资金支持；③在对中小企业资金进行直接贷款支持的同时，还制订了一系列资金援助计划，以满足特定融资需求的科技型中小企业，如微型贷款计划、小企业投资计划、担保开发公司计划等；④为了帮助落后地区的中小企业融资，联合民间资本成立了由私人管理的新市场风险投资计划公司，主要采用权益投资方式投资于国内落后地区的中小企业，特别是高新技术行业。

4. 完善的中小企业信用担保体系

美国完善的中小企业信用担保体系主要体现在以下五个方面：①健全的担保法律法规。美国的小企业法对信贷担保的对象、用途、担保金额和保费标准等都有明确的规定，从而保证了中小企业信贷担保体系的有效运转。②具有专门的执行中小企业信用担保职能的机构，即 SBA。③覆盖面广的多层次美国信用担保体系能为全国范围内的中小企业贷款提供不同种类和不同性质的担保。美国信用担保体系自上而下依次是全国性中小企业信用担保体系（由 SBA 负责）、区域性的专业担保体系（由地方政府操作）、社区性小企业担保体系。④规范而灵活的担保业务运作机制。美国担保业务通常要经历受理申请、项目评审、确定费率、签订合同四个过程，同时，美国信用担保体系在规范业务的基础上不断创新担保方式和担保种类，满足了不同担保需求的中小企业。⑤一套完整的分散和规避风险机制。为了防范向中小企业提供担保的风险，担保机构通过非全额担保（一般不超过 80%）与银行共同承担风险，同时对贷款企业进行监督，并要求大股东、董事会和高层管理人员抵押个人财产。负责再担保业务的 SBA 为其他担保机构进行再担保，通常不事先出资，事前只出具保函，发生损失后根据承诺对银行进行补偿，资金由国会拨付。

5. 关键方面

（1）创新生态系统。美国以硅谷为代表，形成了世界一流的创新生态系统。该地区聚集了大量科技企业、高等教育机构和风险投资机构，促进了技术创新和企业发展。

(2) 风险投资。美国风险投资市场发达。风险投资机构在科技创新和初创企业的融资中发挥了关键作用，提供了大量资本和战略支持。风险投资还鼓励了企业家精神，并为风险较高、但潜在回报较大的新兴科技企业提供了资金支持。

(3) IPO 市场。美国是全球最大的 IPO 市场之一。初创科技企业通常通过 IPO 获得更多的资金，并提高其知名度和市场地位。美国的 IPO 市场可以为科技企业提供更广泛的资本市场和投资者基础。

(4) 技术孵化器和加速器。美国拥有大量的技术孵化器和加速器，为初创企业提供资金、指导和资源支持。这些机构促进了初创企业的发展，帮助它们从创意阶段成长为具有市场竞争力的企业。

(5) 学术研究和合作。美国拥有世界领先的高等教育机构和研究中心，这些机构在科技创新和技术成果转移转化方面发挥了重要作用。学术机构与企业之间的合作和知识转移有助于加速科技金融的发展和商业化过程。

(6) 创新政策和监管环境。美国政府鼓励科技创新和创业精神，通过税收优惠、创新政策和减少监管限制等方式支持科技金融行业的发展。同时，监管机构也在不断关注和调整对科技金融创新的监管框架，以保护投资者利益和促进市场稳健发展。

8.1.2 日本科技金融的经验

第二次世界大战结束后，日本确立了追赶并超越欧美发达国家的目标，并据此推行了赶超型的发展战略。在 1955—1972 年间，日本实现了连续高速的增长，一跃成为当时仅次于美国的第二经济大国。在经济快速增长阶段，日本的科技发展以吸收和消化欧美技术为主，即通过有选择地引进技术并对其进行吸收、模仿和改进，从而迅速提高产品的核心竞争力和科技发展水平，大大缩小了与欧美发达国家的科技差距。20 世纪 80 年代，日本改走自主创新之路，政府对科技创新和科技进步进行了强有力的行政干预，形成了促进科技创新的强大的政策性金融支持体系。此外，日本发达的商业银行体系、信用担保体系和风险投资市场也有力促进了科技与金融的融合。

1. 强大的政策性金融体系

日本拥有发达的政策性金融体系，这一体系在日本金融体制中有着特别的地位和作用，因为在政府主导的市场经济体制下，政策性金融体系是政府意志的主要体现者，是实现资源配置合理性目标的主要资源配置主体。

(1) 日本政府针对不同政策目标和不同领域建立了完善的政策性金融体系，主要包括两家政策性银行和九家金融公库，并在 2008 年进行了合并重组。

(2) 日本拥有雄厚的财力和完善的财政投入制度，政策性金融体系可以持续获得低成本、规模化的资金，从而具备了实现国家经济目标、完成政府任务的强大实力。

(3) 日本政府并不是通过简单的行政干预手段对政策性金融施加影响，而是以完善的市场经济法律制度来规范政府自身和政策性金融的行为，从而使政策性金融积极主动地实现政府不同时期的经济发展特定目标。

2. 完善的"银行导向型"融资制度

日本政府长期实施超低利率和超额货币供给，日本金融市场以利率为核心的价格机制丧失其机能，传统的货币调节手段已无能为力。日本中央银行通过对商业银行进行窗口指导，同时配合信贷倾斜政策，使大量金融资源流入银行体系，从而形成了"银行导向型"的金融体制。日本"银行导向型"的融资制度与其确立的模仿型"技术立国"战略形成高度融合，直接推动了技术引进、模仿和再创新的效率。"银行导向型"的融资模式不仅实现了对技术创新成果转化为现实生产力的长期资金供给，对技术创新能力形成持续的支持，而且通过长期稳定的银企合作建立了两者间的显性和隐性关系，形成了对企业的有效监督，克服了科技金融中的信息不对称问题。

3. 发达的中小企业信用担保体系

日本政府一直以来高度重视中小企业的融资问题。在20世纪中期，日本就已初步建立了中小企业信用担保体系。1950年，日本出台了中小企业信用保险法，规定由中小企业厅为中小企业提供融资担保，1953年出台了信用保证协会法，依据此法设立了信用保证协会，并规定其资本金来源是政府出资、银行摊款和基本准备金，资本金的补充需列入财政预算。1958年设立了中小企业信用保险公库，将信用保证协会的职责纳入其中。1999年成立了中小企业综合事业团，将中小企业信用保险公库并入其中。2000年设立了特别公司债保险，鼓励投资者将资金投向担保机构，畅通了中小企业信用担保体系的资金来源渠道。在风险控制方面，日本中小企业担保体系主要通过对信用保证实行额度控制、优化资产结构以及提取风险准备金等方式控制和降低担保风险。日本建立的中央与地方共担风险、担保与再担保相结合、民间资本参与的中小企业信用担保体系，有效促进了中小企业和技术创新的发展。

4. 多层次的资本市场体系

基于"银行导向型"的融资制度，日本银行体系在过去几十年间快速发展，并处于金融体系的支配地位，相比之下，日本证券市场的发展较为缓慢。直到20世纪80年代，日本放松金融管制，推动金融自由化和国际化，日本的资本市场体系才得到迅速发展和完善，直接融资在企业融资中所占的比例才逐渐提高。

1998年日本在OTC市场的基础上建立的JASDAQ市场，是模仿NASDAQ的，主要面向高科技中小企业和风险投资企业。2004年，日本JASDAQ市场升级为证券交易所。1999年，名古屋证券交易所设立了增长公司市场，东京证券交易所同年设立了高增长新兴股票市场，福冈证券交易所于2000年设立Q板市场。在为大量科技型中小企业提供融资的同时，开辟了风险投资的退出渠道。

5. 完善的风险投资市场

日本的风险投资经历了初步发展阶段（20世纪50年代至1973年）、调整阶段（1974年至1982年）、全面发展阶段（1983年至今），现已形成了完善的风险投资市场。日本政府通过制定一系列政策和法规，为风险投资的发展提供了完善的法律保障。1995年，日本制定了中小企业创造活动促进法，通过中小企业事业团建立了总额为500亿日元的创业投资基金，并由各创业投资财团提供给民间创业投资公司。1997年，制定天使投资税制，并修改养老基金使用法规，允许个人、外资和养老基金进入风险投资行业，拓宽了风险投资资金来源。2005年，将三部既有法律合并为关于促进中小企业的新事业活动的法律，鼓励和引导风险投资进入高新技术产业。

日本在20世纪末建立和完善了二板市场和场外交易市场，相应地降低了市场准入条件，畅通了风险投资的退出渠道，大大提高了风险投资的积极性。1998年，日本借鉴美国经验，出台了投资事业有限责任组合法，允许风险投资机构采用有限责任制。日本政府在全国范围内设立中小企业创业综合支援中心，为创业投资企业提供专业服务，包括针对经营管理提供专业咨询、创业知识讲座、专家指导和开办创业论坛等。

6. 关键方面

（1）创新生态系统。日本致力于构建创新生态系统，以促进科技金融的发展。例如，设立创业支援机构、孵化器和加速器，为初创企业提供资金、指导和资源支持。这些机构在培育和培训创业者方面发挥了重要作用。

（2）投资和融资环境。日本政府和金融机构积极支持科技金融行业的发展，通过资金投入、税收优惠和创新融资工具等方式提供支持。此外，政府还促进金融技术（FinTech）创新，简化金融监管并提供便利的创新试验环境。

（3）科技金融合作。日本注重国际合作，与其他国家和地区加强科技金融的交流与合作。这包括与创新型企业和投资机构建立联系，吸引外国投资者和风险资本，以及开展跨国科技金融合作项目。

（4）产业结合与创新。日本在科技金融领域积极推动产业结合与创新。例如，在金融科技方面，金融机构与科技企业合作，推动支付、借贷、投资和保险等领域的创新，提供更便利、高效和个性化的金融服务。

（5）人才培养。日本重视培养科技金融领域的人才。政府、科研机构和企业合作，推动创新教育和培训课程，以满足科技金融行业对高素质人才的需求。

8.1.3 美国与日本的比较分析及对我国的启示

通过比较分析美国、日本科技与金融融合的经验，可以得到对我国科技金融工作的启示。

（1）科技与金融的融合要与一国国情相适应。不同国家的经济发展水平、金融体系完善程度、市场发育程度和历史文化背景都有所不同，因此，产生了不同的科技金融融合模式和机制。美国是典型的市场经济体制国家，其发展已历经百余年，在此过程中，美国一直努力构建以自由企业制度、平等竞争原则、健全的法律制度和尽可能少的政府干预为目标和准则的市场经济模式，并取得了巨大成功。在这样的经济文化背景下，必然会形成资本市场占主导地位的融资体制，因为侧重金融自由化和基础性制度体系构建的资本市场难以通过政府短时间内的一手推动和干预形成。因此，美国主要通过发达的资本市场和风险投资市场促进科技金融的融合，各类金融中介机构发挥补充作用。日本则是政府主导型经济，是后起的赶超型国家。日本人口稠密、国土面积狭小，自然资源极度匮乏，形成了制约日本经济发展的瓶颈，从客观上迫使日本走科技强国的道路。在这两方面的共同作用下，日本形成了以银行间接融资体系为主的科技金融融合机制，资本市场和风险投资对科技创新的支持则处于次要地位。

（2）政策性金融在科技金融的融合中能够发挥支持和引导作用。通过比较美国和日本的成功经验可以发现，不论是资本市场发达的美国，还是银行金融机构强大的日本，都非常重视政策性金融对中小企业的支持和引导作用。大量的社会闲散资金在政策性金融的引导下，流向科技创新特别是科技型中小企业，从而对一国的科技和经济发展起到了重要的作用。为了支持中小企业的发展，美国政府设立了专门的政策性金融机构，即小企业管理局。而日本的政策性金融对科技创新的支持力度则更大，依据不同分工，曾设立了"二行九库"。可以看出，在两国政策性金融的大力支持的背后，是政府的有力推动和扶持，不仅体现在政府对政策性金融的财政投入和税收优惠，更在于政府在法律法规和体制机制方面的基础性工作。特别是美国的小企业管理局，并不是单纯地执行政府行政指令，而是将政府的政策导向与市场机制很好地融合到一起，非常值得我国借鉴和学习。

（3）商业银行的积极参与能够很好地推动科技与金融相融合。从日本的经验来看，在发展"银行导向型"金融体制的过程中，也存在大型金融机构缺乏对中小企业的支持和重视的情况，但日本通过大批设立中小金融机构较好地解决了中小企业融资难的问题，进而形成了"大银行支持大型企业科技创新、中小金融机构支持中小企业科技创新"的二元对接模式。地方性中小金融机构的经营范围通常为总行所在的中小城市周围三个县以内；全国有2000多家分支机构，极大地方便了客户；信用公库、信用合作社均采用会员制，且会员限于本地小企业、小事业单位和个体业主。基于科技创新不同阶段的不同金融需求特征，银行不断地创新金融产品和服务，促进科技与金融的融合。但是也应看到，即使在日本，银行和高新技术产业的融合还不是很成功，这在很大程度上是由商业银行体制所决定的。最重要的一点是，遵循谨慎经营理念的银行与存在巨大不确定性的科技创新企业难以完全匹配。此外，银行通常对资金进行集约化管理，在对中小企业进行市场化选择时缺乏一定的灵活性。相比之下，美国的银行通过与资本市场和风险投资建立紧密的合作关系以及专业化的创新运行模式，为科技型中小企业提供了全面综合的金融服务，促进了科技型中小企业的发展。

（4）完善的信用担保体系能够放大金融支持科技创新的效果和力度。美国和日本的共同经验表明，科技与金融相融合离不开完善的信用担保体系。信用担保体系降低了银行的贷款风险，促进了银行对中小企业的融资，有效地发挥了"四两拨千斤"的作用。美国和日本的中小企业担保体系在法律制度的完善、多层次体系的建设、风险控制的管理等方面有许多相近之处，但二者也存在一些不同之处。例如，担保资金来源上有所差异，美国小企业管理局的担保资金全部来自政府财政，而日本信用保证协会的资金来源是政府出资，但还有小部分是金融机构摊款和准备金。

（5）发达的资本市场和风险投资市场可以加速科技金融的融合进程。美国拥有发达的资本市场和风险投资市场，而且与科技创新活动三者形成了有效的联动机制，极大地促进了美国科技进步和经济可持续发展。相比之下，日本资本市场的起步晚了很多，并由于"银行导向型"的金融制度而没有得到快速发展，特别是从1999年才开始建立二板市场。日本金融机构和大型企业的出资构成了风险投资资金的主要来源，这在一定程度上限制了对高科技产业的支持力度。

8.2　美国：直接融资为主的科技金融模式

8.2.1　美国的投资选择

作为成熟度很高的金融市场，美国有很多资产配置的途径和投资选择。

（1）储蓄。美元储蓄可通过两种方式实现：①存入储蓄账户：属于活期存款，有一定利息，可以方便地转进转出。②存入定期存款：一般是3个月、9个月、1年、2年、3年、4年和5年，通常定期存款对最低存款额有一定要求。

（2）股票。自2009年以来，纳斯达克、标准普尔和道琼斯都翻了3~4倍，明星股包括苹果、亚马逊、谷歌、微软、伯克希尔哈撒韦、脸书和阿里巴巴。可以说，在各种可选投资中，股票的收益率是较高的。当然，高收益也伴随高风险，从2018年第三季度开始，美股有所回落。

（3）人寿保险。美国可购买到的人寿保险主要分为三类。

定期保险——这类保险只保一定期限，如10年、15年、30年。若保险期满后被保险人死亡，保险公司不承担给付责任。

终身保险——该保险从投保人交纳第一次保费到最后死亡的终生都是受保护的。

如果投保人想提前取消保险，可以取回一定的现金。这种保险的保险额是固定的。

万能保险——和终身保险相似，也是终身型寿险，但这种保险比较灵活，保单所有人可以在任何时间缴费，费用可多可少，只要达到最低交费水平即可。它可以进一步分为万能人寿保险和投资万能保险，前者可保证理赔金，不保证现金值，后者由于有投资风险，既不保证理赔金，也不保证现金值。

（4）债券。债券投资可以获得固定的利息收入，也可以在市场买卖中赚差价。美国的债券主要包括美国国债、市政债券和企业债券。

（5）基金。在美国金融市场中，共同基金（Mutual Funds）的历史非常悠久，但近些年来，交易所交易基金（Exchange Traded Funds，ETF）的发展势头十分迅猛。

共同基金是将资金从具有共同投资目标的一群人手中汇聚后，投资于股票、债券、货币市场等。而ETF则是一种跟踪市场指数，可以在证券交易所自由买卖的开放式股票基金。

这两类基金都可以达到投资多样化的目的，但不同之处在于，ETF可以像其他股票一样全天交易，也可以进行卖空操作，管理费极低，在税收上也有一定优惠。

（6）房地产。投资房地产，最直接的方式是购买房屋。直接买房的优势是可以享受房屋价格上涨带来的利润；如果将房屋出租，还可以收到稳定的现金流。但缺点是需要投入的资金较大，且流动性差，不容易变现。如果房屋空置的话，本身的物业费、地税、房屋保险等费用也是一大笔开销。

除买房之外，房地产信托基金（REITs）也是投资房地产的一个选择。它是专门持有房地产或抵押贷款相关资产的投资基金。简单来说，它的模式是，基金公司购买商业地产，然后把商业地产出租，去掉运营费用后，把剩余的收入大幅度返给股东。由于REITs的运营者享受政府免税优惠，并且必须将所得利润的90%分配给投资者，因此REITs通常拥有较高的投资回报率，但波动性也比较大。

（7）对冲基金。对冲基金（Hedge Funds）是一种私募基金，它采用灵活的投资策略和工具，旨在通过追求绝对回报（而非相对于市场指数）来保值增值。对冲基金通常面向高净值个人投资者和机构投资者，并具有较高的资本要求和风险承受能力。

（8）私募股权。私募股权（Private Equity）是指向具有高成长性的非上市企业进行股权投资，并提供相应的管理和其他增值服务，以期通过IPO或者其他方式退出，实现投资收益。

投资私募股权的方法一般是投资基金（私募股权基金、母基金等）、购买养老保险或者直接投资企业。相比较而言，最容易实现的方式是投资私募股权基金。

（9）高收益债券。高收益债券（High-Yield Corporate Bonds）是一种信用等级低于Baa级或BBB级的企业债券。

一般而言，高收益债券由信用等级较低或盈利记录较差的企业发行，因此为了吸引投资者，发行利率普遍高于评级高的高等级债券和国债等信用等级高的债券。但其流通性往往较低，而且违约风险高于高等级债券。

（10）母基金。母基金（Fund of Funds，FOF）是一种组合基金，并不直接投资股票或期货，而是通过持有其他证券投资基金而间接持有股票、债券等资产。这种分散投资的理念使得FOF有效降低了非系统风险，但相对而言，其收益率会略低于投资于单个基金或股票组合。

8.2.2 美国金融市场

美国具有发达的、多样化的金融市场。一般来说，货币市场和资本市场是一个国家的金融市场的主体部分。在美国，货币市场是指买卖为期1年的金融凭证的短期金融市场，资本市场则是资金借贷期限在1年以上的长期金融市场。

美国的货币市场大体上由承兑市场、商业票据市场、银行短期信贷市场、贴现市场、联邦基金市场和短期政府债券市场构成。这些短期金融凭证是由政府、银行以及工商企业所发行的。它们具有流动性高和风险性小的特征。美国货币市场的多层结构反映了这一市场的各利益主体具有很高的资金使用效率。

美国的资本市场包括债券市场、股票市场、抵押市场和贷款市场。债券市场可以分为政府债券市场和公司债券市场。政府债券市场包括中央政府债券、州地政府债券和外国政府债券。抵押贷款在资本市场中往往占据最大的份额。抵押市场上的贷款有居民抵押贷款和非居民抵押贷款两种，其中居民抵押贷款（主要是住房抵押）往往占70%~80%的份额，与此相应，家庭成了美国抵押市场最大的资金需求者，工业企业、农场等则次之。

除了货币市场和资本市场，外汇市场也是金融市场的一部分。美国各家银行都可以自由地参与外汇的经营，但外汇业务主要集中在大金融中心的大银行。美国真正的外汇业务中心是纽约，纽约的外汇市场主要由美国的商业银行、外国在纽约的银行机构以及一些专业外汇商组成，各城市的外汇交易都是由其在纽约的分行或总行进行的。外汇交易一般分为即期交易、远期交易和综合前两者的掉期交易三种。

以下是关于美国金融市场的一些重要信息。

（1）**股票市场**。美国股票市场是全球最重要的股票市场之一，主要有纳斯达克和纽约证券交易所两大交易所。这些交易所上市了众多具有全球影响力的公司，包括科技公司、金融机构和能源公司等。

（2）**债券市场**。美国债券市场是全球最大的债券市场之一，包括联邦政府债券、地方政府债券和企业债券等。美国国债是全球债券市场的重要组成部分。

（3）**衍生品市场**。美国有多个衍生品交易所，其中芝加哥商品交易所和芝加哥期权交易所是最著名的衍生品交易所之一。这些交易所提供股指期货、期权、期货合约和其他衍生品工具等。

（4）外汇市场。美国外汇市场是全球最活跃的外汇市场之一，纽约是全球外汇交易的重要中心之一。美元是主要的交易货币之一，并与其他货币交叉交易。

（5）监管机构。美国金融市场的监管由多个机构负责，包括美国证券交易委员会、美联储、商品期货交易委员会等。这些机构负责监督和规范金融市场的运行。

需要注意的是，美国金融市场的发展和运行受到多种因素的影响，包括宏观经济状况、政策变化、法规制度等。美国金融市场在全球金融体系中具有重要的地位和影响力，吸引了来自全球的投资者和资金。

8.2.3　美国金融工具的使用

金融工具可以成为美国获利的锐器，同时，金融工具也是一种很好的避险工具，美国凭借金融工具有效地防范了风险。金融工具是在金融市场中可交易的金融资产，是用来证明贷者与借者之间融通货币余缺的书面证明，其最基本的要素为支付的金额与支付条件。金融工具一般分为现金类和衍生类两种。其中，现金类又可分为证券类和其他现金类（如贷款、存款）；衍生类则是指交易所交易的金融衍生品和柜台金融衍生品。金融工具也可以根据财产类型分为债务型和所有权型。

（1）联邦资金。联邦资金是美国货币市场最重要的金融工具，一般用于银行之间的短期拆借。联邦资金这一短期金融工具在美国货币市场中起着非常重要的作用，不仅作为各种存款机构储备调剂的工具，而且成为大银行可购买的负债，又是大多数金融机构的投资渠道。当利率作为美国货币政策的标的时，联邦资金利率成为货币政策的标的，联邦资金市场成为货币政策传导机制的一部分。

即使美联储宣布不再以利率作为货币政策的中介目标，改以货币数量为标的，但美联储仍通过控制银行自有储备来控制货币量。联邦资金的利率则因反映同业拆借成本，在美国货币政策中仍起着非常重要的作用。

（2）可转让的存款证。可转让的存款证是发展较快的金融工具，是商业银行定期存款的一种形式。存款证利率取决于市场利率，并随市场利率的变化随时调整，通常每隔一个月或三个月调整一次。由于存款证的利率高于国库券的利率，又有发达的二级市场，因而对投资者有很大的吸引力。它已成为美国企业、州及地方政府、外国的中央银行及货币市场互惠资金等重要的短期投资对象。

（3）银行承兑票据。银行承兑票据几个世纪以来一直在国际贸易中起着非常重要的作用。在美国，银行承兑票据主要有三个用途：为美国出口融资、为美国进口融资、为外国间的进出口融资。这种票据称为第三国票据，其发展非常迅速。还有一种称为"美元—外汇票据"，用来对外国进行美元信贷的融资，但这种票据占整个承兑票据的比重较小。

（4）欧洲美元。欧洲美元是美国境外的美元存款。它不受任何国家政府的管制，因而其利率略高于美国境内的美元存款。

（5）国库券。国库券是美国货币市场最重要的传统的金融工具。它是美国政府发行的短期债券，是政府债务管理最重要的工具。

（6）联邦政府兴办的金融机构发行的证券。联邦政府兴办的金融机构是美国金融体系中发展最快的一部分，主要包括：联合银行、联邦中期信用银行、联邦土地银行、联邦住房贷款银行及联邦国民抵押协会。美国联邦政府兴办的金融机构为美国经济的发展发挥了不可忽视的促进作用，特别是对美国农业及建筑业的发展起到了重要的作用。联合银行为农产品的销售提供中短期贷款；联邦中期信用银行直接为农业生产提供中短期贷款；联邦土地银行直接为农业购置生产资料、农业机械及土地提供长期贷款；联邦住房贷款银行为会员银行，为储蓄与贷款协会及其他储蓄机构提供贷款，这些机构主要为住房建筑企业及购买房屋的人提供长期贷款；联邦国民抵押协会在建筑业资金缺乏时，为政府担保的抵押及在二级市场上为私人抵押贷款进行融资。

（7）商业票据。商业票据已日益成为货币市场的重要金融工具。特别是非金融机构以发行商业票据来代替银行借款，满足其生产需要。外国银行和非银行机构也扩大了商业票据的发行量，以此作为获取美元资金的渠道，同时也为它们发行长期债券做准备。

（8）市政票据。市政票据是州及地方政府发行的一年期以内的短期金融工具。这些票据一般免缴所得税。特别是在美国金融革新以后，各种各样的为小投资者服务的短期机构相继出现，像货币市场基金、短期免税基金、短期投资基金、信用合作社、短期投资信托等。

8.3 日本：间接融资为主的科技金融模式

在日本的科技发展过程中，对外国的技术引进和转化起到了重要作用。日本能把技术引进与自主的技术开发结合起来，对引进技术进行改良和提高，并能巧妙地博采各国技术之长，融于本国的生产体系之中。而随着其经济、科技水平接近欧美，日本政府也在1980年提出"技术立国"的方针，采取各种措施推动企业、政府研究机构和大学之间的科技合作和交流。

日本的科技体制被称为"民间企业主导型的科技体制"。在企业工作的科研工作者、工程师占全国科研工作者、工程师的比例为62.1%；企业使用的研究开发经费占全国研究开发经费的比例为66%；企业支出的研究开发费用占全国研究开发费用的比例接近80%，企业研究开发部门使用的研究开发经费几乎都由企业自己提供。

8.3.1 日本科技金融发展的特点

（1）政府为科技创新和科技金融提供了完整的法律框架。在对科创企业的法律支持方面，1963年日本制定了中小企业基本法，这是第一部有关中小企业的权威性法律，在日本被誉为"中小企业宪法"。之后随着形势变迁，1999年末又对中小企业基本法进行了重大修改，力图适应已经出现或即将出现的国内外经济环境的新变化。日本先后颁布和实施了科学技术基本法、技术创新服务单行法等行政法规、部门规章、地方法规等，组成了完备的科技型中小企业法律支持体系。在金融相关的法律方面，日本颁布和实施了中小企业金融公库法、日本开发银行法、中小企业现代化资金扶持法等。此外，日本还跟随国际金融自由化趋势，1998年先于美国修订了金融体制改革法，允许银行设立投资子公司投资参股科创企业。在该法律的基础上，日本银行法及银行法施行规则也随之修订，允许银行设立从事风险投资的公司，从事对科创企业的股权投资。与美国相比，日本在立法中更为明确地支持金融机构对高技术产业的投融资。1997年制定、2008年修订的天使投资税制则致力于促进个人（天使）、企业年金、有限责任组合、海外资本等多元化来源资金进入风险投资业，并为其提供税收优惠。

（2）发展政策性银行和政策性融资担保。

一是政策性银行提供了长期低息贷款。日本政府为解决科创企业融资难、融资贵的问题，设立了众多专业性的政策性金融机构，致力于充分满足企业的融资需求和提供尽可能低的融资利率。除设立了两大政策性银行（日本开发银行、日本输出入银行）之外，日本还设立了商工组合中央公库、中小企业金融公库、国民金融公库等专门为科创企业提供低息融资。例如，日本政府规定：日本输出入银行向新技术船舶出口厂商发放的长期贷款，额度可达船价的20%，年利率仅为4%；日本输出入银行向科创企业的长期设备贷款，融资年利率仅为7.1%。

二是政策性融资担保体系为商业银行提供信用支持。银行的间接融资占日本非金融企业融资来源的40%，具有重要地位。其中，中小地方银行具有地方性强和针对性强的特点，可以为日本各地的科创企业提供较为充足的金融服务。为便于这些金融机构融资，日本政府全部出资或部分出资成立为中小企业贷款提供保险和担保的机构，包括设立中小企业信用保险公库，对中小企业提供无抵押保险、普通保险等七大类信用保险，以确保中小企业能够顺利地从银行贷款；政府设立的风险投资公司，为商业银行向科创企业的融资提供担保；设立风险基金，以投资科创企业债券的方式支持其通过低成本的债券方式融资。

（3）提供知识产权质押贷款。知识产权质押作为贷款风险缓释方式是日本银行业向科创企业融资中的创新亮点。20世纪90年代，日本政府为了支持缺少房产抵押物的科创企业的发展，由日本政策投资银行协同通商产业省开始运用知识产权质押作为中小科创企业融资的风险缓释方式。主要质物的范围较为广泛，包括企业数据库版权、知名企业注册域名、软件权、商标、专利技术等。此外，该行还要求企业将相关的创意权、商标权、使用手册等作为主要质物的附属，一并出质，解决了很多科创企业的融资难问题。

此外，该行还致力于开展以知识产权带来的稳定现金流为基础资产的资产证券化业务。这类资产支持证券也为开展知识产权质押融资的银行提供了质物的变现途径。如果贷款出现违约，银行可采用证券化的方式将知识产权未来的现金流予以变现，以证券发行所得偿还贷款。

8.3.2　日本金融市场体系

日本现代金融市场始建于19世纪，经过多年发展，特别是经过20世纪70年代推进利率市场化、80年代取消外汇管制、90年代"金融大爆炸"改革后，日本已经建立起包括货币市场、外汇市场、股票市场、债券市场、金融衍生品市场和商品期货市场等一套完整的金融市场体系，交易的产品涵盖了国际上主要的金融工具，在全球金融市场中占有重要的地位。

1. 货币市场

日本的货币市场包括短期拆借市场、债券回购市场、短期贴现国债市场、政府短期证券市场、大额存单市场、商业票据市场、日本离岸市场等。

日本短期拆借市场是金融机构间融通资金的场所，源头可追溯至1902年，包括无抵押拆借交易和有抵押拆借交易，参与机构包括城市银行、地方银行、第二地方银行、信托银行、长期信用银行、外资银行、信用中央金库和信用金库、农林系统金融机构、证券和证券金融公司、保险公司等。

债券回购市场（含附现金抵押的回购交易）是日本银行开展公开市场操作的最重要场所，诞生于1950年前后，用于回购的债券品种涵盖国债、地方债、金融债、公司债等，参与主体包括证券公司、信托银行、政策性金融机构、公司法人等，交易期限在1年以下。

短期贴现国债和政府短期证券是日本政府筹措调剂短期资金的重要手段，也是日本银行开展公开市场操作的重要工具，市场分别形成于1986年和1981年。

日本大额存单的发行机构主要是城市银行、地方银行、信托银行、长期信用银行、外资银行、信用金库等金融机构，自1979年开始推出。

日本商业票据的发行主体包括各类金融机构和非金融企业法人，发行后可进行买卖或回购交易，市场于1987年创立。

日本离岸市场也是货币市场的重要组成部分，设立于1986年，与国内市场隔开，在国际金融交易领域享受一定的优惠待遇。

此外，东京美元短期拆借市场、欧洲日元市场也是日本货币市场的重要组成部分。

2. 外汇市场

在 1998 年 4 月外汇法修订后，日本所有的金融机构、企业和个人可以自由买卖外汇。日本的外汇交易主要集中在东京，尤其在 20 世纪 80 年代日本政府放开外汇管制后，东京外汇市场交易规模不断扩大，与纽约、伦敦外汇市场共同构成三大国际性外汇市场。

3. 股票市场

日本的股票市场主要包括东京证券交易所、大阪证券交易所、名古屋证券交易所和 JASDAQ 证券交易所等。

日本的股票市场大多是订单驱动市场，使用竞价方式进行交易，包括连续竞价和集合竞价，JASDAQ 于 2008 年 4 月引入流动性提供商计划，使交易方式兼具竞价和做市商机制。普通投资者通过各交易所的交易会员参与股票交易，交易方式包括普通交易和保证金交易，保证金交易又可选择标准的或协议的形式进行融资、融券操作。交易所采取特别买卖报价机制、日波幅限制、最小交易单位设置等措施保障股票市场平稳运行。另外，还在非竞价时间通过 ToSTNeT、N-NET 等网络系统开展大额交易、交叉交易、协议交易、一揽子交易、收盘价交易和自有股份回购交易等，以减小对市场的冲击。

交易所通常拥有股票、债券和衍生品等多个交易系统，分别交易相关产品，并采用中央对手方机制或清算参与方机制通过日本证券清算公司实行 T+3 清算。

4. 债券市场

日本的债券品种很多，包括国债、地方政府债券、政府担保债券、财投机构债券、金融债券、武士债券、公司债券、资产支持债券、可转换债券以及私募债券等。投资者涵盖所有参与拆借市场的金融机构以及投资信托、债券经纪商、互助协会、各类企业、国内外居民等。

日本债券的交易场所包括 OTC 市场和交易所市场，交易方式包括现券买卖、回购、债券借贷和附选择权交易。

5. 金融衍生品市场

日本金融衍生品交易市场包括 OTC 市场和交易所市场。

金融衍生品交易所市场主要包括东京证券交易所、大阪证券交易所和东京金融交易所。交易的品种包括：中期国债期货、长期国债期货、TOPIX（Tokyo Stock Price Index）期货、TOPIX 行业指数期货、日经（Nikkei）225 期货、日经 300 期货、三个月欧洲日元利率期货以及相关的期货期权、股票期权、外汇保证金交易等。

6. 商品期货市场

日本的商品期货市场主要包括东京工业品交易所、东京谷物交易所、中部大阪商品交易所和关西商品交易所等。

投资者如要参与商品期货交易，大致有三种途径：①申请成为交易所市场成员，可安装交易终端直接参与交易，资格一般限于国外的期货经纪商或从事有关商品购销、经纪、生产、处理、使用的个人和公司，要达到一定的财务和相关资格标准；②由交易所认定为合作会员，该类会员通常在国外担任经纪商，需通过交易所的经纪商开展交易；③作为交易所的一般会员或经纪商的普通客户委托经纪商开展交易。

为保护期货投资者，日本 2005 年 5 月修订的商品交易法规定客户的保证金存款和其他资产必须存放在日本商品清算所，同时成立国家期货保障基金，要求所有的期货经纪商必须向基金缴纳一定的资金，用于补偿由于期货经纪商违约或破产而给客户造成的损失。

第 9 章
科技金融风险与策略

9.1 融资风险概述

融资风险是指筹资活动中由于筹资的规划而引起的收益变动的风险。融资风险会受到经营风险和财务风险的双重影响。

一般企业筹集资金的主要目的是扩大生产经营规模，提高经济效益。企业为了取得更好的经济效益而进行筹资，必然会增加按期还本付息或者支付股利的资金成本，企业资金利润率和融资成本率都具有不确定性，从而使得企业资金利润率可能高于或者低于融资成本率。如果企业决策正确，管理有效，就可以实现经营目标，即企业资金利润率高于融资成本率。但在市场经济条件下，由于市场行情瞬息万变，企业之间的竞争日益激烈，导致企业决策可能失误，管理措施不一定有效，从而使得筹集资金的使用效益具有很大的不确定性，由此融资风险就产生了。

企业融资渠道有很多种，但总体上可以分为两类：一类是所有者投资，包括企业的资本金及由此衍生的公积金、未分配利润等；另一类是借入的资金。借入资金严格规定了借款人的还款方式、还款期限和还本付息金额，如果借入资金不能产生效益，导致企业不能按期还本付息，就会使企业付出更高的社会代价和经济代价。例如，向银行支付罚息、低价拍卖抵押财产、引起企业股票价格下跌等，严重的则会导致企业破产。因此，借入资金的风险，表现为企业能否按时足额还本付息。

对于所有者投资而言，不存在还本付息的问题。但是这部分资金的风险在于使用效益的不确定性。具体表现为资金使用效率低下，无法满足投资者的投资报酬期望，引起企业股票价格下跌，使得筹资难度加大，资金成本上升。

此外，企业融资渠道的这两类资金的结构比例不合理，会影响资金成本的高低和资金使用效果的大小，影响借入资金的偿还和投资报酬期望的实现。另外，这两类资金的比例还存在对合理避税的使用效果。

融资过程中的风险存在不确定性和复杂性，关键在于识别、评估和控制这些风险。融资方应该进行充分的尽职调查和风险管理，与投资者明确风险分担责任和措施，并制订相应的风险管理计划和应急措施，以降低风险的影响。投资者也应对融资方的风险进行评估，选择符合自身风险承受能力的投资项目。

9.1.1 融资风险产生的原因

融资风险产生的原因可以分为内因和外因两种。内因主要包括负债规模、负债的利息率和负债的期限结构。企业负债规模越大，财务风险就越大；负债利息率越高，企业面临破产危险的可能性也就越大；负债的期限结构安排不合理，也会增加企业的融资风险。例如企业的财务杠杆系数，当负债比重高或者负债利息率高时，企业的财务杠杆系数就会变大，股东收益变化的幅度就会增加，财务风险就变大。负债的期限结构主要是长期借款与短期借款的比例。例如应该筹集长期借款却采用了短期借款，或者相反，都会增加企业的融资风险。

外因主要包括经营风险、预期现金流入量、资产的流动性以及金融市场的波动。企业的负债经营要受金融市场的影响，如负债利息率的高低就取决于取得借款时金融市场的资金供求情况，金融市场的波动，如利率、汇率的变动，都会导致企业的融资风险。

内因和外因相互联系、相互作用，共同诱发融资风险。只有在企业负债经营的条件下，才有可能导致企业的融资风险，而且负债比例越大，负债利息越高，负债的期限结构越不合理，企业的融资风险越大。如果企业已进入平稳发展阶段，经营风险较低，且金融市场的波动不大，那么企业的融资风险相对就较小。

需要注意的是，不同的融资项目和市场环境可能存在不同的风险根源，融资风险的产生是多种因素综合作用的结果。为降低融资风险，融资方需要全面识别和评估这些风险，并制定相应的风险管理和控制策略。

9.1.2 融资风险的分类

（1）按风险性质分类。①违约风险，即不能按期归还到期债务，导致企业信用受损甚至引起法律诉讼的可能性；②道德风险，主要是指融资团队在资金管理、资产管理、资本管理和融资过程中，由于企业团队个人原因产生的使企业利益受损的可能性，如资金体外循环等；③机会风险，是指融资企业在融资决策及融资方案实施的过程中，因为选择了某一方案或机会，从而失去其他机会的可能性；④法律风险，是指融资企业在融资方案设计及实施的过程中，某些环节有违规、造假或欺骗行为，导致触犯法律的可能性。

（2）按风险产生的破坏力和波及面大小分类。①局部风险，即对企业短期内或部分利益产生不利影响，如费用损失、信誉受损；②系统风险，即影响到企业生存或使企业的发展方向产生重大变更，可持续发展受到影响的可能性。

（3）按融资工具分类。①中长期贷款，如利率风险；②外汇融资，如汇率风险；

③短期资金拆借,如系统风险;④境外机构融资,如融资骗局。

(4) 按融资性质分类。①债权性融资风险;②权益类融资风险。

(5) 按资金流程的阶段分类。该种分类方式,便于融资企业在融资的不同阶段,采取不同的风险控制策略。①融资诊断与评估阶段,如决策风险;②寻找融资渠道阶段,如融资骗局;③资金运用阶段,如流动性风险;④资金归还阶段,如违约风险、诉讼风险。

融资过程中利益与风险共存,但对于企业管理者来说,企业融资风险是心知肚明的,只要采取有效的措施进行预防,可以从自身管理着手,做好财务计划,提高企业信誉,合理安排融资金额,提升资金的有效利用率,就能规避风险,使企业融资成功,实现良好发展。

9.2 科技金融风险

9.2.1 科技金融风险的来源

高风险是科技金融最基本的特点和发展中最主要的瓶颈。一是科技企业本身技术、市场、商业模式等不成熟,因而在发展过程中存在大量的不确定性。这种风险源于科技金融的"科技"属性,是科技金融与成熟金融市场的不同之处。二是由于科技企业的特殊性,传统金融难以适应,如知识产权交易不活跃,难以定价;科技企业资产专有性强,较难流通变现;不同科技行业发展模式千差万别,传统定价模式不适用。这些困难在金融机构眼中又进一步演化为科技企业轻资产、缺少抵押品、信贷风险定价过高等。再加上"破坏性创新"的前沿技术往往来自小规模企业,传统金融机构缺乏足够的专业性人才来判断大量中小企业的发展质量,以及我国金融资源大多集中于银行等风险偏好较小的金融机构,最终导致科技型中小企业融资难、融资贵的困境。这些风险可以简单归为两类:技术本身的风险和信息不对称的风险。

科技金融风险可以源自多个方面,以下是一些常见的科技金融风险来源。

(1) 技术因素。科技金融业务的核心是技术创新和应用。技术因素可能带来风险,如技术难题无法解决、技术研发过程中的失败或延期、技术漏洞或系统故障等。

(2) 安全与隐私。科技金融涉及大量的数据和信息交换,数据安全和隐私保护成为重要的风险来源。网络攻击、数据泄露、欺诈行为等都可能对科技金融业务产生严重的影响。

(3) 法律与合规。科技金融在运营过程中要遵守各种法律法规和监管要求。如果没有合适的合规措施或违反法规,将会面临法律诉讼、罚款、业务受阻等风险。

(4) 市场因素。科技金融业务也受到市场因素的影响。市场需求的变化、行业竞争加剧、行业监管政策的变动等都可能导致风险的出现。

（5）发展环境和政策风险。科技金融业务在不同的国家和地区面临着不同的政策环境。政策风险包括政策变化、政府干预、监管限制等。

（6）金融风险。科技金融业务也存在传统金融业务所面临的风险，如信用风险（借款人违约）、市场风险（市场波动导致价值波动）、操作风险（人为操作错误）等。

（7）人为因素。人为因素也是科技金融风险的重要来源。人员疏忽、内部欺诈等都可能对科技金融业务产生负面影响。

需要注意的是，科技金融风险的来源是多样化的，并且风险之间可能相互交叉和影响。科技金融机构和从业者需要全面、系统地识别、评估和管理这些风险，以确保科技金融业务的健康发展和风险控制。

9.2.2 科技金融风险的特点

科技运用是金融行业新型风险的重要来源之一。科技金融风险的特点主要表现为以下几点。

（1）快速变化和创新。科技金融行业处于快速变化和创新的前沿，新的技术和业务模式不断涌现。这种快速变化和创新性可能导致新的风险和挑战，要求科技金融企业和监管机构具备适应能力和快速反应能力。

（2）多样性与复杂性。科技金融涵盖了广泛的领域和业务，如支付、借贷、投资、数字货币等。这些业务模式和技术涉及多个方面和层面，包括技术风险、操作风险、市场风险、法律合规风险等。这种多样性和复杂性增加了风险控制的难度和管理的复杂性。

（3）依赖于数据和技术。科技金融业务和平台通常会依赖大量的数据和技术的基础设施，如大数据分析、人工智能、区块链等。数据泄露、技术故障、网络攻击等风险可能对科技金融企业和用户造成严重影响，因此安全性和隐私保护成为重要的风险管理问题。

（4）金融与科技融合。科技金融涉及金融领域和科技领域的融合，需要综合考虑金融风险和技术风险。科技金融企业需要具备金融风险管理和技术风险管理的能力，同时也要应对双重监管的要求。

（5）用户和市场信任。科技金融服务通常需要用户提供个人数据和进行在线交易，用户对于数据安全和隐私保护的担忧是市场信任的重要因素。科技金融企业需要建立用户信任和提供安全可靠的服务，否则可能导致流失用户和声誉受损。

（6）法律和合规要求。科技金融业务需要遵守相关的法律法规和监管要求，包括金融监管、数据保护、反洗钱和反恐融资等方面的要求。科技金融企业在创新和发展的同时，需要注重合规风险管理，以免面临罚款、监管处罚和声誉损失等风险。

综上所述，科技金融风险具有快速变化和创新、多样性与复杂性、依赖于数据和技术、金融与科技融合、用户和市场信任以及法律合规要求等特点。科技金融企业和监管机构需要认识和理解这些特点，并采取相应的风险管理措施，以保障科技金融业务的稳健发展和用户的权益。

9.2.3 科技金融风险的分类

科技金融作为金融行业的一种新业务模式，其流程和产品面临的风险不容忽视。其投资风险，除了传统金融行业投资风险的表现形式，还有其特殊性。科技金融投资风险的特殊性主要表现在以下方面。

（1）信用风险。科技金融投融资主体从信用风险评估到最终交易的一系列操作都是根据双方的相关信息，在服务平台上操作完成的。传统金融环境的信用评价结果一般是根据需要融资企业的资产规模、产品结构、财务状况、现金流量甚至行业发展趋势，或个人用户的身份地位、收入水平、信用记录、本人资产规模做出的。一些科技金融平台利用大数据和数据挖掘技术，对需要融资者的相关数据进行综合分析，确认其信用水平和可能的履约情况。但我国的个人征信系统尚未达到实际应用水平，对借款人信息披露是否完备、企业的经营状况是否良好、需融资的项目是否有发展前景，仅靠有限的信息做出判断风险很大。

（2）技术风险。科技金融依托于计算机技术和软件工程开发，如系统稳定性、网络安全及业务流程管理等方面都会存在一定的技术风险。技术风险也是科技金融领域比较容易引起投资者关注和担忧的问题之一，技术安全的投资必须对技术专业人员进行深入的评估和研究。

（3）政策风险。科技金融的快速发展，让国家政策的制定机构和监管机构显得尤为重要，不良的政策可能会对新行业的健康和稳定发展造成极大的危害，因此，投资时要严格控制监管政策的风险，评估政策风险对投资的可能影响。

（4）市场风险。科技金融的发展也会受到市场变动因素的影响，一些不可测的市场环境因素对行业的影响可能会严重影响投资者的收益。

9.2.4 科技金融风险的防范措施

科技金融的快速发展给行业带来了许多机遇，但也带来了一些风险。可以从以下方面实施科技金融风险的防范措施。

（1）安全与隐私。科技金融平台需要加强数据安全和隐私保护措施，采用加密技术、身份验证机制和安全的数据存储和传输。同时，用户也需要注意保护自己的个人信息，如选择强密码、定期更改密码、避免分享敏感信息等。

（2）诈骗与虚假信息。科技金融平台应建立有效的反欺诈机制，通过监测和分析用户行为、交易数据等，及时识别和预防诈骗行为。同时，用户也应保持警惕，辨别虚假信息和诈骗手段，增强风险意识和防范能力。

（3）技术故障和系统风险。科技金融平台需要建立稳定可靠的技术基础设施，定期测试和升级系统，确保系统运行的稳定性和安全性。同时，备份数据和建立灾备机制也是重要的防范措施。

（4）法律及合规风险。科技金融平台需要遵守相关的法律法规，包括金融监管、数据保护、反洗钱和反恐融资等方面的要求。建立健全的合规体系，进行合规风险评估和监测，确保业务的合法合规运行。

（5）操作风险和内部控制。科技金融平台需要建立健全的内部控制制度，包括风险管理、审核审计、员工培训等方面。加强运营过程的监控和管理，有效防范操作风险和内部失误导致的风险。

（6）信用风险和违约风险。科技金融平台需要建立合适的风险评估和风险控制机制，对借贷和投资等业务进行风险测量和风险管理。例如，采用合理的信用评分体系、建立风险准备金等方式来防范信用风险和违约风险。

（7）第三方合作风险。科技金融平台需要谨慎选择和管理与之合作的第三方机构和合作伙伴。建立严格的尽职调查和风控审查机制，确保合作伙伴的合法合规和风险可控。

第 10 章
企业的金融化与创新

中小企业的融资约束对创新产生显著抑制作用，中小企业金融化显著地削弱了融资约束对企业创新的负向冲击。在此基础上，基于中小企业所属区域、行业属性和所有制结构的异质性分析表明，中小企业金融化对融资约束与企业创新之间关系的调节效应具有明显差异，其中西部地区、高科技和非民营中小企业金融化冲抵融资约束促进企业创新的效果显著，而东部和中部地区、非高科技和民营中小企业则未产生显著影响。

10.1 文献综述

10.1.1 融资约束对企业创新的影响研究

企业创新活动的融资困难主要源于企业创新活动本身所具有的创新周期长、创新风险大等特征。国外学者 Hall（1992）以美国制造业为观测对象，第一次提出融资约束会限制企业的研发投资。Savignac（2008）也发现融资约束使企业实施创新项目的可能性显著降低。国内学者刘立（2003）发现，内部资金不足不仅会导致研发投入启动时资金的匮乏，同时创新活动的外部融资在一定程度上也取决于自有资金投入比例。张杰等（2012）发现我国金融体系的压制战略和金融发展的迟延性，使得民营企业的融资约束程度越大，创新投入水平则越低。唐清泉等（2010）提出，由于企业在创新融资过程中的信息披露不足，使得外部融资的难度越来越大，难以获得外部资金支持的企业面临融资约束，从而对创新发展产生不利影响。卢馨等（2013）发现融资约束与企业研发投入之间的显著负向关系在我国高新技术上市公司中仍然存在。而程玲等（2019）对此却持有相反的观点，即融资约束没有减少企业的研发活动，反而提高了企业的研发强度。也有学者的研究表明，这种影响关系会随发展阶段的不同而发生相应的变化，如路春城等（2019）发现融资约束对创新投入的影响呈现出先促进后抑制的"倒 U 形"效果。

10.1.2 企业金融化对企业创新的影响研究

企业金融化是通过将资产配置于金融投资以获取更多的非生产性经营业务投资和

资本运作（蔡明荣等，2014）。针对企业金融化对创新影响的相关研究，按其作用方向大致分为三种：促进作用、抑制作用以及二者之间具有不确定性。部分学者认为，企业金融化能够对企业创新产生正向的积极影响。Gehringer（2013）研究发现企业金融化所获得的投资收益，增加了企业利润和现金流，企业基于对未来长久价值的考虑，会选择将资金投入企业创新活动以提升竞争力。Theurillat等（2010）和Arizala等（2013）则从成本的变现以及融资渠道的拓展等层面进一步验证了企业金融化对企业创新的正向作用。还有学者认为，企业金融化与企业创新的变动方向恰好相反。Epstein（2001）认为非金融企业的金融化行为影响了企业的资产配置，由于企业的逐利动机，可能会将大量的资金投向金融市场，使企业的生产方式、经营重心皆有所转移。与此同时，受企业创新活动的高风险和长周期的影响，企业在将资金投向创新活动时会更加谨慎。Demir（2007）、刘贯春（2017）、谢家智等（2014）也发现随着金融投资占据了企业资金的主要部分，创新投资难以避免地被"挤出"，对企业创新能力的提升产生不利效果。此外，以张昭等（2018）、胡奕明等（2017）为代表的部分学者发现，企业金融化对其创新的影响具有不确定性，如企业所处的投资效率区间、实体企业金融化动机的不同，均会使企业金融化对其创新的影响效果产生差异。

10.1.3 企业金融化的界定

在宏观层面，国外学者普遍认为金融化是金融体系在社会经济发展中的地位不断攀升，金融创新产品不断出现，金融资本不断扩张以及社会经济财富不断向金融行业转移的过程。Orhangazi（2008）将金融化定义为在一国和世界范围内，金融市场愈发完善，金融机构数量和地位上升，依靠金融活动提高自身收入的群体的比重和重要性不断提高。我国学者关于金融化的研究并不深入，学者们并未形成规范统一的表达形式，大多数学者采用了"经济虚拟化"的说法，但两者在本质上并无差别。成思危（2003）将虚拟资本作为资本的体现形式之一，其脱离了实体经济运转轨迹，在金融系统中循环流转，最终达到"以钱生钱"，这是经济虚拟化的表现形式。关于"金融化"的研究，王家华等（2004）认为金融化是指金融资产在国民经济运行中发挥了更为强烈的稳定经济的功能。徐丹丹等（2011）将金融化定义为产业资本在逐利性的趋势之下向金融资本转变的过程。鲁春义等（2016）运用演化博弈的框架，认为金融化的根本在于资本积累主要通过金融体系实现自身价值的增加，而与剩余价值无关。

在微观层面，考虑到实体企业在社会经济发展的主体力量，关于金融化的研究逐渐从宏观经济金融化转向企业金融化，非金融企业成为研究对象。Crotty（2002）从公司治理的角度出发，将企业金融化定义为公司治理理念从追求长期生产性收益转变为追求企业短期市场价值以获得高额分红的过程。Krippner（2005）主要根据公司利润来源的方式界定企业金融化。Stockhammer（2004）认为企业金融化是指金融投资占固定投资比重加大的趋势，则是从企业参与金融市场的程度来定义的。Orhangazi（2008）综合了前人的观点，认为企业金融化是指企业的金融投资、金融收益、金融市场参与度等方面均不断上升的过程。蔡明荣等（2014）考虑了企业经营行为及其带来的经济后果两个方面，从行为方面，企业金融化是指企业将更多的资金投入金融领域以获取超额利润的经营管理模式；从结果方面，是指企业的利润主要来自金融市场的现象。

在企业金融化的测度研究层面，国外学者Crotty（2002）首次开创性地以美国非金融上市公司为样本，建立了企业金融化指标，包括资金运用相关指标和利润来源相关指标，并表明样本公司的这些指标自20世纪90年代以来基本保持上升趋势，验证了美国非金融上市公司中金融化现象的普遍性。Krippner（2005）将注意力集中于企业的利润来源，通过建立企业的资本性收入与企业的现金流比例这一指标，证明了美国非金融企业从1950年到2000年的利润来源中金融收益逐渐增多，从而得出与Crotty类似的结论。Orhangazi（2008）同样将研究主体定位为美国的非金融企业，但进一步对Crotty构建的指标进行创新，对资金运用和利润来源指标都进行了相应增减，同时第一次将金融资产在总资产中所占比重作为衡量非金融公司金融化程度的指标，这一指标后来被大多数学者所认可并采用。

国内学者对企业金融化程度的衡量也大多局限于资金运用和利润来源两个方面。在资金运用层面，国内研究者大多以金融资产占总资产的比例来衡量企业金融化程度，这是在借鉴了Orhangazi的研究的基础上所得的。但在金融资产具体范围的选择上，不同学者保持了自身研究的差异性。彭俞超等（2018）、许罡等（2018）认为金融资产仅包括交易性金融资产等一系列狭义金融资产，而宋军等（2015）、张昭等（2018）认为金融资产还应该包括广义金融资产指标。在利润来源层面，刘贯春（2017）用金融资产收益与营业利润的比例衡量企业的金融化程度。胡奕明等（2017）虽然沿用前人的方法采用金融资产与总资产的相对指标来衡量企业金融化，但其认为这一指标容易受到金融化以外的因素的影响，因此加入了金融资产的绝对指标进行补充。解维敏（2018）对企业金融化的衡量指标进行了进一步创新，利用非金融企业是否参股金融行业进行衡量，并从是否参股、投资比例以及参股比例方面进行研究。

10.2 中小企业的技术创新与金融化现状

10.2.1 中小企业的技术创新现状

从中小企业创新的动态视角出发，构建包括创新资源、创新环境、创新投入以及创新产出四个维度的中小企业创新指标体系。创新资源反映出企业将科学技术创新过

■ 企业融资渠道与金融工具

渡为直接生产力的经济力量，以企业资产总值和净利润反映企业的规模和经营成果。创新环境是企业开展创新活动的"软实力"，企业中创新人员的质量尤为重要，用普通高等教育人员占比衡量企业的人才支撑力度，以职工教育经费衡量企业对职工教育的重视程度。创新投入是保证企业创新持续进行的关键要素，包括作为企业创新主体的研发人员和作为企业创新资金保障的研发支出，二者共同衡量了企业进行创新所投入的物质资本和人力资本。创新产出是企业进行创新活动的现实成果，以申请专利数作为创新产出的衡量标准，另外，由于企业创新型资产在无形资产中占主导地位，故以无形资产作为衡量企业创新产出的重要标准之一。基于构建的指标体系测算 2015—2018 年我国制造业中小企业创新指数，在处理指标权重时采用熵权法进行测算，之后对数据进行无量纲化换算，采用加权平均法测算制造业中小企业创新水平（见图10-1），并对其进行百分化构建中小企业创新指数的平衡面板数据。本章所使用的研究数据主要来源于 Wind（万德）金融数据库。

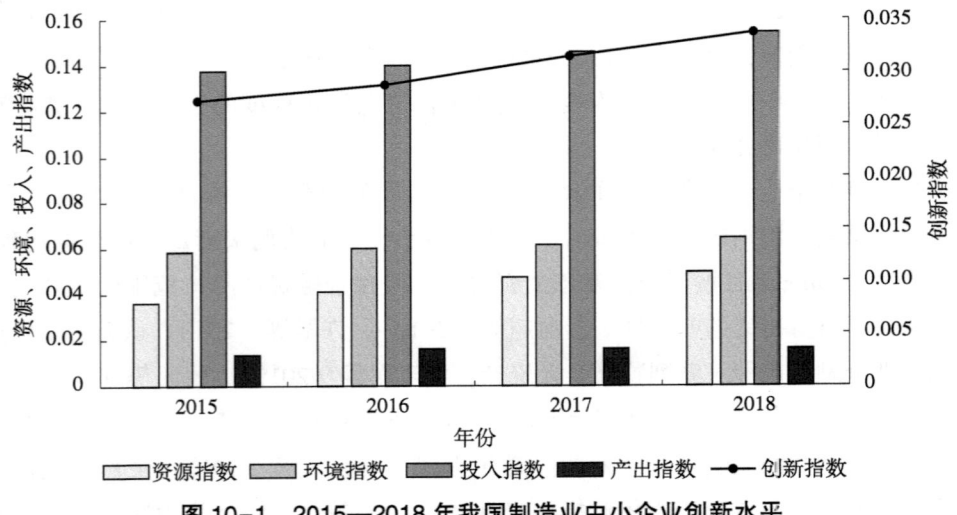

图 10-1　2015—2018 年我国制造业中小企业创新水平

由图 10-2 可知，2015—2018 年，我国高科技中小企业的创新发展一直保持着稳步递增趋势，其创新指数由 2015 年的 0.037 持续上升至 2018 年的 0.045，增长比例高达 21.6%。从高科技中小企业创新发展的整体水平来看，其综合创新能力明显高于全国平均水平，说明高科技中小企业始终坚持将产品的生产制造与技术创新紧密结合的经营特征，在促进和推动科技成果转移转化中发挥着关键作用。此外，在企业创新的四个维度中，创新投入水平最高，投入指数均值为 0.18，而创新产出水平最低，产出指数均值为 0.02，这也间接体现出我国高科技中小企业创新效率以及创新质量仍需改进。

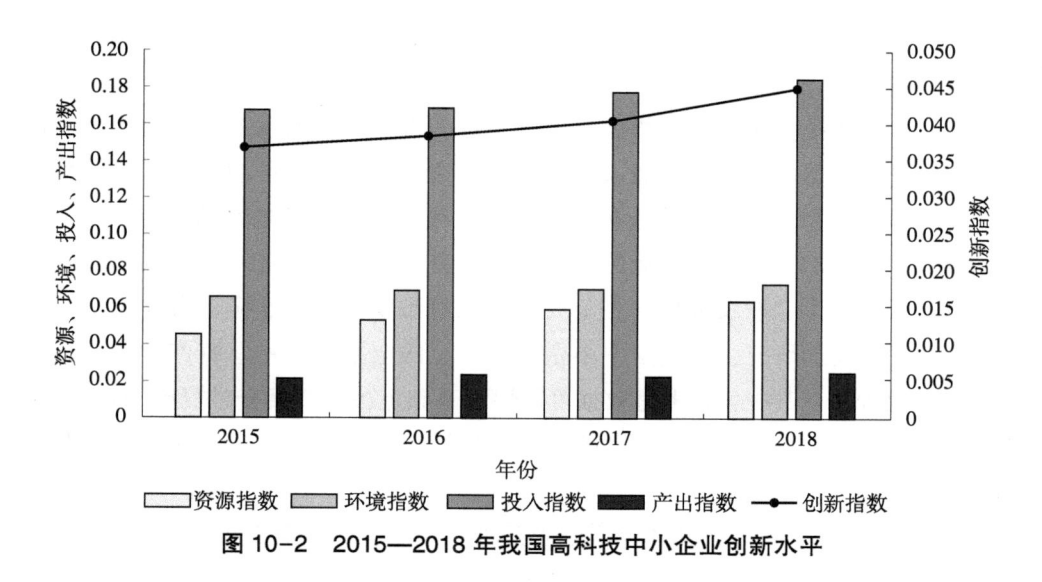

图 10-2　2015—2018 年我国高科技中小企业创新水平

与高科技中小企业创新发展相比，非高科技中小企业创新能力呈现出较大差距。2015—2018 年，高科技中小企业创新指数均值为 0.04（见图 10-2），而非高科技中小企业创新指数均值仅为 0.02 左右（见图 10-3）。究其原因，主要是由于非高科技中小企业主营产品与服务的技术创新性较弱、科技含量和附加值较低，企业对创新的积极性不足。

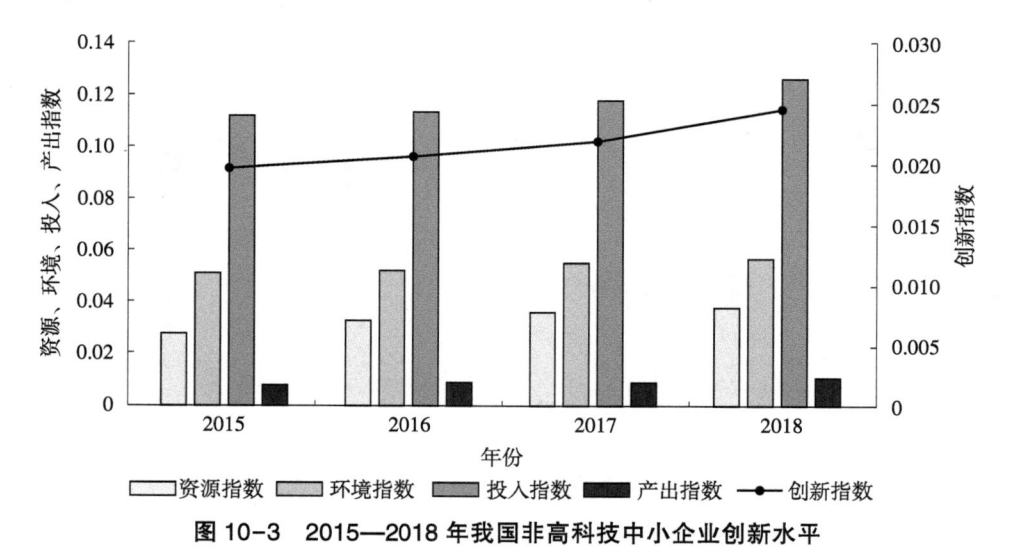

图 10-3　2015—2018 年我国非高科技中小企业创新水平

10.2.2　中小企业的金融化现状

制造业企业作为实体经济的主要载体，本应主要从事生产经营活动，然而，近年来越来越多的制造业企业大幅度提高了对长期股权投资、投资性房地产等金融资产投

■ 企业融资渠道与金融工具

资比例，成为制造业企业金融化程度加深的一个重要证据。企业金融化突出表现为制造业企业的经济活动重心向投资、投机活动转移。制造业企业是实体经济的主要介质，具有在社会生活中提供商品以及相关服务的义务。近年来，大量上市制造业企业偏好投资金融资产，大量制造业资本涌入金融市场，这不仅进一步推动金融行业的繁荣景象和金融风险的累积，也带来制造业的低迷景象和生产创新积极性的降低。但是，金融业的蓬勃发展增加了制造业企业的生产成本和劳动力成本，进一步降低了实际投资回报率，构成了资本"脱实向虚"的恶性循环，导致实体经济金融服务能力下降。本书借鉴宋军等学者的研究，以我国中小企业所拥有的金融资产占总资产的比重衡量中小企业金融化程度，其中，在考虑数据可得性的基础上，从广义金融资产的概念出发，选取制造业中小企业的可供出售金融资产、长期股权投资以及投资性房地产之和测算金融资产总量。

如图10-4所示，2015—2018年我国制造业中小企业的金融资产总量逐年上升。金融资产总量由2015年的2857.59亿元上升至2018年的4446.54亿元，4年间金融资产总量扩大了0.5倍以上。同期，金融资产中占最大比重的长期股权投资由1774.29亿元增加至2891.55亿元，可供出售金融资产由795.88亿元增加至983.45亿元，投资性房地产由287.42亿元增加至571.54亿元。此外，虽然2015—2018年金融资产增长率总体呈下降趋势，由2015年的30.45%下降至2018年的8.45%，但企业金融化发展程度仍在提高，2015—2018年制造业中小企业金融化指数逐年上升，表明制造业中小企业"脱实向虚"的发展态势尚未得到有效改善。

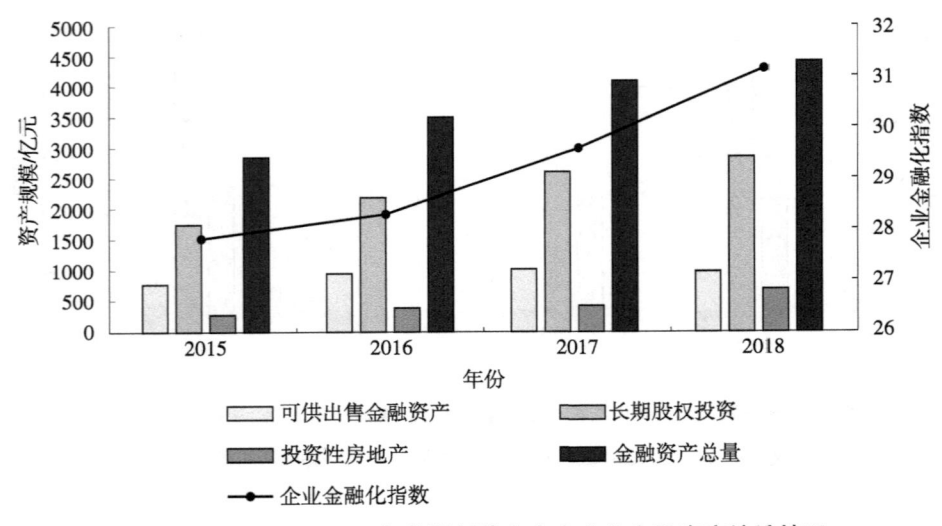

图10-4 2015—2018年我国制造业中小企业金融资产统计情况

10.3 融资约束对企业创新的影响

1. 基于企业所有制类型的融资约束对企业创新的异质性分析

与民营中小企业相比,非民营中小企业的创新资源雄厚,以国有企业为例,其规模优势和充足的抵押物使其易于获取信贷资金以进行企业创新,融资约束对企业创新影响较小。为了验证不同所有制结构下,中小企业金融化和融资约束对企业创新的影响,将企业样本按所有制结构划分为民营中小企业与非民营中小企业。

在按企业所有制类型回归的样本中,无论对于民营中小企业还是非民营中小企业,融资约束指数越大,企业创新指数则越小,其中民营中小企业的系数在1%的显著性水平下负相关,而非民营中小企业的融资约束指数与企业创新指数之间则没有必然关系。因此,对于民营中小企业而言,融资约束的缓解是推动民营中小企业创新驱动发展战略中必不可少的一步。

2. 基于企业所属行业类型的融资约束对企业创新的异质性分析

制造业中小企业的创新发展与企业所属行业的性质息息相关。将中小企业样本按照企业所属行业分为高科技中小企业和非高科技中小企业。其中,将制造业中的通用设备、专用设备、交通运输设备、电气机械及器材、计算机及其他电子设备、通信设备、仪器仪表及文化办公用机械的企业划分为高科技企业,其余为非高科技企业。

在高科技中小企业中,融资约束指数对企业创新指数的影响系数在10%的显著性水平下为-0.1826,说明对于高科技中小企业而言,基于企业自身的运营属性其科技创新的需求强且多,融资约束成为制约企业创新投入的严重阻碍,并进一步造成创新资源的不足与创新环境的匮乏,从而对创新产出具有抑制效应。而对于非高科技中小企业而言,其融资约束对企业创新存在不显著的影响关系,主要原因在于非高科技中小企业的发展主要依赖自然资源和低技能劳动力,研发活动较少,仅需要较少的资金就足以满足企业创新需求。因此,对于非高科技中小企业而言,即使融资约束程度非常高,企业创新投资的变动也并不明显。

第 11 章
"双碳"目标下的碳期权定价

第 11 章 "双碳"目标下的碳期权定价

对于碳期权定价的研究，一方面，有助于补充相关的学术探索和理论研究；另一方面，有助于实现碳期权科学合理的定价，从而充分发挥其作为碳金融衍生产品的功能来推动整个碳交易市场的发展和完善。同时，也有助于帮助企业实现风险管理和风险规避，推动企业绿色转型发展。

11.1 文献综述

11.1.1 国内研究现状

随着碳交易市场的不断发展和碳期权的不断完善，我国学者对于其相关的研究也在不断地丰富和拓展。而碳期权的定价问题作为促进碳期权发展的重要推手，其一直也是我国相关研究的热点问题。

关于碳期权定价模型的研究，总结如表 11-1 所示。

表 11-1 国内文献关于碳期权定价模型综述

学者（年份）	碳期权定价模型
韦伟等（2014）	样本滚动法和非样本滚动法模型
张晨等（2015）	蒙特卡罗模拟和 B-S 期权定价模型
彭婷（2015）	GARCH-分形布朗运动期权定价模型
赵小攀等（2016）	考虑交易成本问题的修正 B-S 期权定价模型
董文博（2017）	修正 Margrabe 交换期权定价模型
吴凤平等（2020）	投资财富效用最大化推导模型
黄杉（2021）	分形布朗运动定价模型
俞妍等（2021）	仿真技术模型
赵芷萱（2022）	B-S 期权定价模型
刘青等（2022）	RSJM-RBF 碳排放权期权定价模型

韦伟等（2014）采用样本滚动法和非样本滚动法，以欧盟排放配额（EUA）期货

产品 MOH4 及其系列衍生期权产品作为研究对象，分别对其定价进行实证研究，取得了较高的定价拟合结果。张晨等（2015）运用蒙特卡罗模拟对 EUA 期货期权进行定价，并与 B-S 期权定价法进行比较。以 EUA 期货的收盘价作为样本数据，其结果表明，基于 GARCH-分形布朗运动模型的碳期权定价法预测精度有显著提高。彭婷（2015）基于分形布朗运动不要求资产价格相互独立、收益率服从正态分布，且能较好地刻画资产价格的长记忆性，更贴合碳金融资产价格的实际特征，构建了基于 GARCH-分形布朗运动的期权定价模型，对 EUA 碳期货期权进行定价研究。赵小攀等（2016）基于 B-S 期权定价模型对全国统一市场状况下的碳排放权期权进行估价，根据碳排放权期权交易过程中存在的交易成本问题对 B-S 期权定价模型进行修正。并在对 B-S 期权定价模型进行修正的基础上，加入区域因素对碳排放权价格的影响，最终得出一个更加符合市场实际状况、更加合理、更加精确的碳排放权期权定价模型。董文博（2017）根据便利收益的交换期权特性运用修正的 Margrabe 交换期权定价模型对 EUA 碳排放权期权进行定价研究。其研究结果表明，交换期权模型得出的价值与便利收益极为接近，这也说明了利用交换期权定价模型的正确性，从而用其预测未来碳期货的价格走势。吴凤平等（2020）借助 Choquet 期望积分构建投资者的期望收益效用函数，运用 λ-可加模糊测度表示投资者对碳期权价值模糊度量的差异性。首先，其根据投资财富效用最大化推导无约束条件下碳期权的最优价。其次，结合现实约束条件，构建投资财富效用最大化下的碳期权定价模型。黄杉（2021）构建基于分形布朗运动的定价模型对 EUA 期权进行定价研究，选取欧盟碳排放权交易市场的 EUA 期权作为样本进行定价研究，结果表明其模型预测结果与碳期权实际价格的拟合程度较高，基本可以实现预测碳期权价格的效果。

俞妍等（2021）主张用仿真的方式对碳期权进行期权定价，得出在不同技术演变的路径下和内部外部的影响下实物期权的价值，将技术发展路径及阶段纳入了期权模型的定价当中，丰富了碳期权定价的相关理论。赵芷萱（2022）选用 B-S 期权定价模型，以全国碳排放权交易市场（以下简称"碳市场"）湖北试点为研究对象，对以碳配额现货为标的物的碳期权产品进行定价研究，其研究发现期权资产的价格与碳配额资产的价格波动趋势具有一致性。刘青等（2022）建立了一种不同特征维度下的 RSJM-RBF 碳排放权期权定价模型，对于碳排放权期权定价问题展开研究，并利用 EUA 碳排放权期权数据进行了实证分析，其研究结果表明其提出的 RSJM-RBF 碳排放权期权定价模型具有较高的预测精度和较强的稳健性。

关于碳排放权波动率估计模型的研究，总结如表 11-2 所示。

表 11-2　国内文献关于碳排放权波动率估计模型综述

学者（年份）	碳排放权波动率估计模型
韦伟等（2014）	GARCH 模型
张晨等（2015）	GARCH 模型
王连凤（2018）	GARCH 族模型
黄钰莹（2020）	SV-N 模型、SV-T 模型、SV-M 模型、SV-L 模型和 MCMC 方法
黄杉（2021）	GARCH 模型
李云璐（2021）	GARCH 模型和 EGARCH 模型
杨小力（2021）	MSM 模型
李天雨（2022）	EGARCH 模型
魏琦等（2022）	SYS-GMM 模型
赵芷萱（2022）	AR（1）-GARCH（1,1）模型

韦伟等（2014）同样也是利用 GARCH 模型估计并预测碳期权标的期货的收益波动率，并将预测的收益波动率序列代入 B-S 期权定价公式，以期提高 B-S 期权定价公式的精确度。张晨等（2015）也是采用 GARCH 模型拟合并预测碳价收益波动率，其研究发现基于 GARCH 模型修正的分形布朗运动模型，其对于碳期权定价预测的精度更高。王连凤（2018）采用 GARCH 族模型对碳排放权收益率波动的集聚性、持续性、非对称性进行了研究。其研究结果发现，深圳试点的波动持续时间最长，广东次之，湖北最短。只有湖北碳市场存在收益率与风险的正向关系，广东、深圳和北京三个试点的碳排放权收益率与风险之间的关系并不显著。此外，广东和北京试点的碳排放权收益率波动还存在着非对称性，即其正向冲击带来的波动要大于负向冲击。黄钰莹（2020）从随机波动率模型理论出发，运用 SV-N 模型、SV-T 模型、SV-M 模型和 SV-L 模型对数据进行拟合，运用 MCMC 方法进行参数估计。其实证结果表明，试点碳市场价格波动存在不同程度的杠杆效应。

黄杉（2021）研究发现，碳期权的收益波动率存在条件异方差性，构建 GARCH 模型可以很好地拟合碳期权的收益波动率。李云璐（2021）构建 GARCH 模型和 EGARCH 模型对碳价波动进行分析，选取国内比较成熟的三个试点市场：北京、深圳和广东碳市场，以其碳排放试点市场数据为样本，研究发现三个碳市场均存在波动持续性，且存在非对称性。同时，GARCH-JUMP 模型的结果表明，北京碳市场碳价的跳跃呈现时变性，深圳碳市场碳价跳跃不频繁但也存在时变性，广东碳市场碳价跳跃明显且存在时变性。杨小力（2021）基于多重分形理论，采用 EMD-MFDFA 方法，对我国八个碳市场碳价收益率的多重分形特征进行分析。同时，采用 MSM 模型对我国八个碳市场波动率进行预测，该方法能在非平稳条件下非常全面地刻画金融资产收益率波动特征。其研究结果表明，我国八个碳市场碳价收益率均存在多重分形特征。另外，MSM 模型比 EGARCH 模型在预测我国碳市场波动率时均表现得更加优异。李天雨（2022）使用 EGARCH 模型对碳排放权的波动率进行估计。其基于 B-S 定价模型的实证研究发现，碳排放权波动率可以较好地拟合 EGARCH 模型，即其存在杠杆效应。具体来说，环境对碳市场的影响是较为持久的，并具备一定可预测性。魏琦等（2022）利用 SYS-GMM 模型进行实证分析，以被纳入 2015 年碳市场的 135 家控排上市企业为研究对象，研究碳价格及其波动率对企业低碳投资的影响。赵芷萱（2022）建立了 AR（1）-GARCH（1，1）模型，对湖北碳市场碳配额价格的波动率进行估计。

11.1.2 国外研究现状

国外碳交易市场较我国碳交易市场的发展更为完善，碳金融产品更加成熟，国外学者对于碳期权定价模型的有关研究也更为丰富。

国外关于碳期权定价模型的研究，总结如表 11-3 所示。

表 11-3 国外文献关于碳期权定价模型综述

学者（年份）	碳期权定价模型
Daskalakis 等（2009）	随机游走模型
Carmona 等（2011）	风险中性定价模型
Chang 等（2014）	B-S 定价模型
Hong 等（2016）	B-S 定价模型
Liu 等（2020）	修正分形布朗运动模型

Daskalakis 等（2009）通过建立随机游走模型，对欧盟排放交易体系下的碳期权进行了定价研究，研究发现，在欧盟排放交易制度的不同阶段之间储存碳排放额度对其定价具有重大影响。Carmona 等（2011）通过对风险中性定价模型进行严格的分析，论证了其对于历史数据的校正，并以此为基础对以碳排放配额期货价格为标的物的欧式看涨期权进行定价研究，同时，分别在单期和多期情况下进行了检验。Chang 等（2014）利用 B-S 定价模型构建碳期权定价模型，以欧盟碳期权交易市场数据为样本进行定价研究。同时，其还基于欧盟与我国江苏省的经济对比，分析相关影响因素，并得出我国江苏省的碳交易市场价格，为促进我国碳交易市场的快速发展提供参考依据。Hong 等（2016）利用 B-S 模型建立碳期权定价模型，对欧盟碳交易市场 EUADEC-10 期权进行定价研究，以此确定碳期权的合理价格。其研究验证了在碳排放期权定价中 B-S 模型的适用性，并为我国碳期权的定价分析提供了研究思路。Liu 等（2020）基于分形布朗运动（FBM）模型进行修正，通过构建 GARCH 模型弥补固定 FBM 模型波动性的不足，对欧洲能源交易所 EUA 期权合约的定价问题进行研究，并利用 FBM 计算未

来 60 天的预测价格，其预测结果与实际价格较为接近。同时，基于 B-S 期权定价模型，结合 GARCH 模型以弥补传统 B-S 期权定价模型的固定波动性。以欧盟排放津贴期货期权的日收盘价为样本数据进行定价研究，并对其未来 20 天的价格进行预测，为我国碳期权交易的科学定价提供参考。

11.1.3 文献述评

综上可以看出，国内外学者对于碳期权定价模型及其修正的相关研究非常丰富。对于碳期权定价模型的选择，大多数学者都是以 B-S 期权定价模型为基础。碳期权以碳排放权为标的资产，是一项风险资产，其价格会随着市场状况的变化而变化，并大致遵循几何布朗运动。在碳期权的有效期内，不存在红利和其他所得。同时，在此期间内，我国的无风险利率是常数。由于碳排放权的稀缺性等原因，碳交易市场中不存在无风险的套利机会。由此可以看出，碳排放权资产几乎可以满足 B-S 期权定价模型成立的假设条件，因此，运用 B-S 期权定价模型来进行碳期权定价研究具有较好的适用性。

对于碳排放权波动率的估计，大多数国内外学者的研究结果都是构建 GARCH 模型进行拟合分析，并以此为基础，对标准 B-S 模型进行修正。运用 GARCH 模型考虑金融资产时间序列波动的聚集性，可以去除金融资产收益率的过度峰值，用其计算出的波动率替代历史波动率，估计结果会更加准确。这一点也在国内外学者的研究结果中得到了印证，基于 GARCH 模型修正的 B-S 期权定价预测结果要比基于历史波动率的标准 B-S 期权定价预测结果更加准确。

11.2 碳交易市场发展现状及影响因素冲击分析

"双碳"目标的提出以及短期碳达峰目标的实现都会给我国碳交易市场带来冲击，进而对未来碳期权价格波动产生影响。

11.2.1 碳交易市场发展现状

随着碳交易市场的不断发展，各国由于减排进程有所不同，减排空间较大的发展中国家有着充足的碳排放权供给，在一定程度上压低了减排目标较高的发达国家碳市场价格，这对于其减排目标的实现会产生一定的不利影响。

我国碳市场是我国实现碳达峰、碳中和"双碳"目标的重要政策工具。目前，碳市场试点已具有相对稳健的运行机制，为减少温室气体排放，实现"双碳"目标发挥了重要作用。

通过近十年的国内碳市场试点运行，在区域碳市场建设经验较为丰富的基础上，借鉴国际碳市场发展经验,碳市场于2021年7月16日上线,开展交易。碳市场的设立对于我国实现绿色转型发展,如期达到"双碳"目标有着更加重要的意义。一方面,碳市场能够更加充分合理地调动全社会的资源配置,使其向低碳企业倾斜,进一步推动企业加大科技研发,自觉采取行动减少碳排放,降低生产成本,从而促使我国不断向碳中和目标迈进。另一方面,碳市场的设立能够释放更加明显的信号来彰显我国减少碳排放、实现碳目标的决心和信心。同时,我国碳市场作为全球碳市场的重要组成部分,其顺利启动和平稳运行对于我国积极参与正在形成的国际碳定价体系,深度参与全球气候治理,从而提高我国国际话语权和影响力,推动构建人类命运共同体有着极为重要的意义。

碳市场的上线运行,从国内角度来看,发电行业成为首个纳入全国碳市场的行业,共纳入发电行业重点排放单位2162家,覆盖我国31个省(自治区、直辖市)。从全球角度来看,我国是第一个建立全国碳市场的发展中国家,我国碳市场是目前全球最大的碳市场。2021年12月31日我国碳市场首个履约周期顺利结束,首期共运行114个交易日。碳排放配额累计成交量1.79亿吨,累计成交额76.61亿元,履约完成率为99.5%。首个履约周期内,碳市场交易价格在40~50元/吨波动。其中,12月31日,碳市场收盘价为54.22元/吨,较首日开盘价上涨12.96%,有超过半数的重点排放单位积极参与了碳市场交易。

从首个履约周期中交易量的变动趋势可以看出,全国碳市场上线首日,碳排放配额成交量突破410万吨,此后,碳市场交易持续低迷,单日成交量最低曾至个位数。到年末时期,由于履约期的临近,碳市场的成交额与成交量双双走高。由此可以看出,碳市场日常交易并不活跃,还需要更多的企业主体积极参与,从而进一步提高市场活力。但总的来说,碳市场自上线以来,保持健康有序运行,促进温室气体减排和绿色低碳转型的作用初步显现,也为更多行业纳入全国碳市场打下了坚实基础。

11.2.2 "双碳"目标背景下的影响因素分析

碳排放权作为碳市场交易的商品,其价格变动受到多种因素的影响。从最基本的经济学原理来讲,供求关系决定商品价格。由此可见,以碳排放权为标的的碳期权的价格也会受到供求关系的影响。同时,由于碳期权独特的产品特性,其价格变动还会受到国家政策等多种其他因素的影响。从前文关于全球碳市场的发展历程可以看出,美国较早开展市场化碳减排机制的积极探索,同时其碳交易市场及其碳金融产品的发展相较于我国也更为成熟。鉴于此,本章在"双碳"目标的背景下,主要从供给因素、需求因素以及政策因素三个方面对中美碳交易市场情况进行对比分析。

1. 供给因素

碳市场主要是由政府设置减碳目标,并把相对应的碳排放权分配给相关企业。此时，二氧化碳排放权就可以作为一种商品在碳市场中进行买卖。当分配的碳排放权配额大于自身碳排放量时，该企业就成为市场卖方，反之则为买方。买方通过碳交易市场向卖方支付一定金额，从而获得卖方一定数量的二氧化碳排放权，这就形成了二氧化碳排放权的交易。碳排放权作为碳期权的标的资产，其供给变化对于碳期权的价格变动有着直接影响。碳排放权数量的多少与碳期权价格呈现反向变动关系。

碳排放权供给的影响因素主要是政府的碳排放权配额总量和市场中卖方企业的碳排放权供给量。在现行的交易制度下，政府一般是按照某种规则将碳排放权配额分配给企业，其代表的是各企业在相应的履约年度中二氧化碳排放的权利。而碳市场上的配额总量主要是受政府的控排目标影响，如果政府实施强有力的控排目标，那么政府的配额总量可能会趋紧。相反，如果政府在统筹考虑其他政治经济因素后，实施相对较弱的控排目标，那么政府的配额总量可能会较多，甚至形成过剩的局面。而对于企业来说，如果分配的碳排放权配额大于企业平均碳排放量，那么市场上卖方企业就增多，市场供给量也就相应地增多，反之市场供给量就会下降。

从中美对比的角度来说，一方面，中美两国政府关于碳排放权配额的发放方式有所不同。美国政府关于碳排放权配额的发放是通过拍卖这种有偿分配的方式，即定期举行配额的公开拍卖，由出价最高者获得碳排放权配额，这在一定程度上能够有效地发挥碳排放市场的资源配置作用，促进实现更加公平和高效的市场运作。我国的碳排放权配额分配方式主要借鉴欧盟碳市场，以免费配额为主，即由生态环境部向纳入市场的重点排放单位免费发放配额。这在我国碳市场设立初期，能够极大地鼓励企业参与，但也在一定程度上影响对碳排放权配额总量的把握和调整，难以保证区域减排总量目标的完成。

另一方面，中美两国政府关于碳排放权配额的发放数量有所不同。由于我国是在发电行业率先启动全国碳排放权交易市场，因此以美国所拥有的全球第一个仅有电力行业参与的碳排放权交易体系——RGGI市场为例进行对比。由图11-1可以看出，从2013年开始，RGGI市场所拍卖出售的碳排放权配额总量呈现波动下降的趋势。而从2019年开始，碳排放权配额总量开始呈现出上升态势。2021年，RGGI市场合计拍卖近9641万吨。

而在我国碳市场中，在全国碳市场成立初期，碳排放权配额的成交量一直呈现出波动上升的趋势，随着首个履约期截止日期的临近，碳市场日渐活跃（见图11-2）。在2021年12月达到高峰，成交量近1.36亿吨。而这一现象也在碳市场试点中有所体现。此后进入2022年，我国碳市场碳排放权配额成交量呈现相对稳定的态势。

由此可以看出，由于中美两国政府的控排目标不同，我国碳市场碳排放权配额总量相较于美国较高，根据前文所述，我国的碳价及碳期权价格相较于美国将会较低，这一点也被实践所证实，如图11-3所示。

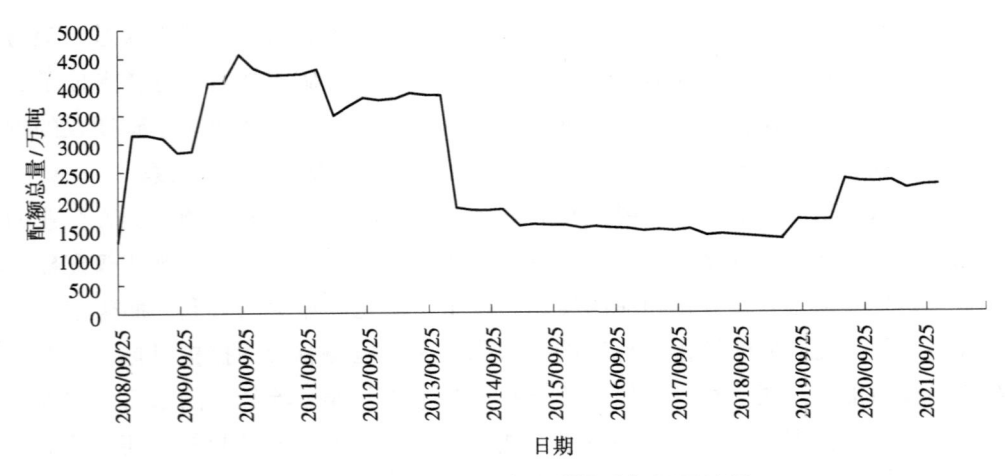

图 11-1　美国 RGGI 市场碳排放权配额总量

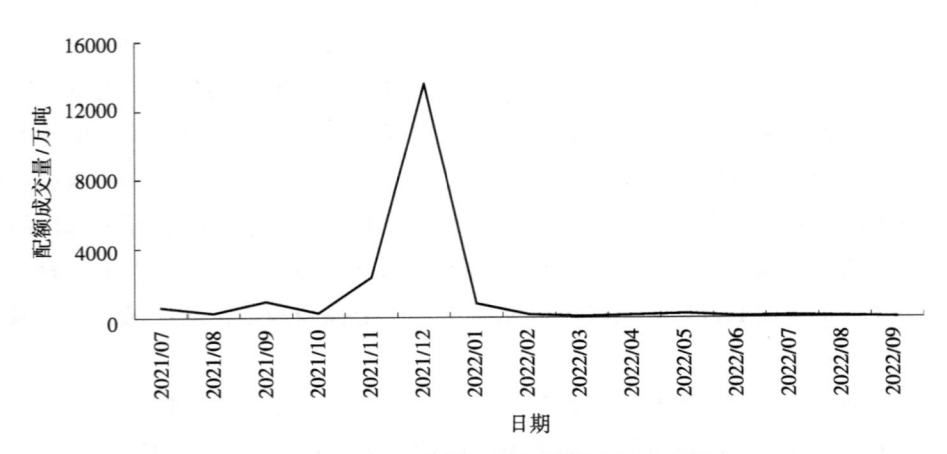

图 11-2　我国碳市场碳排放权配额成交量

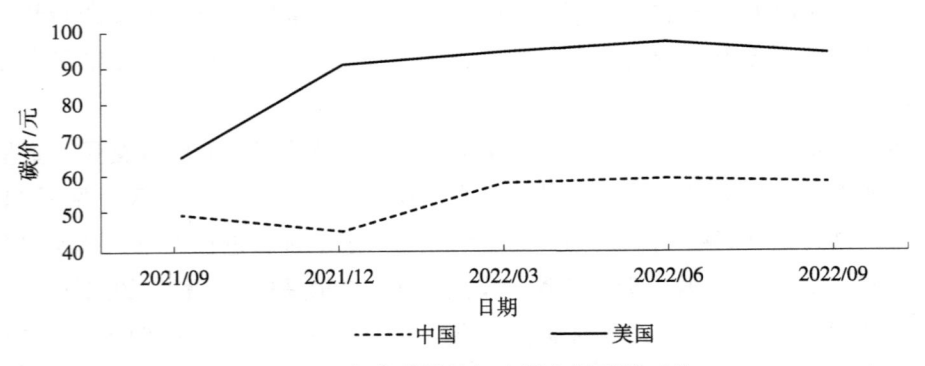

图 11-3　中美碳排放权交易市场碳价对比

以我国碳市场碳价的平均值计算季度数据，并将其与美国碳市场碳价相比，可以看出，我国碳市场的碳价水平自上线以来均低于美国碳价水平。而碳价作为碳期权的标的资产价格，其价格波动会对碳期权价格波动产生直接影响。

2. 需求因素

作为碳期权主要标的资产的碳排放权，市场主体对其的需求也代表了对碳期权的需求。碳排放权的需求主要是指市场中购买者在一定时期内，在各种可能的价格水平上愿意并且能够购买的碳排放权数量。影响碳排放权需求的因素主要有企业所具备的节能减排技术以及能源价格等。

第一，对于企业所具备的节能减排技术来说，节能减排技术的提高会使能源利用效率得到提高，企业生产所排放的二氧化碳就会相应地减少，因此企业对于碳排放权的需求也会有所降低。从中美对比的角度来说，自我国"双碳"目标宣布以来，我国的节能减排技术迅速发展。近十年来，我国能源绿色低碳转型取得了重要进展。例如，我国可再生能源装机规模突破 10 亿千瓦，水电、风电、光伏发电、生物质发电装机均位居世界第一，清洁能源消费占比从 14.5% 提升到 25.5%，煤电超低排放机组规模超过 10 亿千瓦，能效和排放水平全球领先。同时，我国的节能减排技术还在创新的路上继续前进，形成了独有的模式，步入以科技进步引导社会绿色发展的"2.0 时代"，即科技与自然资源和谐共生。由此可以看出，我国所具备的较为领先的节能减排技术，使得企业在生产过程中所排放的二氧化碳量减少，对于碳排放权的需求也会较美国有所减少，因此碳期权价格也会相应降低。

第二，能源价格也是影响碳排放需求的重要因素。当能源价格发生波动时，相关企业会选择相对更加低廉的能源，而不同的能源所产生的碳排放有所差异，进而会影响企业对于市场碳排放权的需求。例如，对于传统化石能源来说，当煤炭价格上升时，相关的电力企业会倾向于选择更加廉价的天然气或石油发电，这就会使得电力企业生产所排放的二氧化碳总量减少，相应地，其对于市场中碳排放权的需求也会降低。从中美对比的角度来说，国际能源署 2021 年 12 月的报告显示，以天然气为首的化石能源价格上涨迅速，并产生广泛影响。气价因供应不足而价格大涨，美国气价已达到 2008 年以来的最高水平，在此影响下，迫使许多已大幅减煤的企业重新启用煤炭，这就使得相关企业生产所排放的二氧化碳总量大幅增加，其所需要的碳排放权也有所增加。需求与价格呈正向关系，碳排放权需求的增加，会促使碳价和碳期权价格的升高，这一点也在图 11-4 中得到了印证。自 2021 年 12 月起，美国 RGGI 市场碳价格出现大幅上升，并在后期保持高位价格态势。

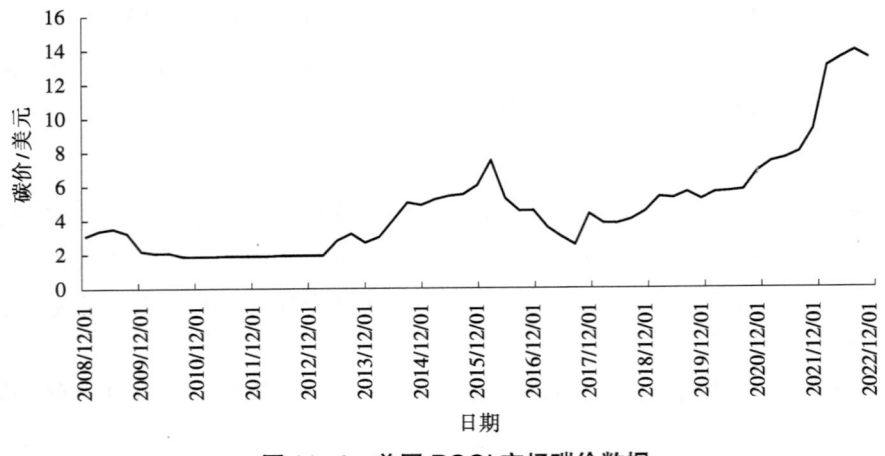

图 11-4　美国 RGGI 市场碳价数据

3. 政策因素

政策为国家节能减排行动指引方向，是促进碳市场健康平稳运行和不断完善发展的重要推动力量。因此，政策变动会对碳市场中的碳金融产品，即碳期权的价格波动产生一定的影响。

自我国提出碳达峰和碳中和的"双碳"目标后，全国各地在碳减排发展的背景趋势下，积极提出各项鼓励和补贴政策。例如，上海市支持企业开展绿色创建，为企业绿色工厂提供一次性奖励补贴；北京市对于年度碳排放强度下降5%及以上的企业提供大额补助；广东省对于在碳普惠平台签发减碳项目的企业予以补贴支持。政府出台此类相关的节能减排政策，一方面，在一定程度上会促使企业加大科技投入，提高能源利用效率，进而使得企业生产所排放的二氧化碳总量减少；另一方面，能够缓解企业资金压力，降低减排成本，提高企业节能减排的积极性。综上所述，我国相关减排补贴政策的提出与实施，对于我国碳排放量的减少有着直接的推动作用，这也使得企业对于碳排放权的需求减少，从而使得碳市场的碳价及碳期权价格有所降低。

而美国自 2017 年开始一直以较为消极的态度应对全球气候变化问题。一方面，在国际上宣布退出《巴黎协定》，使其碳减排行动受到冲击；另一方面，在国内撤销了部分气候相关的减碳政策法案，同时在政策上向化石能源倾斜。由此可以看出，美国政府减碳政策的变动在一定程度上增加了企业生产的碳排放量，其碳减排效果有所减弱。在此背景下，企业对于碳市场中碳排放权的需求就会相对增加，从而促使碳价及碳期权价格相应上升。而这一结果也可以在图 11-4 中得到印证，从 2017 年起，美国 RGGI 市场碳价数据呈现出波动上升的趋势。

11.2.3　实现碳达峰目标后的冲击分析

在碳达峰目标实现的冲击下，各影响因素通过上述传导媒介对碳市场产生的影响有所变化。借鉴美国、欧盟等较为成熟的碳市场的发展经验,探究实现碳达峰目标后对我国碳市场的冲击影响。

1. 供给因素

在碳达峰目标实现之后,一方面,从政府的碳排放权配额总量来说,由于碳排放量将会呈现出逐渐下降的趋势,此时,政府所设置的碳市场配额总量也将同步呈现逐步趋紧的态势。而这一点,在美国碳市场的实践中也得到了印证。由图 11-5 可以看出,2007 年,美国实现碳达峰,峰值约为 74.50 亿吨。此后,美国碳排放量波动下降至 44.32 亿吨。另一方面,对于碳市场卖方企业,即碳排放权供给企业来说,由于碳排放权配额总量的减少,单个企业所分配到的碳排放权配额也会相应地减少。如果其减少的幅度大于企业碳排放量减少的幅度,那么碳排放权卖方企业就会减少,市场中的供给量也会相应减少。因此,综合这两方面的因素,在实现碳达峰目标后,我国碳市场的供给将会呈现下降的趋势。

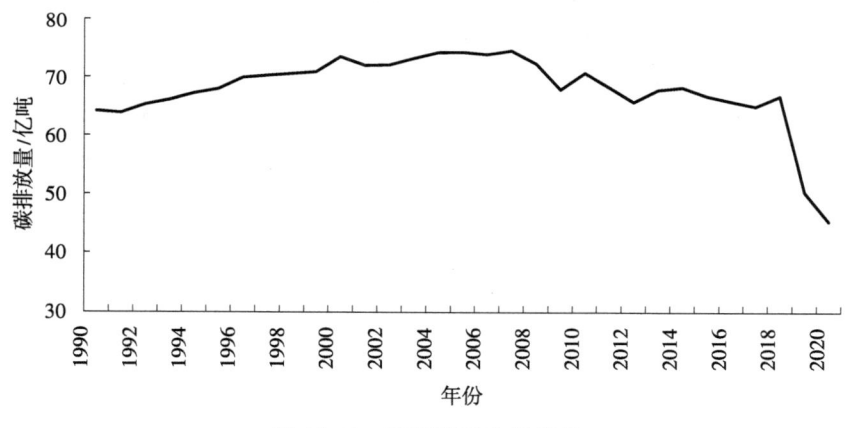

图 11-5 美国碳排放量数据

2. 制度因素

从碳排放权配额的发放方式来说,实现碳达峰目标后,免费配额比例将会逐步降低,有偿分配政策适时引入,并逐步扩大。有偿分配主要是指国家从配额总量中预留出部分或全部配额进行拍卖或者定价出售,而目前实行有偿分配方式的全球碳市场实践中主要以拍卖为主。拍卖的方式可以使碳排放权配额在公开、透明的情况下得到分配。一方面,采用拍卖方式可以将温室气体排放的外部性影响全部内部化;另一方面,采用拍卖方式进行配额分配,可以使企业所需的配额量完全由市场决定,避免出现供需不平衡的情形。基于上述对碳排放权配额发放方式的分析,在实现碳达峰后,我国碳市场将会采用更加成熟的混合型配额分配制度。这一预测,一方面,是基于欧盟碳市场的发展历程。欧盟碳市场发展初期主要采用免费分配的方式,但随着碳排放交易体系的不断完善，引入有偿分配政策，并逐步提高配额拍卖的比例以充分发挥市场定价机制。2020 年，欧盟碳市场约有 60% 的碳排放权配额是通过拍卖发放的，其中发电行业从 2013 年起几乎不分配免费配额。另一方面，有偿分配在我国试点碳市场中也有所尝试，例如湖北、上海、重庆和北京等区域试点碳市场尝试过碳排放权拍卖的形式。2022 年 11 月 23 日，北京绿色交易所组织实施了北京市 2021 年度碳排放权配额有偿竞价发放，共 17 家通过资格审核的重点排放单位竞价成功。

3. 需求因素

碳达峰作为经济体绿色低碳转型过程中的标志性事件，其目标的实现是以企业绿色转型发展为前提，即此时意味着企业已经完成自身的绿色低碳转型发展。其经济增长不再以增加碳排放为代价。因此，在碳达峰目标实现后，企业对于碳市场中碳排放权的需求将会进一步减少。

同时，碳达峰目标的实现表明碳排放总量已经达到峰值，这也意味着传统化石能源消耗量也同时达到峰值，将在后期逐步回落，而这也将进一步推动可再生能源的发展。这一推测也在美国实现碳达峰后的社会经济特征中得到印证。从图 11-6 中可以看出，美国于 2007 年实现碳达峰后，煤炭和石油的消费量呈现出稳定减少的趋势，而可再生能源消费量的增长速度显著提高。这也进一步印证了我国实现碳达峰后，企业对于碳排放权的需求将会有所减少。碳排放权作为碳期权的标的资产，其需求的减少会进一步降低企业对于碳期权的需求，需求的减少将导致价格的降低。因此，当我国实现碳达峰目标后，我国碳市场中的碳期权价格将会有所下降。

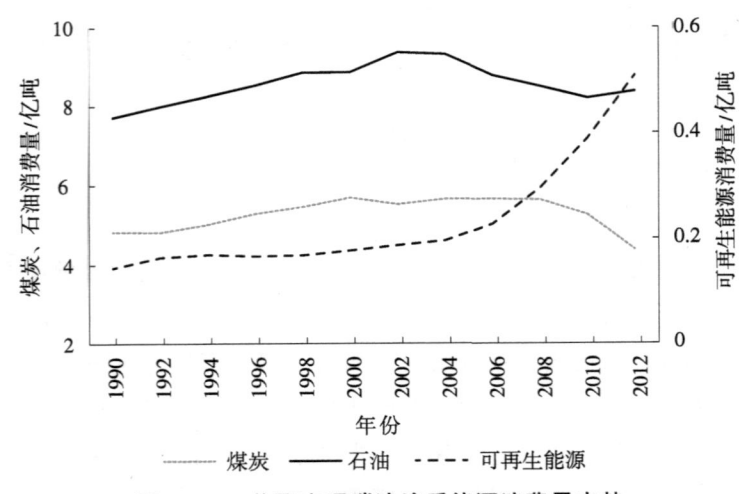

图 11-6 美国实现碳达峰后能源消费量走势

4. 政策因素

碳达峰目标的实现标志着我国碳市场的建立更加成熟完备,在此基础上,将有可能进一步引入碳税政策,形成二者混合的碳定价机制,更有力地推动碳中和目标的实现。碳税政策一方面能够吸纳更多中小型碳排放主体,扩大覆盖面;另一方面,基于其规范的税收体制和完善的法律规定,能够在一定程度上降低政府对于碳市场的管理成本。同时,也能够更加便捷地与国际接轨,降低我国在进出口国际税收协调方面的难度。目前,全球已有36个碳税计划,已在30多个国家和地区推广应用。从国外碳税的推行时间来看,不少国家是在实现碳达峰后开始引入碳税政策。例如,美国在2007年实现碳达峰后,各州陆续开展碳税政策的尝试。如果我国在碳达峰目标实现之后进一步引入碳税政策,可以为企业做好资金过渡,有利于其从根本上改变能源生产和消费的模式,带动替代能源及可再生能源的发展,促进"双碳"目标的如期实现。

11.3 碳期权定价实证分析

对我国碳市场实现碳达峰目标后的碳期权价格进行合理预测,可为相关企业低碳发展、降低减排成本提供借鉴。

从图11-7中可以看出,样本数据序列的Jarque-Berade的值为416.5846,大大超过其临界值。同时,其P值为0也印证了这一结果,这说明其通过了5%水平下的显著性检验,拒绝原假设,我国碳市场碳价对数收益率数据序列不属于正态分布。同时,从Q-Q图(见图11-8)可以看出,散点的分布与直线不能很好地重合,这也说明其不属于正态分布。

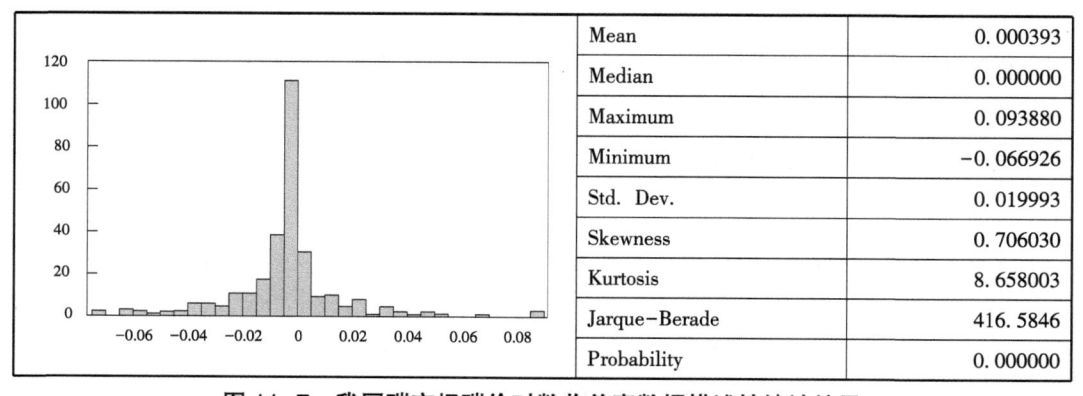

Mean	0.000393
Median	0.000000
Maximum	0.093880
Minimum	−0.066926
Std. Dev.	0.019993
Skewness	0.706030
Kurtosis	8.658003
Jarque-Berade	416.5846
Probability	0.000000

图11-7 我国碳市场碳价对数收益率数据描述性统计结果

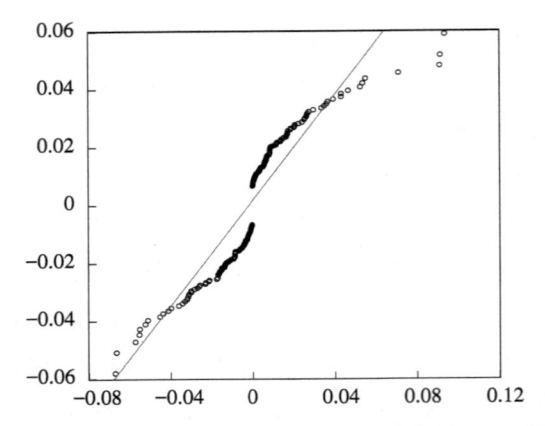

图 11-8　我国碳市场碳价对数收益率数据 Q-Q 图

11.3.1　GARCH 模型估计波动率

1. 平稳性检验

在建立 GARCH 模型估计波动率进行实证分析之前，对于样本数据，本节通过 ADF 的测试方法对我国碳市场碳价对数收益率数据序列是否平稳进行测试。该测试的原假设为样本数据不是平稳的，若测试的结果未能通过，则表明样本数据是平稳的；若通过，则表明样本数据是非平稳的。其检验结果见表 11-4。

表 11-4　ADF 检验结果

样本数据序列	ADF 统计量	P 值	结果
碳价对数收益率	-6.1995	0.0000	平稳

由表 11-4 可知，样本数据序列的 ADF 检验统计量均小于其临界值，P 值小于 5% 的显著性水平，所以可以拒绝原假设，即认为我国碳市场碳价对数收益率数据序列是平稳的，因此可使用其数据进行建模。

2. 均值模型构建

本节针对样本数据序列是否具有自相关情况进行测试，得到我国碳市场碳价对数收益率数据序列测试结果（见表 11-5）。从表 11-5 中可以看出，样本数据序列在滞后阶数为 2、5、6 处均存在明显的自相关性，在滞后阶数为 2、6 处均存在明显的偏自相关性，因此本节先对其进行 ARMA 模型的构建。

表 11-5 自相关检验结果

自相关	偏自相关	AC	PAC	Q-Stat	P 值
		-0.104	-0.104	3.241	0.072
		-0.124	-0.137	7.850	0.020
		-0.013	-0.043	7.901	0.048
		0.117	0.096	12.014	0.017
		-0.140	-0.127	17.944	0.003
		0.212	0.220	31.473	0.000
		0.020	0.036	31.597	0.000
		0.042	0.095	32.122	0.000
		0.024	0.092	32.301	0.000
		0.035	0.004	32.675	0.000
		-0.085	-0.018	34.921	0.000
		0.076	0.020	36.690	0.000

本节绘制我国碳市场碳价对数收益率数据序列的定阶分布图，结合 AIC 定价准则对模型滞后阶数进行确定，比较指标最小值，筛选出最优模型，其结果如图 11-9 所示。由图 11-9 可以看出，ARMA（2，3）模型的 AIC 指标值最小，为-5.026，根据 AIC 指标值最小为最优滞后阶数的原则可以得出，最优模型为 ARMA（2，3）。

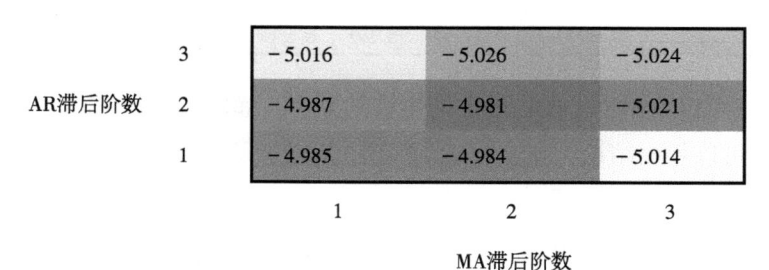

AR滞后阶数	1	2	3
3	-5.016	-5.026	-5.024
2	-4.987	-4.981	-5.021
1	-4.985	-4.984	-5.014

MA滞后阶数

图 11-9 ARMA 模型定阶分布图

表 11-6 为 ARMA（2，3）模型的具体拟合结果，从中可以看出，ARMA（2，3）模型参数估计的结果仍有欠缺。具体来说，MA（2）系数 t 检验的 P 值为 0.2006，远大于 0.1，表明 MA（2）系数在 10% 的显著性水平下并不显著。因而，ARMA（2，3）模型对于碳价对数收益率波动趋势的拟合效果还需要再进行完善。因此，本节采用 ARMA-GARCH 模型进一步拟合碳价对数收益率的波动趋势。

表 11-6 ARMA (2, 3) 拟合结果

变量	系数	标准差	t统计量	P值
C	0.000354	0.001003	0.352332	0.7248
AR (1)	-1.239056	0.140491	-8.819469	0.0000
AR (2)	-0.441274	0.132255	-3.336533	0.0010
MA (1)	1.168275	0.151924	7.689892	0.0000
MA (2)	0.201528	0.157098	1.282813	0.2006
MA (3)	-0.261120	0.044342	-5.888766	0.0000

3. ARCH 效应检验

由于在描述性统计分析结果中清楚地显现出我国碳市场碳价对数收益率数据序列具有随时间变化而不断波动的倾向，以及出现集中性波动的情况，因此考虑在建立 ARMA-GARCH 模型进行实证分析之前，先进行 ARCH-LM 检验，从而得出样本数据是否具有建立 GARCH 类模型所要求的 ARCH 效应。ARCH-LM 检验是进行 GARCH 类模型建模前必不可少的步骤，只有样本数据具有 ARCH 效应，才可以进行进一步的分析和研究。本节选择的滞后阶数为 1，其检验结果见表 11-7。

表 11-7 ARCH 效应检验结果

F-statistic	P值	Obs * R-squared	P值	结果
38.232	0.000	34.024	0.000	存在 ARCH 效应

由表 11-7 可以看出，ARCH 效应的检验结果中，样本数据测试结果的 P 值都比临界值小，所以可以得出结论，在 5% 的水平下，其通过了显著性检验，故样本数据具有非常明显的 ARCH 效应。同理，Obs * R-squared 相对应的 P 值也比临界值小，在 5% 的水平下，同样通过了显著性检验，故二者结论一致。这说明我国碳市场碳价对数收益率数据序列具有非常明显的 ARCH 效应，可以对其进行建模，展开进一步的实证分析。

4. GARCH 模型构建

基于上述分析，本节建立 ARMA-GARCH 模型对波动率进行估计。首先，分别建立低阶 GARCH 模型，根据 AIC 定价准则选择最优模型，其结果如图 11-10 所示。

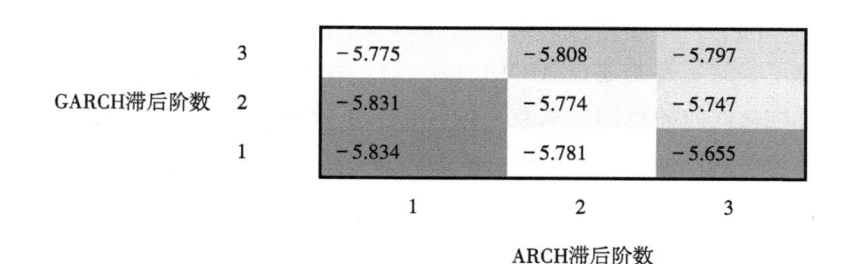

	−5.775	−5.808	−5.797
GARCH滞后阶数 2	−5.831	−5.774	−5.747
1	−5.834	−5.781	−5.655
	1	2	3

ARCH滞后阶数

图 11-10 GARCH 模型定阶分布图

由图 11-10 可以看出，GARCH（1，1）模型的 AIC 值为 −5.834，是所拟合的低阶模型中的最小值。根据 AIC 指标值最小为最优模型的原则，本节选择构建 ARMA（2，3）-GARCH（1，1）模型估计波动率，其拟合结果如表 11-8 所示。

表 11-8 ARMA（2，3）-GARCH（1，1）模型拟合结果

变量	系数	标准差	t 统计量	P 值
C	2.42E−05	0.000367	0.065811	0.9475
AR（1）	−1.188710	0.201888	−5.887970	0.0000
AR（2）	−0.454117	0.216043	−2.101969	0.0356
MA（1）	1.079061	0.206539	5.224484	0.0000
MA（2）	0.188684	0.221560	1.851615	0.0394
MA（3）	−0.217522	0.062322	−3.490288	0.00000
C	4.94E−06	1.09E−06	4.549670	0.0000
RESID（−1）^2	0.266536	0.037273	7.151000	0.0000
GARCH（−1）	0.747007	0.022825	32.728020	0.0000

由表 11-8 可以看出，ARMA（2，3）-GARCH（1，1）模型对碳价对数收益率序列的拟合结果表现良好，能大致反映碳价对数收益率的波动趋势。具体来说，AR（1）、AR（2）、MA（1）、MA（2）和 MA（3）系数 t 检验的 P 值，远小于 0.1，接近于 0，表明其系数在 10% 的显著性水平下均能够表现显著。因而可以得出结论，ARMA（2，3）模型在与 GARCH（1，1）模型结合后，能够更完整地表现出碳价对数收益率的波动特征。GARCH（1）、ARCH（1）和 ARCH（2）的系数 t 检验的 P 值均小于 0.1，表明其系数在 10% 的显著性水平下均能够表现显著。由此可以看出，ARMA（2，3）-GARCH（1，1）模型能够较好地拟合我国碳市场碳价对数收益率数据序列。

5. 相关性检验

本节在构建 ARMA（2，3）-GARCH（1，1）模型时，假设与模型的误差序列无关，因此在构建模型以后进行误差的序列相关性检验，以此来说明模型构建的良好与

否。如果序列之间不存在序列相关性，就称为白噪声，即认为该序列已经没有任何可以提取的信息了。这主要是通过 ARMA（2，3）-GARCH（1，1）模型关于碳价对数收益率序列标准化残差的自相关系数和偏自相关系数来检验。从表 11-9 中可以看出，碳价对数收益率时间序列残差的自相关系数、偏自相关系数均接近 0。Q-Stat 为 Q 统计量的值，P 值为 Q 统计量的相伴概率，可以看出，在 10% 的显著性水平下，不能拒绝序列不存在相关性的原假设，因此可以认为该残差序列不存在相关性，白噪声检验通过，即认为该模型的构建是比较合适的。

表 11-9　残差自相关检验结果

自相关	偏自相关	AC	PAC	Q-Stat	P 值
		0.024	0.024	0.177	0.674
		−0.008	−0.009	0.197	0.906
		0.004	0.004	0.201	0.977
		0.069	0.069	1.629	0.804
		−0.030	−0.034	1.907	0.862
		0.086	0.077	14.023	0.051
		0.063	0.062	15.219	0.055
		0.055	0.063	16.141	0.064
		0.030	0.005	16.418	0.088
		−0.047	−0.045	17.100	0.105
		0.080	0.050	19.083	0.087

基于上述分析，本节得出由 ARMA（2，3）-GARCH（1，1）模型估计的我国碳市场碳价对数收益率的波动率，如图 11-11 所示。

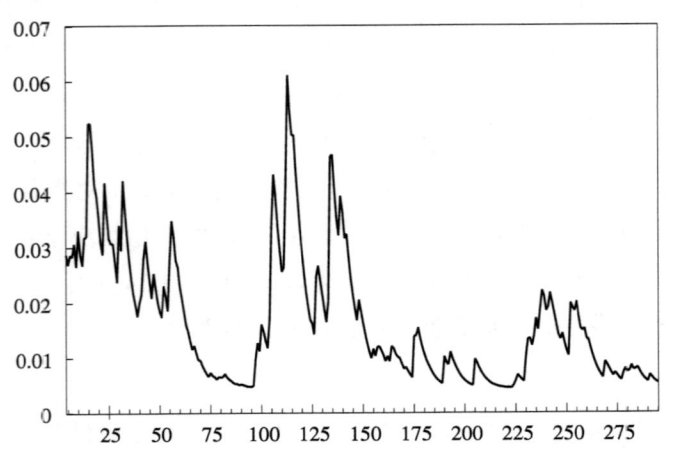

图 11-11　ARMA（2，3）-GARCH（1，1）模型估计的波动率

由图 11-11 可以看出，我国碳市场碳价对数收益率的波动率呈现出波动下降的态势，即碳价波动逐渐趋于常数。

11.3.2 未来碳价趋势预测及分析

基于前文得到的由 ARMA（2,3）-GARCH（1,1）模型估计的我国碳市场碳价对数收益率的波动率，本节对未来我国碳市场的碳价趋势进行预测分析。首先，根据 ARMA（2,3）-GARCH（1,1）模型估计的对数收益率波动率，依据其计算出我国碳市场碳价的模型预测值，并将其与实际值进行比较，结果如图 11-12 所示。

图 11-12 我国碳市场碳价预测值与实际值比较

由图 11-12 可以看出，ARMA（2,3）-GARCH（1,1）模型的预测结果与实际值的变动趋势基本拟合，由此可以说明该模型的预测结果表现出了较好的预测效果，因此本节运用此模型对我国未来实现碳达峰目标时的碳市场碳价进行预测，其结果如图 11-13 所示。

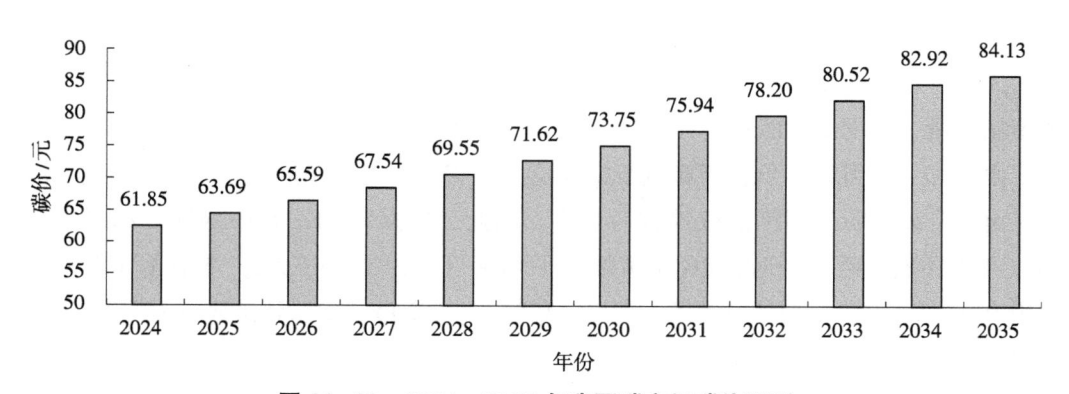

图 11-13 2024—2035 年我国碳市场碳价预测

由图 11-13 可以看出，我国 2024—2035 年碳市场碳价呈现持续增长趋势，到 2030 年如期实现碳达峰目标时，本节依据模型拟合结果预测平均碳价为 73.75 元。预测到 2035 年时，我国碳市场碳价将上涨至 84.13 元。

由于美国的碳排放权交易起步先于我国，较早建立了碳交易市场机制，并形成了较为完整的碳排放权交易体系和一定的碳减排成效，目前也已实现碳达峰。本着"他山之石，可以攻玉"的原则，本节将模型预测的平均碳价与美国目前的碳价进行对比分析（见图 11-14）。美国碳价数据为前文所提到的，与我国碳市场覆盖行业相同的 RGGI 市场。其碳价数据来源于 RGGI 市场官网。

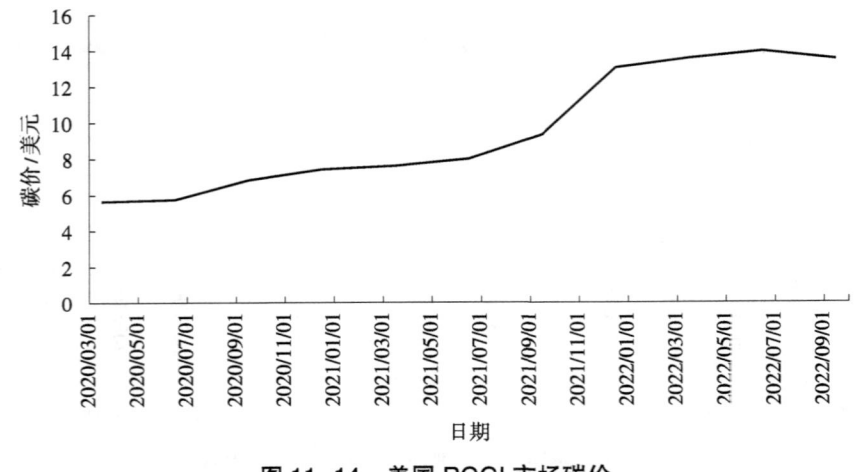

图 11-14　美国 RGGI 市场碳价

由图 11-14 可以看出，近年来美国 RGGI 市场碳价呈现出逐年上升的态势，2022 年 9 月时碳价达到 13.45 美元，与本节模型的预测结果相比，我国实现碳达峰目标后的碳价水平低于美国 RGGI 市场目前的碳价水平，这与前文对于影响因素的分析结果相同。由于受到政府配额总量、企业减排技术以及能源价格等多方面供需因素的影响，我国碳市场碳价水平相较于美国较低。

为进一步促进碳市场中有效价格信号的形成，本节运用 B-S 模型计算碳期权的合理市场价格（见图 11-15）。

由图 11-15 可以看出，测算值与实际值的价格变动趋势基本趋于一致，且误差较小，由此可以说明该测算的效果较为良好。因此，根据图 11-15 中的测算结果可知，2007 年美国实现碳达峰时，RGGI 市场的平均碳价约为 2.66 美元。本节基于此结果，运用 B-S 期权定价模型计算美国实现碳达峰时，RGGI 市场中以碳排放权为标的的欧式看涨碳期权价格。

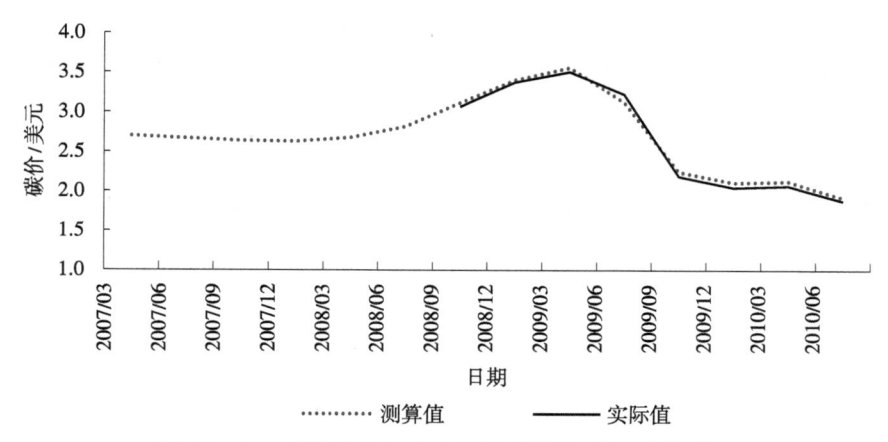

图 11-15　美国 RGGI 市场测算碳价与实际碳价对比

有关 B-S 期权定价模型中需要的变量数据选取如下：①期权有效期 T。碳期权的有效期为一年，时间范围为 2007 年 3 月 1 日至 2008 年 3 月 1 日，期权的行权时间为 2008 年 3 月 1 日。②期权执行价格 K。2.66 美元为该碳期权的执行价格。③波动率 σ^*。根据美国 RGGI 市场碳价的历史波动率数据，将其转化为年化波动率为 $\sigma^* = \sqrt{4}\sigma = 0.05$。④交易价格。以上述测算值代表美国 RGGI 市场的碳排放权交易价格。⑤无风险收益率。本节以一年期的美国国债利率为无风险利率，2007 年发行的一年期美国国债利率为 3.34%，依此为该碳期权价格计算所需的无风险利率。将上述有关数据代入 B-S 期权定价模型来计算美国实现碳达峰时 RGGI 市场欧式看涨碳期权的价格，其结果如图 11-16 所示。

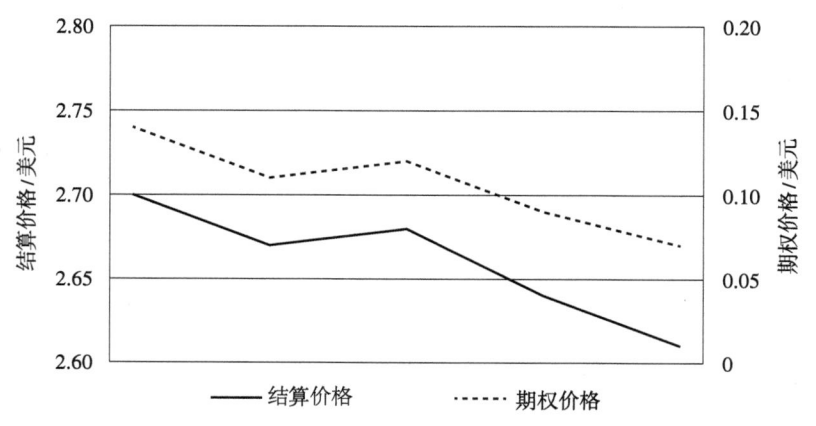

图 11-16　美国 RGGI 市场碳期权价格

由图 11-16 可以看出，美国实现碳达峰时，RGGI 市场中一年期的碳期权平均价格为 0.11 美元。随着行权日的临近，期权价值逐渐收敛于其内在价值。基于此，在汇率为 10 的前提下，本节推断我国在实现碳达峰目标时，碳市场中碳期权的价格为 1 元左右。同时，根据前文关于中美碳市场中碳期权的供需影响因素分析结果，即与美国相比，我国碳价水平及碳期权价格相对较低。同时，根据前文实证分析得出的结论，即预测我国碳达峰目标实现后，碳市场碳价水平将低于美国，其也与上述观点相一致。由此可以得出，我国在 2030 年实现碳达峰目标后，碳市场的碳看涨期权价格可能会低于 1 元。

第 12 章
供应链资产证券化

第12章 供应链资产证券化

供应链资产证券化是近年来为解决我国中小企业资产流动性不足的问题而兴起的一种新型金融工具，对促进我国资本市场流动和经济结构优化有着重要作用。

12.1 国内外研究现状

12.1.1 供应链金融与资产证券化

供应链资产证券化作为21世纪在我国兴起的一种直接融资方式，是致力于将供应链风险降到最低，将资源配置优化到最大的金融服务。

分析国外学者在供应链金融管理领域的研究进展。对于供应链资金管理方面，Tsai（2008）使用现金流入、流出和净流量的标准差来衡量企业实体的供应链相关现金流风险，指出通过资产支持证券进行应收账款融资，大大缩短了小供应商现金转换周期。Sugirin（2009）详细描述了金融和供应链管理领域的行业特征，认为供应链金融管理已经越来越重要，而财务供应链管理也越来越被重视。Hofmann等（2010）在文章中指出现金作为资金管理的工具，缩短应收账款和通过供应链延长应付结算时间可能会对相关组织的价值产生负面影响。所以一些组织已经积极参与供应链金融市场，为陷入困境的供应链合作伙伴提供了另一种融资方式，对资金周转管理产生积极影响。针对中小企业的信贷需求，Lopez等（2015）认为亚洲国家中小企业的信贷需求得不到满足，应收账款资产证券化、保理、供应链金融等方案正在慢慢替代传统的信贷方式，提供有吸引力的阿尔法收益率机会和回报。Gelsomino等（2016）基于2000年至2014年间供应链金融领域的文献，将研究分为"以财务为导向"和"以供应链为导向"两类，也对未来供应链方向的研究指明了方向。Dong等（2020）通过将税收因素引入传统的企业经营过程和融资策略，详细分析了税收屏蔽效应，将ABS与贸易信贷相结合，帮助有融资需求的供应链企业找到最佳决策，拓宽了企业融资渠道，丰富了金融供应链和供应链管理理论。供应链金融的本质在于通过金融服务和活动优化供应链运作，优化和提高整个供应链的财务效率。Song（2021）通过分析供应链管理对财务的影响、现金对现金周期与供应链资金管理之间的关系，进一步探讨了端到端供应链金融。

分析国内学者的研究。都婧等（2014）分析了中小企业面临融资需求旺盛和融资难度大的矛盾，探讨了供应链金融资产证券化在供应链融资运用中的可能性。段伟常（2014）针对我国中小企业基础资产普遍低于可证券化标准的现状，提出了在供应链环境下，借鉴供应链金融风险控制原理，对资产实施强监管模式来建立资产池，尝试实现一种中小企业资产证券化的创新模式。刘兆莹等（2017）指出了供应链融资的常见模式，对应收账款证券化的政策环境和市场环境分别进行了分析，并且对中小企业应收账款证券化的收益和风险防范等方面进行了研究。卢文华（2019）提出了商业银行在开展应收账款资产证券化业务过程中的相关原则和标准，对开展业务和业务运行中将会面临的风险问题进行了分析，提出了应对相关风险问题的诸多建议。梁璐璐（2018）对供应链金融领域的核心企业供应链金融资产证券化和银行贸易金融资产证券化业务模式进行了分析，对供应链资产证券化运作的核心要点进行了总结，提出供应链资产证券化作为创新方向之一，有效锁定上下游资金流向，防止资金避实就虚。邢佳骉（2021）构建了综合风险评价模型，分析了互联网环境下供应链金融证券化业务的开展能够克服供应链金融效率问题，为未来供应链金融发展提供了新思路、新方向。

12.1.2　资产证券化定价与发行利率的影响因素

国外资产证券化起步较早，发展也相对比较成熟。一种观点认为资产证券化受传统债券定价理论的影响，主要定价因素受市场利率、信用水平、发行规模和期限的影响。通过 Kempf 等（2012）、Prokopczuk 等（2012）、Prokopczuk 等（2013）和 Gürtler 等（2018）对债券发行的信用息差影响因素的研究，发现特定国家的差异、流动性和宏观经济等因素，如利率水平和市场波动是有担保债券信用息差的重要决定因素。第二种观点认为证券化债券的定价理论还需考虑证券化内在特征的影响因素，如信用评级因素、次级债券水平、债券分层以及风险自留水平等。

分析国外有关资产证券化定价与发行利率确定的影响因素文献。Sing 等（2004）以世纪广场购物中心资产证券化案例的蒙特卡罗模拟，提出租金波动性的增加会显著降低违约风险掉期价值，以此说明了资产支持证券交易的违约风险对证券定价的影响。Vink 等（2008）调查了 ABS、MBS 和 CDO 三种主要类别证券的常见定价因素，认为信用评级是债券证券化信用利差的最重要决定因素。Elul（2005）在研究中提到，法律和政府因素也影响着资产支持证券的定价。Faltin-Traeger 等（2010）提出资产支持证券的发行人质量也会影响证券发行的价格。Fabozzi 等（2012）通过研究 1999 年至 2007 年次贷危机前一年发行的非抵押贷款相关资产支持证券的一级市场利差，发现投资者不会忽视信用评级之外的其他信用因素。Correia 等（2020）比较了信用息差、证券化债券和有担保债券的定价，认为尽管评级是 ABS 和 MBS 最重要的定价决定因素，但投资者相对更重视合约、宏观经济和银行等评级以外的因素，而不是为担保债券定价的评级。Bakri 等（2020）通过模型检验了马来西亚证券化市场中影响利差的因素，发现利率和通货膨胀等经济和市场条件因素也对资产证券化一级市场的利差保持较高的影响。关于个别的资产证券化市场，Yang 等（2020）和 Zhao 等（2021）分别研究了租赁资产支持证券和绿色企业资产支持证券的定价因素，发现除了信用增级、基础资产特征、信用评级和交易结构等常规风险因素，租赁公司和绿色因素分别在两种资产支持证券的发行价格方面发挥着关键作用。

关于国内文献，赵程锦（2016）对我国银行信贷资产证券化业务发行产品的定价问题采用偏最小二乘法回归方法进行了研究，提出对于不同档次的证券发行利率的不确定性不同。项云（2019）从 PPP 项目资产证券化利差定价影响因素角度展开分析，将基础资产质量作为 PPP 项目资产证券化产品的中介变量，对定价和发行利率确定的内在机理作用进行了研究。胡洋（2020）分析了标的资产质量、增信和担保、评级和规模等对相关资产证券化产品发行利率的影响，并提出了相关定价发行方面的建议。

12.2 资产证券化与供应链资产证券化

12.2.1 资产证券化概述

资产证券化是将资产转化为证券以出售融资的过程。首先需要对一笔笔账款或权益资产组合打包，接着进行信用分层、增信等结构化操作设计，以基础资产预期将产生的本息作为偿付支持，将资产组合包装成可供出售的资产支持证券（ABS），最后出售给资产交易机构获得融资回款。最早的证券化产品可以追溯到 20 世纪 70 年代美国政府发行的房屋抵押证券（MBS），是由银行充当中介角色以房屋抵押贷款组合为基础资产抵押给信托、投行等金融机构的房屋抵押支持证券。随后，美国资产证券化作为一种创新金融工具得到迅猛发展且被广泛应用，在 MBS 基础上，又衍生出担保债务凭证（CDO）、信用违约掉期（CDS）等一系列资产证券化衍生产品。资产证券化是一种融资安排，它是以底层资产为基础，通过结构信用增级重组资产并且以未来现金流为保证，在开放性金融市场上交易的融资安排。

1. 应收账款资产证券化

应收账款资产证券化是以企业间贸易往来的应收账款作为基础资产进行的证券化过程，跟其他证券化产品一样，涉及打包、分层、增信、流转等一系列结构化过程。应收账款资产证券化产品的覆盖领域极为广泛，包括汽车、信用卡、租赁、航空、高速公路收费等各类应收款项的证券化产品。应收账款资产证券化相对常规的应收账款管理方式，既能促进应收账款的回款，又能起到控制和降低应收账款成本的作用，相比传统应收账款需要时刻关注、追踪和讨要，应收账款资产证券化由专门的精通应收账款资产证券化的金融机构进行，减少了应收账款的坏账损失，企业只需要出售委托给相关机构就可以获得融资，从而大大降低了坏账成本，进而降低了交易成本。应收账款资产证券化是一项表外业务，可以做到在会计报表中的剥离，进一步优化企业财务结构，使应收账款快速变现回笼，改善企业的融资能力。应收账款资产证券化借助过程中的资产增信和评级，使证券质量进一步提高。同时，应收账款资产证券化增加了破产隔离的效果，降低了破产成本的资产核算范围，也降低了企业的财务管理成本。

2. 信贷资产证券化与企业资产证券化

无论是信贷 ABS 还是企业 ABS，都是以未来资产池每笔应收账款或者其他收益权下产生的现金流为偿付支持，通过特殊目的载体设立的资产支持计划向投资者发行融资产品。信贷 ABS 和企业 ABS 的不同之处在于监管机构，前者由央行和国家金融监督管理总局监管，主要的发行和交易在银行间债券市场进行；后者由证监会主管，产品的发起机构可以是金融机构，也可以是非金融机构。两者的区别还在于发行的产品种类不同，信贷 ABS 中发行规模最大的是住房抵押贷款类证券化产品；而企业 ABS 中发行规模比较大的是个人消费金融和供应链两类资产证券化产品，而且涉及基础设施、门票等收益权产品。两种资产证券化大类产品有类似的发行产品种类，但相比之下企业 ABS 的种类较多，整体规模也较大，产品的发行利率水平的分化也比较严重。

3. 资产支持证券与资产支持票据

两者从产品本质上来说都是资产证券化的工具，都是将基础资产进行打包入池，通过增信、评级再出售给投资者，从而达到融资目的的融资工具。它们具有相似的产品功能，都是通过破产隔离盘活存量资产，优化企业资产结构，拓宽投资渠道。两者的产品期限与基础资产基本一致，有着相同的结构分层，都是按照顺序偿付的原则实现优先级和次级证券的本息偿付。两者的不同点主要在于，资产支持证券（ABS）采用备案制的发行方式，在证券交易所、机构间私募产品报价与服务系统、全国中小企业股份转让系统等证券交易场所发行；而资产支持票据（ABN）采用注册制的发行方式，在银行间市场发行。相对而言，ABN 市场存量较小，评级模式更加多元化，属于较为创新的融资工具。

12.2.2 供应链资产证券化概述

供应链资产证券化产品把核心企业看作资产证券化融资的最重要节点，并且可为供应链上应收账款提供一定信用担保来促成中小企业资产证券化产品成功发行。我国供应链资产证券化产品通常由保理公司受让应收账款，帮助中小企业进行直接融资，实现供应链上企业运营效率的提升和财务结构的优化。

我国供应链资产证券化市场主要分为应收账款、保理债权、反向保理和贸融类资产证券化四大类。应收账款资产证券化是指拥有应收债权的企业根据资产证券化融资需求，将应收账款直接打包转让给特设信托机构获得融资的方式，一般企业主体评级不低于AA+级。保理债权资产证券化是指保理公司接收中小企业的应收债权，并通过打包、分层、增信等结构优化后，将基础资产转让给特设信托机构，保理债权资产证券化产品通常需要中小企业较高的超额抵押，必要时也需要增加外部增信等多种条款，例如差额支付承诺、基础资产回购、第三方担保等。反向保理资产证券化因产品采用无追索权保理，对应基础资产的核心企业主体信用通常是资信水平较高的优质大型企业，往往增加差额支付承诺等外部增信方式，为基础账款提供逐笔增信，从而达到激励上游中小企业转让债权的动力。贸融类资产证券化是通过银行系统将中小企业的银行信用加入，对应收债权或收益的基础资产进行增信，从而达到发行产品进行融资的目的。

供应链资产证券化市场的主要参与方主体包括：原始权益人、特设信托机构（SPV）、核心企业、信用评级机构、资产服务商、投资人和其他服务机构。

12.3 我国资产证券化市场现状

12.3.1 我国资产证券化市场规模分析

近年来，我国资产证券化产品的发行持续升温，市场存量规模持续扩大，资产证券化市场总体运行平稳，流动性同比上升。根据CNABS数据，我国2014—2021年度资产证券化产品发行规模和存量规模如图12-1所示。2021年全年资产证券化产品共发行2196单，总额达31397.19亿元，同比增长约8%，年末存量为61771.01亿元，同比增长约23%。综合来看，市场增长速度较快，发行总额逐年递增，发行规模逐渐扩大。2021年，信贷ABS、企业ABS、ABN的全年发行规模分别是8827.98亿元、16127.35亿元和6441.86亿元，分别占发行总量的28%、51%和21%；年末存量三者分别为17362.31亿元、31485.16亿元和12923.54亿元，分别占市场总量的28%、51%和21%。

从图12-2可以看出，2021年我国ABS发行类型中除未分类产品，住房抵押贷款持续领跑，全年发行4993亿元，同比增长约18%；供应链账款ABS发行量为3803.08亿元。房贷、车贷等资产规模大、稳定性高、流动性较好，因此市场接受度较高；供应链资产也因其核心企业的信用担保，增强了供应链上信用渗透作用，所以也具有比

■ 企业融资渠道与金融工具

较大的发行规模。与此相比，小微企业贷款 ABS 等产品的信用风险较高，产品准入、认定标准、业务规范等制度体系有待完善，虽然现在发行总额不高，但未来发展空间和潜力较大。

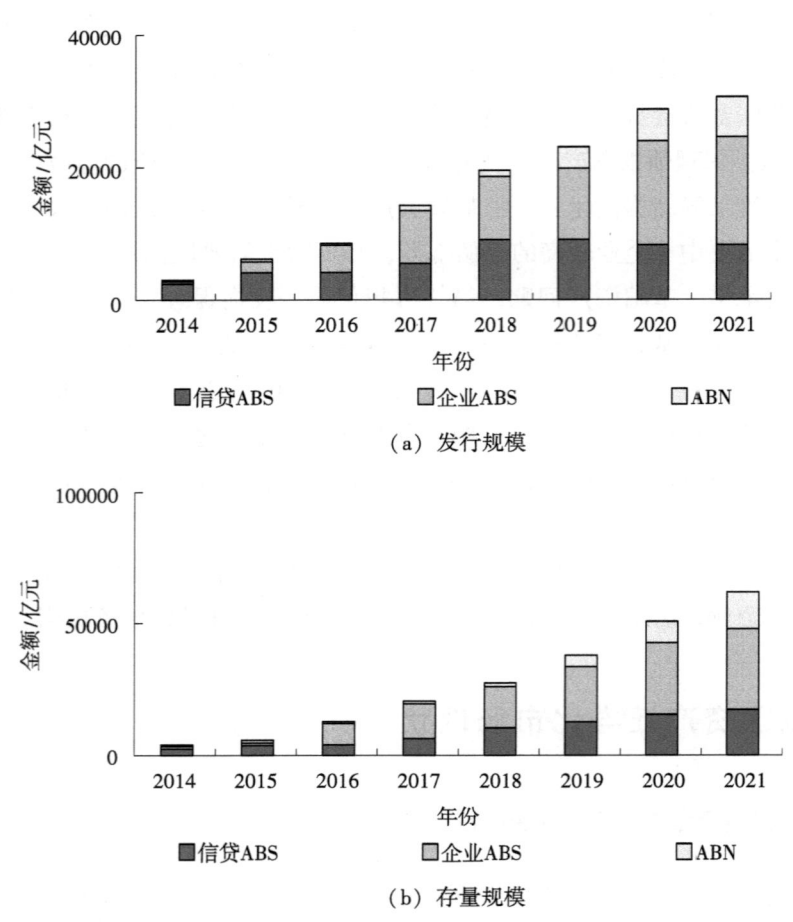

(a) 发行规模

(b) 存量规模

图 12-1 我国资产证券化产品发行规模和存量规模统计

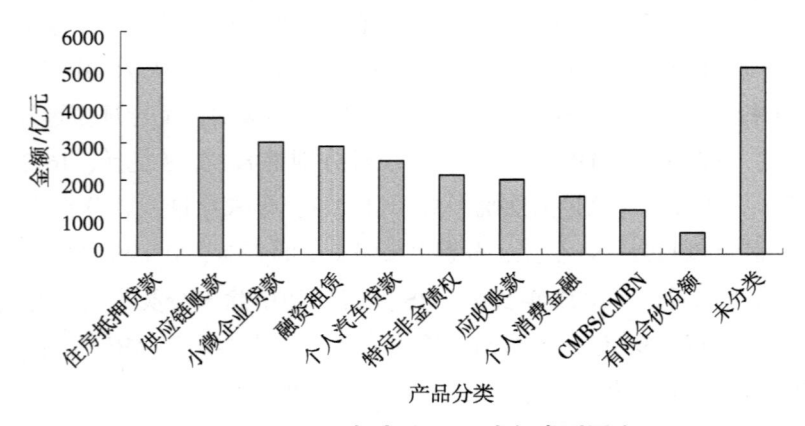

图 12-2 2021 年我国 ABS 发行类型同比

12.3.2 我国资产证券化基础条件与交易市场结构分析

随着历史演进，市场监管措施不断丰富，我国资产证券化市场的基础条件有了显著提升。近年来有关资产证券化业务试点和实践不断开展，相关制度、法规的基础建设逐步完善，这都为我国资产证券化市场的发展和成熟做出了积极贡献。现阶段我国资产证券化市场的基础条件正在稳步提升，在发展过程中，市场规模较小、投资群体结构单一、资产流动性较差、多头监管等问题都有所改善。随着科技赋能，各种产品发行方式的创新和信息系统的优化升级，数据领域的治理明显改善，存续产品信息实现全覆盖，生命周期跟踪监测和风险预警能力显著提升。绿色 ABS 发行提速，知识产权 ABS 创新持续推进，产品类型进一步丰富，投资人范围不断扩大，有效助力解决中小企业融资难题。资产证券化市场做市商制度、交易所和跨市场托管交易得到发展，资产支持证券指数持续发布，为市场提供了更加良好的交易环境和更加充分的流动性需求，满足市场对交易定价、风险分析等多元化的指数需求。监管部门也积极协调配合，提高发行审批效率，真正促进实现直接融资，盘活资本存量，为改善市场基础条件做出努力。对于信贷 ABS，住房抵押贷款资产证券化产品二级市场最为活跃，占信贷 ABS70% 以上；对于企业 ABS 和 ABN 市场，二级市场的交易量占比不稳定且较为分散，但其中供应链产品是两类资产证券化二级市场占比相对较高的产品，这为研究供应链资产证券化发行利率提供了一定的二级市场基础。交易市场的结构影响着资产证券化发行利率的确定，合理、健全、具有高流动性的资产证券化二级市场有助于降低一级市场的交易成本，合理进行发行定价，提升金融市场效率，帮助解决资产和负债之间的期限错配问题；一级市场的扩容反过来又可以带动市场的成交量，丰富二级市场交易品种，使资源得以合理配置。在投资主体逐渐多元化的大背景下，改善资产证券化市场的基础条件，优化交易市场结构，将带领我们迎来资产证券化市场的新一轮质变。

参考文献

巴曙松，谌鹏，2012. 互动与融合：互联网金融时代的竞争新格局［J］. 中国农村金融，24：15-17.

蔡明荣，任世驰，2014. 企业金融化：一项研究综述［J］. 财经科学，7：41-51.

陈凯，付永红，2012. 江苏省科技金融信息服务平台运行模式的思考［J］. 企业科技与发展，15：8-10.

成思危，2003. 虚拟经济与金融危机［J］. 管理评论，1：4-8.

程玲，汪顺，刘晴，2019. 融资约束与企业研发操纵的经济学分析［J］. 财贸经济，40（8）：67-82.

董文博，2017. 基于EU-ETS市场的碳排放期权与便利收益实证分析［D］. 长春：吉林大学.

都婧，周晓维，2014. 探讨供应链金融下资产证券化的可能性［J］. 经济研究导刊，7：159-160.

段伟常，2014. 供应链环境下中小企业资产证券化创新模式［J］. 广州大学学报（社会科学版），13（3）：32-38.

房汉廷，2010a. 关于科技金融理论、实践与政策的思考［J］. 中国科技论坛，11：5-10.

房汉廷，2010b. 科技金融的兴起与发展［M］. 北京：经济管理出版社.

胡杰，张瑜，2015. 中国金融发展对创业板高新技术企业融资约束影响的实证研究［J］. 技术经济，3：123-129.

胡洋，2020. PPP项目资产证券化定价影响因素的实证分析［D］. 北京：北京化工大学.

胡奕明，王雪婷，张瑾，2017. 金融资产配置动机："蓄水池"或"替代"？：来自中国上市公司的证据［J］. 经济研究，1：181-194.

黄杉，2021. 基于GARCH和分形布朗运动的碳期权定价研究［D］. 北京：华北电力大学.

黄贤环，王瑶，王少华，2019. 谁更过度金融化：业绩上升企业还是业绩下滑企业？［J］. 上海财经大学学报，21（1）：80-94.

黄钰莹，2020. 基于SV模型的中国碳市场价格波动特征研究［D］. 长沙：长沙理工大学.

李天雨，2022. 基于B-S模型在碳排放期权定价中的应用研究［D］. 北京：商务部国际贸易经济合作研究院.

李云璐，2021. 北广深碳排放市场波动性及其与传统市场相关性的研究［D］. 成都：西南财经大学.

连玉君，彭方平，苏治，2010. 融资约束与流动性管理行为［J］. 金融研究，10：158-171.

梁璐璐，2018. 积极推进供应链创新与应用：供应链资产证券化解析［J］. 债券，7：81-86.

刘贯春，2017. 金融资产配置与企业研发创新："挤出"还是"挤入"［J］. 统计研究，34（7）：49-61.

刘立，2003. 企业 R&D 投入的影响因素：基于资源观的理论分析［J］. 中国科技论坛，6：76-79.

刘青，张金良，赵可景，2022. 新冠疫情下碳排放权期权定价及实证研究［J］. 应用数学进展，11（5）：13.

刘兆莹，戴志远，赵晓玲，等，2017. 基于应收账款证券化的中小企业供应链融资［J］. 农村金融研究，10：26-29.

卢文华，2019. 应收账款资产证券化发展研究［J］. 金融理论与教学，4：34-40.

卢馨，郑阳飞，李建明，2013. 融资约束对企业 R&D 投资的影响研究：来自中国高新技术上市公司的经验证据［J］. 会计研究，5：51-58.

鲁春义，丁晓钦，2016. 经济金融化行为的政治经济学分析：一个演化博弈框架［J］. 财经研究，42（7）：52-62，74.

陆燕春，牛礼鹂，朋振江，2015. 融资约束与企业 R&D 投资效率研究：基于中国中小板上市公司的经验证据［J］. 会计之友，7：45-50.

路春城，吕慧，2019. 政府补贴、融资约束与制造业研发投入［J］. 经济与管理评论，35（4）：19-29.

佩蕾丝，2007. 技术革命与金融资本［M］. 田方萌，译. 北京：中国人民大学出版社.

彭婷，2015. 基于分形理论的碳金融资产期权定价研究［D］. 合肥：合肥工业大学.

彭俞超，韩珣，李建军，2018. 经济政策不确定性与企业金融化［J］. 中国工业经济，1：137-155.

任海云，2010. 股权结构与企业 R&D 投入关系的实证研究：基于 A 股制造业上市公司的数据分析［J］. 中国软科学，5：126-135.

宋军，陆旸，2015. 非货币金融资产和经营收益率的 U 形关系：来自我国上市非金融公司的金融化证据［J］. 金融研究，6：111-127.

苏保祥，易晓，2017. 科技金融实践与创新［M］. 北京：中国金融出版社.

孙平，2019. 中国非金融企业金融化对企业创新的影响［J］. 科技进步与对策，36（14）：85-92.

唐清泉，徐欣，2010. 企业 R&D 投资与内部资金：来自中国上市公司的研究［J］. 中国会计评论，8（3）：341-362.

王家华，蔡则祥，杨凤春，2004. 经济证券化：指标体系构建与中外比较研究［J］. 当代财经，8：35-38，42.

王连凤，2018. 中国碳排放权价格波动及影响因素研究［D］. 厦门：厦门大学.

韦伟，潘泽瀚，2014. 基于 Garch 模型碳排放期权定价方法研究［J］. 中国外资，2：131-132.

魏琦，李林静，2022. 碳价格及其波动率能促进中国企业低碳投资吗？［J］. 中国矿业大学学报（社会科学版），24（1）：107-122.

项云，2019. PPP 项目资产证券化定价影响因素实证研究［D］. 大连：东北财经大学.

谢家智，王文涛，江源，2014. 制造业金融化、政府控制与技术创新［J］. 经济学动态，11：78-88.

邢佳骐，2021. 互联网背景下供应链金融资产证券化业务模式与收益分析［J］. 中国物价，10：71-74.

徐丹丹，王芮，2011. 产业资本金融化理论的国外研究述评［J］. 国外理论动态，4：37-41.

许罡，伍文中，2018. 经济政策不确定性会抑制实体企业金融化投资吗［J］. 当代财经，9：114-123.

杨小力，2021. 我国碳市场有效性及波动率预测研究［D］. 济南：山东师范大学.

杨正平，王淼，华秀萍，2017. 科技金融：创新与发展［M］. 北京：北京大学出版社.

于倩雯，吴凤平，沈俊源，等，2020. 碳金融市场下基于模糊测度和 Choquet 积分的碳期权估值［J］. 北京理工大学学报（社会科学版），22（1）：13-20.

俞妍，黄古博，2021. 基于实物期权的绿色投资定价模型研究［J］. 武汉理工大学学报（信息与管理工程版），43（2）：187-191.

张晨，彭婷，刘宇佳，2015. 基于 GARCH-分形布朗运动模型的碳期权定价研究［J］. 合肥工业大学学报（自然科学版），38（11）：1553-1558.

张杰，芦哲，郑文平，等，2012. 融资约束、融资渠道与企业 R&D 投入［J］. 世界经济，10：66-90.

张淑惠，袁焕，2014. 宏观经济、融资约束与资本结构调整速度［J］. 中国社会科学院研究生院学报，2：26-31.

张昭，朱峻萱，李安渝，2018. 企业金融化是否降低了投资效率［J］. 金融经济学研究，1：104-116.

赵昌文，2012. 创新型企业的金融解决方案：2011 中国科技金融案例研究报告［M］. 北京：清华大学出版社.

赵昌文，陈春发，唐英凯，2009. 科技金融［M］. 北京：科学出版社.

赵程锦，2016. 我国银行业信贷资产证券化的定价问题研究［D］. 上海：上海交通大学.

赵小攀，李朝红，任晓鸽，2016. 基于 Black-Scholes 期权定价模型的碳排放权定价［J］. 商业会计，7：28-31.

赵芷萱，2022. 碳市场发展现状及碳定价机制研究［J］. 经济师，6：46-47，49.

中国科学技术发展战略研究院，中国科技金融促进会，上海市科学学研究所，2020. 中国科技金融生态年度报告 2020［M］. 上海：上海交通大学出版社.

朱鸿鸣，赵昌文，2012. 科技银行中国化与科技银行范式：兼论如何发展中国的科技银行［J］. 科学管理研究，30（6）：113-116.

AKERLOF G A, 1970. The market for "Lemons": quality uncertainty and the market mechanism [J]. Quarterly journal of economics, 89: 488-500.

ARIZALA F, CAVALLO E A, GALINDO A, 2013. Financial development and TFP growth: cross-country and industry-level evidence [J]. Applied financial economics, 23 (6): 433-448.

BAKRI M, ISMAIL S, ZAINAL N, et al., 2020. Factors influencing spread in Malaysia securitization market [J]. Accounting, 6 (4): 433-440.

BECCHETTI L, 1995. Finance, investment and innovation: a theoretical and empirical comparative analysis [J]. Empirica, 22 (3): 167-184.

BECK T, LEVINE R, LOAYZA N, 2000. Financial intermediation and growth: causality and causes [J]. Journal of monetary economics, 46: 31-77.

BENCIVENGA V R, SMITH B D, STARR R M, 1995. Transactions costs, technological choice and endogenous growth [J]. Journal of economic theory, 67 (1): 153-177.

BHIDE A, STEVENSON H, 1992. Trust, uncertainty, and profit [J]. Journal of behavioral and experimental economics, 21 (3): 191-208.

CARMONA R, HINZ J, 2011. Risk-neutral models for emission allowance prices and option valuation [J]. Management science, 57 (8): 1453-1468.

CASAMATTA C, 2003. Financing and advising: optimal financial contracts with venture capitalists [J]. The journal of finance, 58 (5): 2059-2085.

DASKALAKIS G, PSYCHOYIOS D, MARKELLOS R N, 2009. Modeling CO_2, emission allowance prices and derivatives: evidence from the European trading scheme [J]. Journal of banking & finance, 33 (7): 1230-1241.

DEMIR F, 2007. The rise of rentier capitalism and the financialization of real sectors in developing country [J]. Review of radical political economics, 39 (3): 351-359.

DONG G, WEI L, XIE J, et al., 2020. Two-echelon supply chain operational strategy under portfolio financing and tax shield [J]. Industrial management & data systems, 120 (4): 633-656.

DRUCKER P, 1985. Innovation and entrepreneurship: practice and principles [J]. Social science electronic publishing, 4 (1): 85-86.

ELUL R, 2005. The economics of asset securitization [J]. Business review, Q3: 16-25.

EPSTEIN G, 2001. Financialization, rentier interests, and central bank policy [J]. Department of economics and perl, University of Massachusetts, 2: 3-46.

FABOZZI F J, VINK D, 2012. Looking beyond credit ratings: factors investors consider in pricing European asset-backed securities [J]. European financial management, 18 (4): 515-542.

FALTIN-TRAEGER O, JOHNSON K W, MAYER C, 2010. Issuer credit quality and the price of asset backed securities [J]. American economic review, 100 (2): 501-505.

GEHRINGER A, 2013. Growth, productivity and capital accumulation: the effects of financial liberalization in the case of European integration [J]. International review of economics & finance, 25

(1): 291-309.

GELSOMINO L M, MANGIARACINA R, PEREGO A, et al., 2016. Supply chain finance: a literature review [J]. International journal of physical distribution & logs management, 46 (4): 348-366.

GÜRTLER M, NEELMEIER P, 2018. Empirical analysis of the international public covered bond market [J]. Journal of empirical finance, 46 (C): 163-181.

HAIRE M, 1959. Modern organization theory [M]. New York: John Wiley & Sons: 272-306.

HART O, 1995. Firms, contracts and financial structure [M]. Oxford: Oxford University Press.

HOFMANN E, KOTZAB H, 2010. A supply chain-oriented approach of working capital management [J]. Journal of business logistics, 31 (2): 305-330.

HYYTINEN A, TOIVANEN O, 2005. Do financial constraints hold back innovation and growth? [J]. Research policy, 34 (9): 1385-1403.

JENSEN M C, MECKLING W H, 1976. Theory of the firm: managerial behavior, agency costs and ownership structure [J]. Journal of financial economics, 3: 305-360.

JEONG H, TOWNSEND R M, 2007. Sources of TFP growth: occupational choice and financial deepening [J]. Economic theory, 32: 179-221.

KEMPF A, KORN O, UHRIG-HOMBURG M, 2012. The term structure of illiquidity premia [J]. Journal of banking & finance, 36 (5): 1381-1391.

KEUSCHNIGG C, 2004. Venture capital backed growth [J]. Journal of economic growth, 9 (2): 239-261.

KING R G, LEVINE R, 1993. Finance and growth: Schumpeter might be right [J]. The quarterly journal of economics, 108: 717-737.

KLIMAN A, WILLIAMS S D, 2015. Why financialization hasn't depressed US productive investment [J]. Cambridge journal of economics, 39 (1): 67-92.

KRIPPNER G R, 2005. The financialization of the American economy [J]. Socio-economic review, 3 (2): 173-208.

LEVINE R, ZERVOS S, 1998. Stock markets, banks, and economic growth [J]. American economic review, 88: 537-558.

LV X Y, JIAN Y H, XU C X, 2014. Calculation of B-S model on carbon emission right transaction price and clean development mechanism strategy of Jiangsu [J]. Advanced materials research, 10: 962-965.

MODIGLIANI F, MILLER M H, 1958. The cost of capital, corporate finance and the theory of investment [J]. American economic review, 48 (4): 443-453.

MODIGLIANI F, MILLER M H, 1963. Corporate income taxes and the cost of capital: a correction [J]. American economic association, 53 (3): 433-443.

MYERS S C, 1984. The capital structure puzzle [J]. Journal of finance, 39: 575-592.

参考文献

MYERS S C, MAJLUF N S, 1984. Corporate financing and investment decisions when firms have information that investors do not have [J]. Journal of financial economics, 13: 187-221.

ORHANGAZI O, 2008. Financialization and capital accumulation in the non-financial corporate sector: a theoretical and empirical investigation on the US economy: 1973-2003 [J]. Cambridge journal of economics, 32 (6): 863-886.

PEREZ C, 2002. Technological revolutions and financial capital [M]. Cheltenham: Edward Elgar Publishing.

PROKOPCZUK M, SIEWERT J, VONHOFF V, 2013. Credit risk in covered bonds [J]. Journal of empirical finance, 21 (3): 102-120.

PROKOPCZUK M, VONHOFF V, 2012. Risk premia in covered bond markets [J]. The journal of fixed income, 22 (2): 19-29.

RIN M D, NICODANO G, SEMBENELLI A, 2006. Public policy and the creation of active venture capital markets [J]. Journal of public economics, 8: 1699-1723.

SAVIGNAC F, 2008. The impact of financial constraints on innovation: what can be learned from a direct measure? [J]. Electronic journal, 17 (6): 553-569.

SING T F, ONG S E, FAN G Z, et al., 2004. Analysis of credit risks in asset-backed securitization transactions in Singapore [J]. The journal of real estate finance and economics, 28 (2): 235-253.

STOCKHAMMER E, 2004. Financialization and the slowdown of accumulation [J]. Cambridge journal of economics, 28 (5): 719-741.

STULZ R M, 2000. Financial structure, corporate finance and economic growth [J]. International review of finance, 1 (1): 11-38.

THEURILLAT T, CORPATAUX J, CREVOISIER O, 2010. Property sector financialization: the case of Swiss pension founs (1992-2005) [J]. European planning studies, 18 (2): 189-212.

TSAI C Y, 2008. On supply chain cash flow risks [J]. Decision support systems, 44 (4): 1031-1042.

VINK D, THIBEAULT A E, 2008. ABS, MBS and CDO pricing comparisons: an empirical analysis [J]. Journal of structured finance, 14 (2): 27-45.

YANG L, WANG R, CHEN Z, et al., 2020. What determines the issue price of lease asset-backed securities in China? [J]. International review of financial analysis, 72: 101583.

ZHAO Y, YUE Y, WEI P, 2021. Financing advantage of green corporate asset-backed securities and its impact factors: evidence in China [J]. Frontiers in energy research, 9: 283.